Gut.
Für die Region.

 Kreissparkasse
Mayen
www.kskmayen.de

 Sparkasse
Koblenz
www.sparkasse-koblenz.de

EIN SCHÖNER TAG ☗ WANDERN

Traumpfade

Ulrike Poller und Wolfgang Todt

Sagenhafte Weitblicke, romantische Bachtäler und verwunschene Wege: Die „Traumpfade" am Rhein, an der Mosel und in der Eifel gehören zu den schönsten und besten Rundwanderwegen Deutschlands. Der Traumpfad Virneburgweg und der Traumpfad Monrealer Ritterschlag tragen ganz offiziell die Titel „Deutschlands schönster Wanderweg".

Wunderbare Wandertage im Rhein-Mosel-Eifel-Land versprechen alle 26 Traumpfade. Die Premiumwanderwege sowie ein zusätzlicher Themenweg sind jetzt erstmals kompakt in einer Sonderausgabe versammelt. Großformatige Bilder, ein robuster und outdoor-tauglicher Einband und detaillierte Karten machen schon das Lesen und die Vorbereitung der Touren zum Genuss.

Ulrike Poller und Wolfgang Todt stellen ausführlich alle 27 Rundwege vor, geben Tipps für An- und Abreise und zu Einkehr- und Übernachtungsmöglichkeiten und führen zu atemberaubenden Ausblicken, abwechslungsreichen Aufstiegen, malerischen Wasserläufen und mittelalterliche Burgen. Detailkarten mit wichtigen Streckenpunkten, GPS-Daten zum Download, Höhenprofile und QR-Codes, die per Smartphone direkt zum Startpunkt der Touren führen, machen den Führer zum perfekten Wanderbegleiter.

EINFACH & PRAKTISCH

QR-Code für jede Tour mit dem internetfähigen Smartphone einscannen und Startpunkt direkt anzeigen lassen.

	Übersichtskarte Rhein			10
▶	**Tour 1**	Streuobstwiesenweg	★ ⌇	12
	8.8 km	Farbig in den Frühling		
▶	**Tour 2**	Waldschluchtenweg	★★	24
	11.4 km	Wälder und Wasser		
▶	**Tour 3**	Wolfsdelle	★★	32
	10.7 km	Königliche Aussichten		
▶	**Tour 4**	Rheingoldbogen	★★	40
	12.5 km	Weinland Rhein-Land		
▶	**Tour 5**	Höhlen- und Schluchtensteig Kell	★★ ⌇	48
	12.0 km	Einblicke und Aussichten		
▶	**Tour 6**	Saynsteig	★★★ ⌇	60
	15.6 km	Von der Burg zum Bach		

Inhalt Rhein

Rheingoldbogen.

Höhlen- und Schluchtensteig Kell.

Übersichtskarte Mosel　　　　　　　　　　　　　　　72

▶ **Tour 7**　　**Pyrmonter Felsensteig**　　★★↘　74
11.5 km　　Zwischen Fels und Wasser

▶ **Tour 8**　　**Eltzer Burgpanorama**　　★★↘　84
12.6 km　　Fürstliche Fernblicke

▶ **Tour 9**　　**Schwalberstieg**　　★★↘　94
13.0 km　　Auszeit vom Alltag

▶ **Tour 10**　　**Hatzenporter Laysteig**　　★★↘　104
11.9 km　　Auf und ab im Schieferfels

▶ **Tour 11**　　**Bleidenberger Ausblicke**　　★★★　114
12.7 km　　Blickpunkt Burg

▶ **Tour 12**　　**Koberner Burgpfad**　　★★★↘　124
16.7 km　　Mythen und Märchen

▶ **Tour 13**　　**Bergschluchtenpfad Ehrenburg**　　★★★★　134
18.6 km　　Wo der Wildbach rauscht

> Allgemeine Infos
> Projektbüro Traumpfade
> Bahnhofstr. 9
> 56068 Koblenz
> 0261/108479
> www.traumpfade.info

Mosel Inhalt

Bleidenberger Ausblicke.　Koberner Burgpfad.

Übersichtskarte Eifel **146**

▶ | Tour 14 | **Booser Doppelmaartour** | ★ ⌐ **148**
9.4 km | Wundersame Welt der Vulkane

▶ | Tour 15 | **Vulkanpfad** | ★ ⌐ **156**
6.6 km | Laufen im Lavastrom

▶ | Tour 16 | **Wacholderweg** | ★★ **166**
8.7 km | Im Duft der Heide

▶ | Tour 17 | **Heidehimmel Volkesfeld** | ★★ **174**
10.0 km | Himmlische Horizonte

▶ | Tour 18 | **Bergheidenweg** | ★★ **184**
10.2 km | Ein Hauch von Toskana

▶ | Tour 19 | **Nette-Schieferpfad** | ★★ **192**
9.2 km | Auf der Spur des Eifelgoldes

▶ | Tour 20 | **Virne-Burgweg** | ★★ **202**
10.0 km | Burg, Berg und Tal

▶ | Tour 21 | **Hochbermeler** | ★★ **210**
10.2 km | Willkommen im Feuerland

▶ | Tour 22 | **Wanderather** | ★★⌐ **220**
12.6 km | Auf heiligen Wegen

Inhalt Eifel

Booser Doppelmaartour. Vulkanpfad.

▶	**Tour 23**	**Waldseepfad Rieden**	★★ ↙ **228**
	14.2 km	Fern-Sehen à la Eifel	

▶	**Tour 24**	**Monrealer Ritterschlag**	★★★ **238**
	15.3 km	Zeitreise zu den Rittern	

▶	**Tour 25**	**Vier-Berge-Tour**	★★★ **248**
	14.5 km	Vier auf einen Streich	

▶	**Tour 26**	**Förstersteig**	★★★ ↙ **260**
	16.9 km	Auf urwüchsigen Pfaden	

▶	**Tour 27**	**Pellenzer Seepfad**	★★★ ↙ **268**
	16.3 km	Kühle Füße, heiße Geschichte	

Register 284

Übersichtskarte 294

GPS: So funktioniert es 296

GPS: So geht's auf Smartphones 298

Impressum 300

Eifel Inhalt

Monrealer Ritterschlag.

Pellenzer Seepfad.

Zeichenerklärung

——	Traumpfade
——	Zuweg
●	Start/Ziel
[1] ○	Streckenpunkte
P	Hinweis im Text
🚆	Bahn
Ⓗ	Bus
P	Parkplatz
🍴	Einkehren
🏠	Übernachten
▦	QR-Code (▶ Anleitung Seite 298)
★☆☆☆	Einfach
★★☆☆	Mittel
★★★☆	Anspruchsvoll
★★★★	Sehr anspruchsvoll
📞	Telefonnummer
@	E-Mail-Adresse
ⓘ	Internet-Adresse
🕒	Öffnungszeiten/Termine*
♂	Männlich
♀	Weiblich
🚶	Streckenprofil

- **Höhenangaben:** Bezogen auf NN
- **Entfernungsangaben:** Beschriebene Hauptstrecke inkl. empfohlener Abstecher (ca.)
- **GPS-Daten:** Kürzeste Strecke
- **Zeitangaben:** Mittleres Wandertempo (reine Gehzeit ohne Pausen)
- **Koordinatenangaben der POIs:** Wir geben UTM-Koordinaten der Zone 32 U WGS 84 an. Dieses System nutzen u.a. alle offiziellen Karten der Landesvermessungsämter. Für die PKW-Navigationsgeräte geben wir für die Park-/Startplätze die geographischen Koordinaten in Breite/Länge (hddd°mm'ss.s) an. Diese können von den meisten gängigen AutoNavis verwendet werden. In den Outdoor GPS-Geräten sowie auf PC und mobilen Geräten können die Koordinatensysteme entsprechend eingestellt werden.
- **Kalorienberechnung:** Für jede Etappe wird der Kalorienverbrauch angegeben. Dieser wird unter Berücksichtigung von Entfernung, Aufstieg, Zeit, Geschlecht, Alter, Gewicht und Körpergröße für zwei Beispielpersonen berechnet (Mann: 50 Jahre, 175 cm, 75 kg; Frau: 50 Jahre, 165 cm, 60 kg). Ihre persönliche Berechnung können Sie unter www.schoeneres-wandern.de durchführen. Die Kalorienberechnung ist für Mittelgebirgstouren optimiert.

Öffnungszeiten sind saisonabhängig. Bitte telefonisch erfragen.

www.brohltal-tourismus.de

Wandererlebnis Vulkanpark Brohltal / Laacher See

Geo-Pfad-Routen -- thematische Rundwanderwege -- Geführte Wanderungen -- Genuss-Wandern -- Fahr
mit dem Vulkan-Expreß -- einzigartige Landschaften -- erlebnisreiche Sehenswürdigkeiten -- rustikale Küc

Tourist-Information Brohltal Kapellenstr. 12 56651 Niederzissen Tel. 02636/19433 tourist@brohltal.

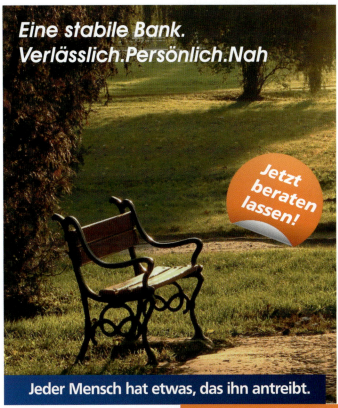

Wir halten Verlässlichkeit, Ehrlichkeit und Stabilität für ein absolutes Muss-
in guten wie in schlechten Zeiten.
Und weil wir im genossenschaftlichen Finanz-Verbund diese Ausrichtung seit jeher verfolgen, können sie bei uns auf eine zuverlässige Beratung zählen. **Direkt vor Ort in Ihrer Nähe an jedem unserer Standorte.**

Themenweg

Rhein
STREUOBST
WIESENWEG

Traumpfade Rhein

1	Streuobstwiesenweg	S. 12
2	Waldschluchtenweg	S. 24
3	Wolfsdelle	S. 32
4	Rheingoldbogen	S. 40
5	Höhlen- und Schluchtensteig Kell	S. 48
6	Saynsteig	S. 60

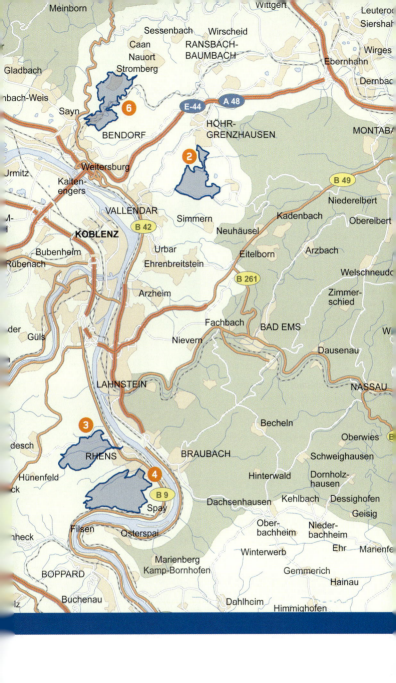

Strecke: Kärlich: Sportplatz Dalfter – Grillhütte Kettig – Kärlicher Berg – Grillhütte Kärlich

- **Länge:** 8.8 km
- **Gesamt:** 2 Std. 40 Min.
- **Höchster Punkt:** 207 m
- **Steigung/Gefälle:** 230 m
- **Anspruch:** ★ ↗
- **Kalorien:** ♀ 620 ♂ 728

- **Tour-Download:** T2X1TX8
  www.wander-touren.com

- **Tourist-Info:**
  Verbandsgemeinde Weißenthurm
  Kärlicher Straße 4
  56575 Weißenthurm
  ☎ 02637/9130
  🌐 www.vgwthurm.de
  🌐 www.remet.de

scan to go
QR-Code mit dem internetfähigen Smartphone einscannen und Startpunkt direkt anzeigen lassen.

Tour 1

Abendstimmung. | Die Elmar-Hillesheim-Wiese. | Blick zum Westerwald.

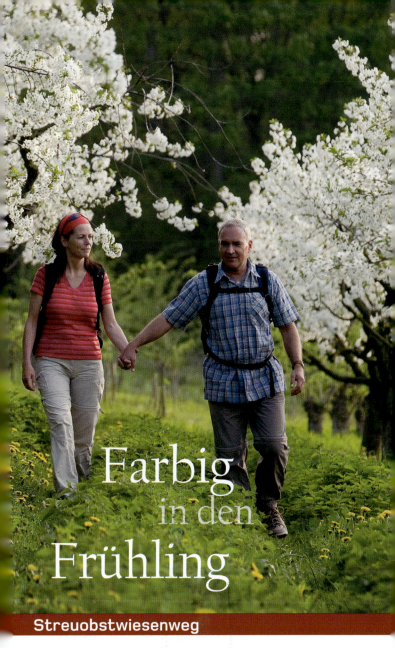

Farbig in den Frühling

Streuobstwiesenweg

Welche Pracht: Im Frühjahr bietet der Streuobstwiesenweg ein außergewöhnliches Wandervergnügen. Der Premiumweg verläuft mitten durch ein Meer aus Blüten. Ganzjährig bietet die Route sensationelle Panoramablicke und unterhaltsame Erlebnisstationen am Kärlicher Berg.

Los geht es am Parkplatz bei den Sportanlagen am „Dalfter" (1) am oberen Ortsrand von Kärlich. Wir gehen den Weg gegen den Uhrzeigersinn an und lassen uns vom markanten Logo (Baum und roter Apfel) zuverlässig leiten. Entlang der Umzäunung des Sportplatzes führt uns ein breiter Waldweg durch den lichten Mischwald. Am Ende des Zaunes halten wir uns an der Weggabelung rechts und laufen zur nahen Schutzhütte an der Hangkante.

Von der Hütte wandern wir begleitet von Unterholz und ersten Streuobstbäumen talwärts. Bald lichtet sich das Gehölz und es ergibt sich ein erster toller Blick auf das Neuwieder Becken. Aus dieser Entfernung stört sogar der mächtige Kühlturm der Bauruine des Kernkraftwerkes Mülheim-Kärlich wenig. Der schwere und fruchtbare Boden kann nach ergiebigem Regen schon mal etwas matschig und rutschig sein, doch festes Schuhwerk und eventuell auch ein Stock helfen über solche Passagen hinweg. Flankiert von einer gepflegten Kirschbaumplantage verlieren wir an Höhe, bis wir auf den querenden Rheinhöhenweg (weißes R) stoßen. Wir biegen links auf den befestigten Feldweg ab und genießen zur Blütezeit der Obstbäume das filigrane Blütenmeer aus Weiß und Rosa. Wie Schneegestöber weht der Wind die Blütenblättchen umher, und niemand kann sich der unbändigen Energie des Frühlings entziehen. Wer die Strecke im Sommer wandert, erfreut sich dagegen am Anblick reifender Früchte und sattgrüner Blätter. Nach 1 km verabschieden wir uns vom Rheinhöhenweg und biegen nach links bergan zur nahen Grillhütte. Nach kurzem Anstieg haben wir das liebevoll gepflegte Areal der Kettiger Grillhütte (2) erreicht und gönnen uns eine kurze Pause. Dabei frönen wir der großartigen Aussicht, die sich uns bietet: Das Rheintal und das Neuwieder Becken liegen uns zu Füßen. Neben der Hütte lädt ein gepflegter Obstlehrgarten zum Rundgang ein. Eine Sinnesbank gibt Gelegenheit, die Idylle in Ruhe zu genießen.

Wir setzen die Tour fort, lassen die Zufahrt von Kettig rechts liegen und folgen dem Fußweg geradeaus in die Natur. Begleitet von Hecken und Sträuchern, gelangen wir zum Hochbehälter Kettig, schwenken oberhalb nach rechts und laufen an einem Birkenhain entlang in ein kleines Wäldchen. Danach finden wir uns erneut am Waldrand wieder. Über die Wiese schweift der Blick

Frühling in Weiß und Gelb.

An der Grillhütte Kettig.

rechts zurück nach Kettig. An der folgenden Wegkurve tauchen wir geradeaus ab in den Wald. Verwunschen umfangen uns die Fichten, die hier mit verschiedenen Laubbäumen um das Sonnenlicht wetteifern. Einige Holzstufen erleichtern den Aufstieg über den weichen Boden, und schließlich treffen wir nach 2 km an einer Waldwiese auf einen Querweg. Mit scharfer Wendung nach rechts setzen wir auf diesem Waldweg die Wanderung fort und verlassen wenig später die Waldumgebung.

Links erfreuen uns die gepflegten Kirschbäume einer weiteren Obstplantage, während rechts dichtes Unterholz den Tieren begehrten Unterschlupf bietet. An der nächsten Kreuzung weist uns ein Holzschild darauf hin, dass wir auf dem „Eichenweg" unterwegs sind. Wir biegen kurz vor der eigentlichen Kreuzung rechts auf einen urigen Pfad ab. Erst am talseitigen Waldrand mündet der Pfad auf einen Feldweg. Wieder einmal begeistert uns der Blick ins Rheintal, doch auch die Spalier stehenden weißen Birkenstämme am Waldrand sind sehenswert.

Wir halten uns nun geradeaus abwärts und steigen endgültig ins Kettiger Bachtal ab. Dort treffen wir auf einen asphaltierten Wirtschaftsweg und biegen rechts ab. Allerdings erreichen wir den Ortsrand von Kettig nicht wirklich, denn bei erster Gelegenheit wenden wir uns mit einer Spitzkehre (3) nach links wieder

Streuobstwiesenweg

Auf dem Kärlicher Berg.

Richtung Felder. Wer jedoch leibliche Stärkung braucht, kann an dieser Abzweigung ins nahe Kettig laufen, wo beispielsweise die Cafeteria der nur 200 Meter entfernten Förder- und Wohnstätten auch Wanderern offensteht.

Wir passieren auf breitem Feldweg eine Scheune und treffen nach **3.5 km** an der Arenzwiese ein. Hier wachsen uralte Apfelbaumsorten – aber auch Weidensträucher für die Korbflechterei der Förder- und Wohnstätten, worauf ein riesiger Weidenkorb anschaulich aufmerksam macht. Wir biegen nach links und queren den schmalen, aber munter plätschernden Kettiger Bach. Auf der anderen Seite steigt der Weg leicht über eine Wiese an, bis er auf einen asphaltierten Wirtschaftsweg trifft. Wir setzen die Tour nach rechts fort und kommen auf dem glatten Untergrund schnell voran. Nun haben wir auch Gelegenheit, besondere Gewächse am Wegesrand näher in Augenschein zunehmen: dicke, knorrige Stämme mit gertenschlanken Austrieben und dunklen Blättern – wir passieren eine Holunderplantage. Zur Reifezeit hängen hier dicke schwarze Beeren, die zu Saft verarbeitet werden.

Bei **Kilometer 4.2** passieren wir nach einem kleinen Wäldchen einen Gutshof und eine Weide. Wenig später halten wir uns rechts und nähern uns wieder dem Bach. Unmittelbar nach der Brücke führt uns der Streuobstwiesenweg links am Ufer entlang. Vor den nächsten Obstbäumen queren wir den Bach wieder und wandern zu einem Jungwald. Unter dem schattigen Blätterdach erklimmen wir eine Anhöhe, bevor wir erneut ins freie Feld treten.

Nun gesellt sich zum Streuobstwiesenweg-Logo noch eine weitere Markierung **(4)**: Rot auf gelbem Grund ist der Zuweg von Kärlich zum Rheinburgenweg (▶ RheinBurgenWeg Pocket) markiert, der nur 200 Meter weiter rechts verläuft. Wir wenden uns nach links und laufen nun bergan, mal durch offene Felder, mal von Hecken begleitet oder an einem Streuobstareal vorbei. Nach **5 km** biegen wir scharf rechts ab und steigen am Feldrand deutlich aufwärts. Fast oben angelangt, lassen wir einen abzweigenden Feldweg unbeachtet. Unsere Aufmerksamkeit widmet sich sowieso voll und ganz der fantastischen Panoramaaussicht, die sich beim Blick zurück Richtung Vulkaneifel bietet **(5)**.

▶ Am Fuß des Bubenheimer Berges, knapp außerhalb von Mülheim-Kärlich, wurden (nahe der Jungenstraße) 1983 im Zuge des Bimsabbaus die Reste einer römischen **Villa Rustica** ausgegraben. Das ausgedehnte Gelände ist heute frei zugänglich und gibt einen guten Eindruck davon, wie die Römer sich in dem immerhin 70 mal 35 Meter großen Gebäude eingerichtet hatten. Die etwa 80 Zentimeter hoch aus dem Boden ragenden Mauerreste geben den Grundriss anschaulich wieder.

Weiter geht es bis zu einem befestigten Wirtschaftsweg. Wir queren den Weg und laufen dann rechts auf einem parallelen Feldweg, bis wir die erste Möglichkeit nutzen und links auf einen weiteren Feldweg wechseln. Nun genießen wir in vollen Zügen die offene, schier unendliche Weite der Hochfläche. Unser Blick kann ungehindert über die Felder streifen, und der Wind bläst uns hier oben oft frisch um die Ohren. Der nächste Richtungswechsel nach links führt uns nun wieder zu Obstbaumarealen, die abermals die Felder unterbrechen. Zudem säumen alte Kirsch-, Birnen- und Walnussbäume den Feldweg. Aber diese Baumallee hat noch mehr zu bieten: Am Wegesrand sorgen attraktive Erlebnisstationen für Abwechslung und Spannung. Eine echte Herausforderung ist das Duftdidaktikum, bei dem unser Geruchssinn gefordert ist, die unterschiedlichen Düfte zuzuordnen. An der Mitmachstation der Holzbestimmung wird spielerisch unser Wissen rund ums Holz erweitert, und am Dendrophon, einer Art Xylophon aus Ästen verschiedener Baumarten, können wir unsere musikalischen Fähigkeiten testen. Und wissen Sie eigentlich, wie all die fliegenden Boten wohnen, ohne die wir kein leckeres Obst ernten könnten? Am Insektenhotel können wir sehen, welche Lebensumstände die geflügelten Nützlinge brauchen. So unterhalten, bewältigen wir die Passage über den Kärlicher Berg sehr kurzweilig und kommen dazu immer auch in den Genuss herrlicher Ausblicke.

An der Erlebnisstation „Insektenhotel".

Streuobstwiesenweg

Der ehemalige Gutshof des „mittelrheinisch-moselländischen Typs" stammt überwiegend aus dem 2. und 3. Jahrhundert nach Christus und war mit vielen Annehmlichkeiten der römischen Welt ausgestattet. So kann man noch heute die Reste der Fußboden- und Wandheizung erkennen, die für angenehme Temperaturen sorgten. Auch ein Badebecken ist erhalten.

Nach **6.6 km** wenden wir uns nach rechts, laufen zum nächsten Kirschbaumriegel und biegen dort links ab. So gelangen wir zum nahen Waldrand, wo uns ein Schild und ein Zaun auf die aktive Carl-Heinrich-Tongrube hinweisen. Wir wandern rechts durch das Gehölz weiter und verlieren dabei langsam an Höhe. Von der Tongrube bekommen wir nichts mit, ein bewaldeter Wall umgibt das Areal. Bald mündet unser Waldweg auf einen breiten Wirtschaftsweg, der offensichtlich auch von schwerem Gerät genutzt wird. Nach **7.5 km** treffen wir an einer Kreuzung und einer kleinen Kapelle **(6)** ein. Hier verabschiedet sich der Rheinburgenweg-Zuweg nach rechts, während wir die ersten beiden Wege nach links ignorieren und erst nach einem kleinen Gerätehaus rechts auf einen Waldweg abbiegen. Er führt uns im Bogen leicht abwärts, bis sich schließlich das Unterholz lichtet und den Blick ins Rheintal und auf das Neuwieder Becken freigibt. Begleitet von Obstbäumen, gelangen wir zu einem querenden Asphaltweg, dem wir nach links folgen. Mit guter Aussicht auf Mülheim-Kärlich wandern wir durch das Blütenmeer, bis der Asphaltweg nach rechts abknickt. Hier halten wir uns links und vertrauen uns einem weichen Waldweg an. Wir durchqueren ein Wäldchen und stehen nach **8.2 km** auf einer Anhöhe: Noch einmal sind wir hingerissen vom Rheintalpanorama **(7)**, das sich vor uns ausbreitet und bei gutem Wetter den Blick bis weit in den Westerwald freigibt.

Dann tauchen wir am Wald geradeaus unter das schattige Blätterdach ab und wandern gemächlich abwärts zur Dalfter Grillhütte **(8)**. Zwar sehen wir nun den Parkplatz bereits vor uns, doch noch einmal hält der Streuobstwiesenweg eine Überraschung bereit. An der Hütte vorbei laufen wir mit einer Schleife nach links pfadig bergan in den Buchenwald. In einem weiten Bogen genießen wir die Waldatmosphäre und erreichen schließlich am Waldrand eine Aussichtsplattform. Von hier können wir zum krönenden Abschluss der Tour auch die Tongrube in Augenschein nehmen. Nach diesem Einblick in die Erde steigen wir durch den Wald ab und treffen nach **8.8 km** wieder am Sportplatz **(1)** ein, wo unser Ausflug ins duftende Reich der Blüten und Früchte endet.

Panoramablick am Kärlicher Berg

Abendlicher Ausblick über die Streuobstwiesen.

Streuobstwiesenweg

▶ Strecke:
Kärlich: Sportplatz Dalfter – Grillhütte Kettig – Kärlicher Berg – Grillhütte Kärlich

▶ An-/Abreise:
Über die A 48 oder die B 9 nach Mülheim-Kärlich. In Kärlich der Beschilderung „Sportanlagen/Grillhütte Dalfter" folgen.

▶ Parken:
- Sportplatz Dalfter, Kärlich   *N50° 23' 23.5'' • E7° 28' 24.3''*
- Grillhütte, Kettig   *N50° 23' 31.9'' • E7° 27' 51.1''*

▶ ÖPNV:
Von Koblenz, Weißenthurm und Neuwied aus kann man mit der Buslinie 357 im Stundentakt nach Mülheim und auch nach Kärlich fahren. Infos: ☏ www.vrminfo.de

▶ TAXI:
Tom's City Taxi ☏ 02630/962894

▶ Einkehr:
- Ristorante Il Cavallo, Hauptstr. 7, 56220 Kettig ☏ 02637/944884
- Bengel's Hotel Restaurant Zur Krone, Schweizer Str. 2, 56218 Mülheim-Kärlich ☏ 02630/94260 ☏ www.bengels-hotel.de ⊙ Do. Ruhetag (auch Übernachtung möglich)
- Hotel Grüters, Ringstraße 1, 56218 Mülheim-Kärlich ☏ 02630/9416-0 ☏ www.hotel-grueters.de (auch Übernachtung möglich)
- Weitere Einkehrmöglichkeiten: ☏ www.vgwthurm.de

▶ Übernachten:
- Etap-Hotel, Hinter der Jungenstr. 13, 56218 Mülheim-Kärlich (Gewerbepark) ☏ 0261/26602 ☏ www.etaphotel.com
- Rhein-Hotel Kelch, Rheinufer 4, 56575 Weißenthurm ☏ 02637/2146 ☏ www.rhein-hotel-kelch.de
- Weitere Übernachtungsmöglichkeiten: ☏ www.vgwthurm.de

▶ Strecken- und Aussichtspunkte:
P1	Parkplatz Sportplatz Dalfter, Kärlich	*Ost 391483 Nord 5583094*
P2	Aussicht Grillhütte Kettig	*Ost 390876 Nord 5583411*
P3	Ortsrand Kettig	*Ost 390426 Nord 5582957*
P4	Treffen Rheinburgenweg	*Ost 389999 Nord 5581520*
P5	Panoramablick Vulkaneifel	*Ost 390336 Nord 5581528*
P6	Kapelle an Karl-Heinrich-Grube	*Ost 391833 Nord 5582418*
P7	Panoramablick Neuwieder Becken	*Ost 391630 Nord 5582868*
P8	Dalfter Grillhütte	*Ost 391555 Nord 5582984*

Tour 1   Auf einen Blick

Traum in Weiß und Rosa.

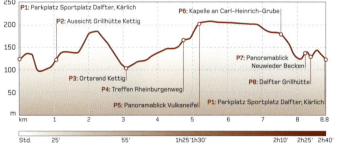

Streckenprofil

▶ Dieser Weg ist ein absolutes Muss während der Obstbaumblüte! Alternativ bietet sich der Spätsommer an, wenn die Obstbäume Früchte tragen.

▶ Der Weg ist für Familien mit Kindern ein echtes Erlebnis. Auch für Einsteiger oder für die kurze, schnelle Tour nach Feierabend eignet sich der Weg hervorragend.

Am Bopparder Hamm.

Traumpfade

Rhein

TRAUMPFADE
Rhein-Mosel-Eifel-Land

Strecke: Parkplatz Feisternachttal – Hillscheider Bach – Bembermühle – Limes

- **Länge:** 11,4 km
- **Gesamt:** 3 Std. 30 Min.
- **Höchster Punkt:** 286 m
- **Steigung/Gefälle:** 279 m
- **Anspruch:** ★ ★
- **Kalorien:** ♀ 792 ♂ 930

- **Tour-Download:** TP17TX3
  www.wander-touren.com

- **Tourist-Info:**
  VG Vallendar
  Rathausplatz 13
  56179 Vallendar
  ☏ 0261/6503155
  ⓘ www.vg-vallendar.de
  ⓘ www.traumpfade.info

scan to go
QR-Code mit dem internetfähigen Smartphone einscannen und Startpunkt direkt anzeigen lassen.

Tour 2

Am Saustallkopf. | Baumriese. | Fingerhut am Wegesrand.

Abkühlung im Hillscheider Bach.

Waldschluchtenweg

Zwei Landschaftselemente prägen diesen Weg: üppige, vielgestaltige Wälder und nicht weniger als drei munter plätschernde Bäche! Wandern auf dem Waldschluchtenweg bei Vallendar bedeutet Abtauchen in die Natur, sich an der Ruhe und Erhabenheit des Waldes erfreuen und nach den leisen Tönen des Wassers horchen.

Im Kathedralenwald.

Der Einstieg zu dieser Tour befindet sich am großen Wanderparkplatz (1) an der L 309 am Anfang des Feisternachttals. Wir beginnen die Wanderung mit der Querung der Landstraße und wenden uns gleich nach der Brücke über den Hillscheider Bach nach links.

Rechts erhebt sich eine imposante Felsklippe, schnell schlägt uns der idyllische Weg oberhalb des Hillscheider Bachs in seinen Bann. Federnd trägt uns der weiche Waldboden, und es bleibt Zeit, vom Alltag abzuschalten und sich den Eindrücken der Natur zu öffnen.

Nach gut **500 m** erspähen wir durch das Laub der Bäume am Bach die Fischteiche des Forellenhofs. Unser Waldweg mausert sich zum verschlungenen Pfad, der uns ohne größere Höhenunterschiede nach Osten führt. Weitere kleine Teiche breiten sich im Talgrund aus, der herrliche Laubmischwald wird kurzzeitig von einem Abschnitt Nadelwald abgelöst. Nach **2.5 km** stoßen wir auf einen Querweg an der Kläranlage und biegen nach links zur nahen Straße. Erneut queren wir die L 309 (2) und tauchen auf der anderen Seite erwartungsvoll über einen Pfad in den Wald ein, denn nun wollen weitere Waldschluchten erobert werden.

Recht steil gestaltet sich dann auch der Aufstieg von der Straße zur ersten Galerie im Wald. Ein Serpentinenpfad hilft uns beim Höhengewinn, und schon stehen wir auf einem alten Waldweg auf halber Höhe des Hangs. Zunächst noch unmerklich, aber dennoch stetig ansteigend, wandern wir entlang der Flanke oberhalb des Hirzbachtals nach Nordosten. Nach **3 km** wird der Weg deutlich steiler, vom Bach ist kaum mehr etwas auszumachen. Wir befinden uns nun an der Flanke des Kuckucksberges, den wir umrunden und besteigen. Nach einem gerodeten Areal, das uns herrliche Blicke ins unberührte Hirzbachtal gewährt, umgibt uns

Sehenswertes

▶ **Koblenz**, die Stadt am Deutschen Eck, hat viel zu bieten. Ob gemütlicher Stadtbummel, Altstadt, Museen oder einfach nur gut essen oder trinken, Koblenz wartet mit einem vielfältigen Angebot auf. Informationen gibt es bei der Tourist-Information: Bahnhofsplatz 17, 56068 Koblenz ☎ 0261/31304 🌐 www.koblenz.de.

bald hochgewachsener Buchenwald, der willkommenen Schatten spendet. Bewundernd betrachten wir im Vorüberwandern die kapitalen Stämme, von denen schon einige mehr als ein Jahrhundert überstanden haben. Unser Weg flacht nach **3.6 km** deutlich ab und führt uns durch gemischten Hochwald vollends auf das Plateau am Kuckucksberg. Wir biegen am Rand einer Lichtung links ab, erklimmen noch einige Höhenmeter, dann wechseln wir auf einen breiten Forstweg nach links. Lange bleiben wir diesem Forstweg aber nicht treu, denn schon an der nächsten Kreuzung führt uns der Waldschluchtenweg nach rechts. Wir durchwandern eine Senke im lichten Hochwald, dessen Unterholz die Sicht nur spärlich verdeckt. Wer genau hinschaut, erkennt im Buchenwald die verschiedenen Altersstadien des Baumbestandes und erfreut sich auch an zum Teil skurril geformten Stämmen und Ästen. Der Wald **(3)** hat hier einen besonders majestätischen Charakter, der uns mit etwas Fantasie an die hochgereckten Säulen einer Kathedrale erinnert.

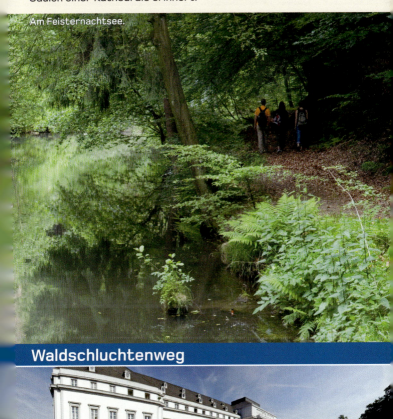

Am Feisternachtsee.

Waldschluchtenweg

Kurfürstliches Schloss zu Koblenz.

Vesper im Waldidyll.

Derweil leitet uns das Traumpfadlogo meist auf schönen, engen Waldwegen über einige Richtungswechsel, bis wir nach einem weiteren Anstieg bei Kilometer 4.5 auf einen breiten Forstweg stoßen (4). Hier bietet sich entlang des mit den Zuweg-Logos markierten Weges ein Abstecher zur nur 500 m weiter links gelegenen Pedelhütte an.

Der Waldschluchtenweg selbst quert den Forstweg und schlängelt sich auf idyllischem Waldweg stetig abwärts zum querenden „Mittleren Pedelweg". Hier treffen wir auf diverse Lokalwege, und gemeinsam wandern wir auf bequemem Weg weiter talwärts. Nach 5.3 km verlassen wir mit einer scharfen Rechtskurve den breiten Forstweg und folgen einem zunächst noch breiten Waldweg. Nur 120 m weiter schicken uns die Logos dann aber links auf einen Naturpfad, der uns durch Mischwald und üppige Hecken zum Wasserwerk im Feisternachttal bringt. Wir queren den Bach und wenden uns rechts auf den bequemen Talweg. Der führt uns direkt neben dem munteren Bach talaufwärts. Wir passieren einen gerodeten Nadelwald, dann schließt sich üppiges Blattwerk über unseren Köpfen. Nach 6 km treffen wir schließlich bei gutem Blick über die Talwiesen an der Zufahrt zur Bembermühle ein. Wir

Sehenswertes

▶ Abkühlung und viel Spaß verspricht das Freizeitbad Vallendar. Zahlreiche Attraktionen (Sprunganlage, Riesenrutsche, Felseninseln im Freizeitbecken, eine Felswand mit Wasserlauf und ein Strömungskanal mit Brodelbucht) begeistern vor allem die jungen Wasserratten. Freibad Vallendar, Sebastian-Kneipp-Str. 14, 56179 Vallendar ☏ 0261/63250 🌐 www.vallendar.eu ⏲ Mai–Sep. Mo.–So. 9–20 Uhr

folgen dem asphaltierten Sträßchen rechts und treffen nur 150 m später an der Mühle ein, die außer montags und dienstags zur gemütlichen Einkehr lockt [5]. Gestärkt nehmen wir nach der Pause den Anstieg hinauf zum Limeswall in Angriff. Dazu umrunden wir das Mühlenareal, steigen zum Waldrand auf und folgen einem Waldweg zunächst nach rechts. Nach dem ersten Anstieg halten wir uns dann nahe dem Waldrand links. Nun folgt der Waldschluchtenweg den mittlerweile zum UNESCO-Weltkulturerbe geadelten Relikten des römischen Bollwerks nach Nordwesten und führt dabei auch am Standort eines Wachturms vorbei.

An einem Querweg [6] verlassen wir den Limes und genießen den Blick zu den ersten Häusern von Höhr-Grenzhausen. Auch den markanten Turm auf dem Köppel haben wir gut im Blick. Wir reißen uns los und biegen links auf einen Forstweg ab, der uns tiefer in den herrlichen Buchenhallenwald bringt. Von der ehemaligen Tongrube, die einst wichtige Rohstoffe für die Keramikindustrie des Kannenbäckerlands lieferte, bekommen wir dabei nichts mit. Nach **7.3 km** biegen wir links ab und dürfen auf schmalem Pfad abwärtswandern. Mal rahmt dabei dichter Jungwald den Weg ein, mal wandern wir durch lichte Hochwaldpassagen. Schließlich treffen wir noch einmal am Zufahrtssträßchen zur Bembermühle ein. Rasch queren wir die Straße und wenden uns links auf einen beschrankten Forstweg. Vielstufiger Hochwald begleitet uns auf dieser Passage zwischen Puschenkopf und Saustallkopf. Nach **8.8 km** dürfen wir dann den unvermittelten Abzweig nach links auf den bald in steilen Serpentinen ins Feisternachttal absteigenden Pfad nicht verpassen.

Im Tal angelangt, laufen wir zunächst rechts auf breitem Weg weiter, dürfen aber schon 100 m später links über den Bach laufen. Gleich nach der Brücke über den leise plätschernden Bach wenden wir uns rechts auf einen Waldweg, der sich bald zum idyllischen Naturweg mausert. In unmittelbarer Nähe zum Feisternachtbach wandern wir gemächlich durch das enge Tal. Nach **9.9 km** treffen wir schließlich an einem kleinen Stausee ein, an dem eine Schutzhütte [7] zum Verweilen und zu einer letzten Rast im stillen Wald einlädt. Anschließend folgen wir dem nun breiten Forstweg gemütlich abwärts zurück zum Wanderparkplatz [1] an der L 309.

Waldschluchtenweg

▶ Die Region zwischen Rhein und Westerwald ist auch als Kannenbäckerland bekannt. Einblicke in die jahrhundertelange Tradition der Keramik gibt das Keramikmuseum in Höhr-Grenzhausen. Auf mehreren Ausstellungsebenen erfährt der Besucher alles Wissenswerte zum salzglasierten Westerwälder Steinzeug ☉ Di.–So.: 10–17 Uhr, Lindenstraße 13, 56203 Höhr-Grenzhausen ☎ 02624/946010 ⌨ www.keramikmuseum.de

▶ **Strecke:**
Parkplatz Feisternachttal – Hillscheider Bach – Bembermühle – Limes

▶ **An-/Abreise:**
B 42 nach Vallendar. Von dort L 309 Richtung Hillscheid. Parken am Eingang zum Feisternachttal.

▶ **Parken:**
Feisternachttal   N50° 24' 16.2'' • E7° 38' 45.4''

▶ **ÖPNV:**
Zielhaltestelle: Vallendar Schönstatt
Linien: 7 (täglich) (Koblenz Hbf -) Vallendar Bf. – Höhr-Grenzhausen
465 (Mo.–Fr.) Vallendar Bf. – Höhr-Grenzhausen (Hst. Forellenhof)

▶ **TAXI:**
Taxi Bank ✆ 0261/63066

▶ **Einkehr:**
- Gaststätte Bembermühle – Waldesruh, 56203 Höhr-Grenzhausen
  ✆ 02624/6110 ⏲ www.bembermuehle.de ⏲ Mi.–So. ab 11 Uhr,
  Mo. & Di. Ruhetag
- Restaurant Die Traube, Rathausplatz 12, 56179 Vallendar
  ✆ 0261/61162 ⏲ www.dietraube-vallendar.de ⏲ So. & Mo. Ruhetag

▶ **Übernachten:**
- Hotel Alexander von Humboldt, Rheinstr. 31, 56179 Vallendar
  ✆ 0261/66046
- Hotel Zugbrücke Grenzau, Brexbachstraße 11–17,
  56203 Höhr-Grenzhausen ✆ 02624/1050 ⏲ www.zugbruecke.de
- Priester- und Gästehaus Marienau Vallendar, Höhrerstr. 86,
  561709 Vallendar ✆ 0261/962620 ⏲ www.leben-an-der-quelle.de

▶ **Strecken- und Aussichtspunkte:**

P1	Parkplatz Feisternachttal	*Ost 403775 Nord 5586263*
P2	Querung L 309	*Ost 405866 Nord 5585844*
P3	Kathedralenwald	*Ost 405818 Nord 5586420*
P4	Abzweig Zuweg Pedelhütte	*Ost 405487 Nord 5586629*
P5	Bembermühle	*Ost 405496 Nord 5587899*
P6	Limes	*Ost 405301 Nord 5588401*
P7	Schutzhütte am See	*Ost 404435 Nord 5587527*

Tour 2   Auf einen Blick

Erfrischender Feisternachtbach.

Streckenprofil

▶ Dieser Weg kann ganzjährig begangen werden. Besonders schön ist er aber, wenn das frische Laub aufbricht (etwa Mai) oder wenn sich im Herbst die Blätter färben.
▶ Der Waldschluchtenweg eignet sich gut für Einsteiger und Familien mit Kindern, die bereits etwas Wandererfahrung haben und sich für die Natur begeistern können.

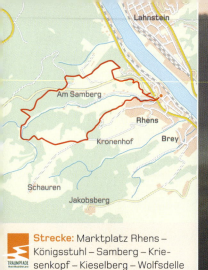

Strecke: Marktplatz Rhens – Königsstuhl – Samberg – Kriesenkopf – Kieselberg – Wolfsdelle

- **Länge:** 10.7 km
- **Gesamt:** 3 Std. 15 Min.
- **Höchster Punkt:** 288 m
- **Steigung/Gefälle:** 306 m
- **Anspruch:** ★ ★
- **Kalorien:** ♀ 767 ♂ 900

- **Tour-Download:** TP16TX4
  www.wander-touren.com

- **Tourist-Info:**
  Verkehrsamt Rhens
  Am Viehtor 2
  56321 Rhens
  ☏ 02628/960556
  ⌕ www.rhens.de
  ⌕ www.traumpfade.info

scan&go
QR-Code mit dem internetfähigen Smartphone einscannen und Startpunkt direkt anzeigen lassen.

Tour 3

Rhens.   Am Königsstuhl.   Kapelle am Kronenhof.

Königliche Aussichten

Aufstieg zum Kriesenkopf.

Wolfsdelle

Vielfalt im Mittelrheintal. Hier wird fast alles geboten: fantastische Panoramablicke, üppige Weinreben, Obst in Hülle und Fülle. Aber auch Urwald, plätschernde Bachläufe und weite Hochflächen gehören zur Traumtour der Wolfsdelle!

Im sehenswerten Zentrum (1) von Rhens mit schmucken Fachwerkbauten beginnt die Rundtour Wolfsdelle. Vom Marktplatz laufen wir zum Viehtor und gelangen unter der Hochbrücke hindurch zu Auf der Lay. Steil führt uns die enge Gasse gemeinsam mit dem Rheinburgenweg bergan, bald tauschen wir den Asphalt gegen einen Naturweg ein. Büsche und knorrige Bäume begleiten uns beim Aufstieg, der an einem Querweg endet. Hier ist der Abstecher zum nahen Königsstuhl Pflicht. Der eindrucksvolle, steinerne Königsstuhl (2) bietet nicht nur einen atemberaubend schönen Ausblick auf das Rheintal, Rhens und die Marksburg. Wir bewegen uns hier auch auf historisch bedeutungsvollem Terrain, denn hier trafen sich im Mittelalter die Kurfürsten zur Wahl des deutschen Königs.

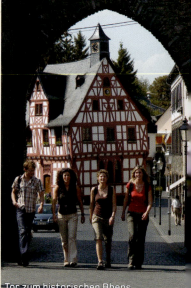
Tor zum historischen Rhens.

Nach diesem Exkurs in die deutsche Geschichte laufen wir zurück zum Abzweig und folgen dem Feldweg Richtung Norden. Nach **800 m** biegen wir gemeinsam mit dem Rheinburgenweg an der Weggabelung nach rechts ab. Der Feldweg gabelt sich vor der Straße erneut, hier halten wir uns links und streben bergan. Kurz vor dem Waldrand geht es scharf nach links: In engen Serpentinen bezwingen wir den steilen Berg. Wir gelangen in den lichten Wald, laufen weiter bergan und folgen dem urigen Waldpfad an der östlichen Flanke des Berges entlang. Ein Holzzaun macht uns auf den im Wald verborgenen uralten jüdischen Friedhof aufmerksam.

Bald liegt der Berg hinter uns, und wir befinden uns auf dem freien Feld an der L 208. Wir queren nach **1.8 km** die wenig befahrene Straße (3) und laufen auf dem breiten, anfangs geschotterten

Sehenswertes

▶ Zusätzlich zur Wanderung sollte man sich ausreichend Zeit für den zwar kleinen, aber sehr sehenswerteren **historischen Stadtkern von Rhens** nehmen. Uralte Fachwerkhäuser, eine fest ins Stadtbild integrierte Stadtmauer, die alte Kirche – ein Rundgang lohnt sich!

Rhens: Kultur und Wein.

Weg im Bogen auf den Wald zu. Dürftig aussehende Felder erweisen sich als wertvolle Wildschutzzonen, das Wild selbst zeigt sich am Tag aber nur selten. Am Waldrand stoßen wir auf die kleine Antonius-Kapelle und eine Wegkreuzung. Wir schwenken auf einen wunderschönen Waldpfad nach links und wandern nun ohne große Höhendifferenz immer in Sichtweite zum Waldrand durch den alten Baumbestand. Eine rustikale Sitzgruppe lädt nach **3 km** zur Rast ein, bevor wir nach kurzem Abstieg ein kleines Tälchen nebst Bächlein queren.

Nun geht es aufwärts! Erst noch im Wald, später dann entlang den Feldern gewinnen wir zusehends an Höhe. Wir queren einen Schotterweg und laufen zum Waldrand, wo nach **3.5 km** eine Sinnesbank zum Verweilen einlädt. Hier trennen wir uns endgültig vom Rheinburgenweg, der gerade in den Wald führt. Wir laufen am Waldrand bergan und freuen uns über die neue Schutzhütte. Oben im Wald wenden wir uns erst nach links, um nur 80 m später in der Kurve rechts auf einen Waldweg zu laufen. Nach weiteren 40 m biegen wir nach links und laufen ohne Steigung erneut zur L 208, die wir nach kurzem Rechtsschlenker mitten im Wald queren **(4)**.

Auf der anderen Seite wenden wir uns dem breiten Waldweg zu, der uns zunächst straßenparallel nach Westen bringt. Bald wird die Entfernung zur Straße größer, und herrlicher Mischwald begleitet uns. An einer Wegkreuzung wandern wir links weiter, um nur 300 m später erneut links auf einen absteigenden Waldweg abzubiegen. Tief atmen wir den würzigen Duft der Kiefern ein und werden nach **5.6 km** von einem canyonartig eingeschnittenen Tal überrascht. Unser Weg biegt mit einer Kurve in dieses Tal ein, und bald geht es auf schön eingewachsenem Pfad die letzten Meter ins Mühlental hinab. Hier **(5)** wenden wir uns nach rechts talaufwärts und erfreuen uns an den saftigen grünen Wiesen.

Erfrischung am Brunnen.

Wolfsdelle

▶ Schon im 13. Jahrhundert war Rhens weit über die Region hinaus bekannt. Grund hierfür war vor allem der **Königsstuhl**, ein zunächst noch hölzernes, später steinernes Bauwerk. Am Königsstuhl kürten die deutschen Kurfürsten aus ihren Reihen den König des Reichs. Heute erhebt sich über dem pittoresken Städtchen Rhens der rekonstruierte Königsstuhl und erinnert an die Glanzzeiten des Mittelalters. Beeindruckend ist der Ausblick auf die Marksburg auf der gegenüberliegenden Rheinseite.

Der Königsstuhl.

Sehenswertes

▶ Zwischen Rhens und Koblenz erhebt sich am Hang das Schloss Stolzenfels. Zahlreiche Türmchen im Zuckerbäckerstil begeistern schon von außen. Beim Rundgang durch das im Zuge der Rheinromantik im 19. Jahrhundert restaurierte und umgebaute Schloss gibt es tolle Räume, wertvolles Inventar, Ritterrüstungen, Waffen und Möbel aus längst vergangenen Zeiten zu bestaunen. 0261/51656 www.burgen-rlp.de

Bei **Kilometer 6.2** trifft der Ahrbach ins Mühlental und gibt uns Gelegenheit nach links abzubiegen. Entlang dem Ahrbach wandern wir nun südwärts und trennen uns bei der nächsten Wegkreuzung mit einem Schwenk nach links vom Bach. Sehr steil müssen wir nun bergan krabbeln, doch bereits 250 m später befinden wir uns auf dem Hochplateau des Kriesenkopfs und können auf ebenem Waldweg verschnaufen. Nach **7.1 km** steht auch noch ein Rastplatz (6) zur verdienten Pause bereit. Danach erwartet uns eine tolle Passage über die offenen Felder des Kieselbergs. Weit schweift unser Blick über die Umgebung, neue ungeahnte Perspektiven ergeben sich. Nach **8 km** erreichen wir die kleine Kapelle (7) an der Zufahrt zum Kronenhof und laufen jetzt kurzzeitig auf dem geteerten Weg abwärts. Doch kaum haben wir linker Hand den Wald erreicht, dürfen wir in diesen abbiegen und auf verträumten Wegen bequem abwärtswandern. Am Waldrand treffen wir auf einige Wochenendhäuschen, hier befinden wir uns mitten im Flurstück Wolfsdelle. Wir behalten die nordöstliche Richtung bei, überqueren ein Feld und tauchen am anderen Ende in einen herrlich urwüchsigen Hohlweg ein! Dichte Vegetation umfängt uns, und wie in einem Tunnel führt uns der uralte Weg stetig abwärts.

Abendstimmung auf dem Traumpfad.

So gelangen wir wieder ins Mühlental, wo wir nach rechts Richtung Rhens schwenken. Wir passieren einige Wiesen, dann begleiten uns Gehölze und Hecken bis kurz vor den Ort, den wir an der Nikolauskapelle (8) erreichen. Noch bevor wir an die Straße gelangen, biegt der Weg rechts auf einen Pfad ab, der uns im weiteren Verlauf mit einigen Richtungswechseln mitten durch die Gärten am Mühlenbach führt. So stoßen wir erst nach **10.4 km** auf die Mühlentalstraße und folgen ihr zur Hochbrücke und zum Viehtor, wo sich der Kreis schließt. Nach **10.7 km** beenden wir voller lebendiger Eindrücke diese tolle Rundwanderung wieder am Marktplatz in Rhens (1).

Wolfsdelle

Verspielt: Schloss Stolzenfels.

▶ **Strecke:**
Marktplatz Rhens – Königsstuhl – Samberg – Kriesenkopf – Kieselberg – Wolfsdelle

▶ **An-/Abreise:**
Über die A 61 bis Abfahrt Waldesch, dann über die B 327 und die L 208 nach Rhens. Oder B 9 bis Rhens. Anfahrt mit der Bahn ist möglich.

▶ **Parken:**
- Bramleystraße .... *N50° 16' 50.2'' • E7° 36' 55.7''*
- Bahnhof .... *N50° 16' 51.3'' • E7° 37' 13.5''*

▶ **ÖPNV:**
Zielhaltestelle: Rhens Bahnhof
Linien: RB 32 „Mittelrheinbahn" (täglich) Koblenz – Mainz
650 (täglich) Koblenz – Boppard Hbf (Hst. Bahnhofstraße)

▶ **TAXI:**
Heike Kremser ✆ 06742/5530

▶ **Einkehr:**
- Restaurant Zum Schiffchen, Am Rhein 4, 56321 Rhens ✆ 02628/2216
- Weitere Einkehr- und Übernachtungstipps unter ⓘ www.rhens.de

▶ **Übernachten:**
- Hotel & Restaurant Roter Ochse, Hochstr. 27, 56321 Rhens ✆ 02628/2221
- Weitere Einkehr- und Übernachtungsmöglichkeiten in Rhens, im benachbarten Boppard sowie in Brey, Spay und Koblenz

▶ **Strecken- und Aussichtspunkte:**

P1	Marktplatz Rhens	*Ost 401501 Nord 5570849*
P2	Königsstuhl	*Ost 401211 Nord 5570942*
P3	1. Querung L 208	*Ost 400299 Nord 5571259*
P4	2. Querung L 208	*Ost 398943 Nord 5571005*
P5	Mühlental	*Ost 398268 Nord 5570378*
P6	Rastplatz am Kriesenkopf	*Ost 398537 Nord 5569875*
P7	Kapelle am Teerweg	*Ost 399403 Nord 5569787*
P8	St. Nikolaus Kapelle	*Ost 400565 Nord 5570700*

Tour 3 Auf einen Blick

Verträumte Wanderrast.

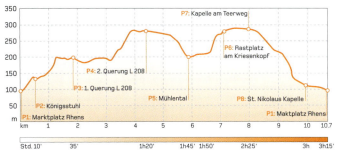

Streckenprofil

▶ Die Wolfsdelle ist ganzjährig wanderbar. Besonders schön wirken die Weitblicke und Urwaldpassagen aber im Sommer.

▶ Familien mit Kindern fühlen sich auf der Wolfsdelle ebenso wohl wie Wanderer auf der Suche nach einer aussichtsreichen Halbtagestour.

Strecke: Ortsmitte Brey – Breybachtal – Jakobsberg – Weinberge – Muttergotteskapelle

- **Länge:** 12.5 km
- **Gesamt:** 3 Std. 45 Min.
- **Höchster Punkt:** 257 m
- **Steigung/Gefälle:** 257 m
- **Anspruch:** ★★
- **Kalorien:** ♀ 835 ♂ 981

- **Tour-Download:** TP19TX1
  www.wander-touren.com

- **Tourist-Info:**
  Verkehrsamt Rhens
  Am Viehtor 2
  56321 Rhens
  ☎ 02628/960556
  @ www.rhens.de
  @ www.traumpfade.info

scan to go

QR-Code mit dem internetfähigen Smartphone einscannen und Startpunkt direkt anzeigen lassen.

Tour 4

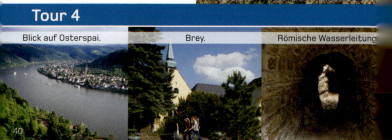

Blick auf Osterspai. | Brey. | Römische Wasserleitung

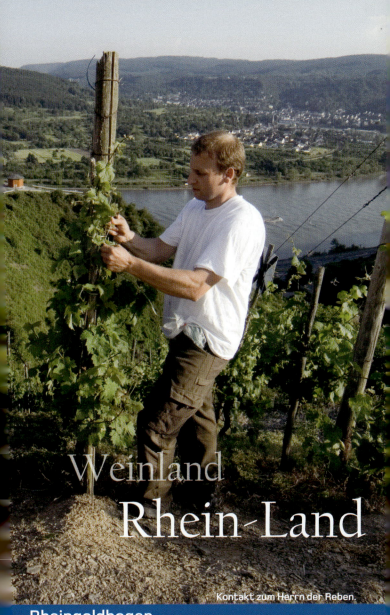

Weinland Rhein-Land

Kontakt zum Herrn der Reben.

Rheingoldbogen

Rheinschleife und Riesling: Wo der Rhein den Bogen schlägt, gedeihen die besten Weine am Mittelrhein. Mitten durch dieses Paradies führt uns der Rheingoldbogen mit großartigen Panoramablicken. Vielfältig präsentiert sich die Landschaft zwischen Niederwald, Hecken und Reben – eine Wanderung für alle Sinne.

Vom Dorfplatz Brey gelangen wir über einen 300 m langen Zuweg zum eigentlichen Traumpfad. An der Ecke Rheingoldstraße/Plenterweg (1) begrüßt uns der Rheingoldbogen. Wir wandern rechts steil bergan und lassen den Ort hinter uns. Am Waldrand endet auf Höhe einer Hütte der Asphalt, und wir dürfen auf Feldwegen weiter ausschreiten. Bei schönem Blick auf das Tal wenden wir uns nach rechts und laufen in den Wald.

Herrlicher Mischwald umfängt uns, und nach gut 0.6 km ziehen Löcher im Boden unsere Aufmerksamkeit auf sich. Wir sind an den Resten einer römischen Wasserleitung angelangt. In den Ausgrabungsschächten erkennen wir deutlich die technische Meisterleistung, die die Römer vor fast zweitausend Jahren hier vollbracht haben. An einer Informationstafel macht unser Weg eine scharfe Rechtskurve und führt uns nun wieder abwärts zum Talgrund. Diesen queren wir am Sportplatz von Brey (2), wenden uns auf der anderen Talseite neben einer Übersichtstafel auf einem schmalen Pfad bergan. Steil und eng führt uns dieser Pfad durch den Niederwald, bis wir auf einen alten Hohlweg stoßen und wenige Meter später an einer komfortablen Schutzhütte verschnaufen können.

Sehenswertes

▶ Der Bopparder Hamm liegt an der eindrucksvollen 180-Grad-Schleife des Rheins zwischen Boppard und Spay. Dieser Riesenmäander ist der größte am Rhein und vergleichbar mit der berühmten Saarschleife bei Mettlach. Der Name Hamm leitet sich aus dem Lateinischen ab und bedeutet so viel wie Haken, Schleife. Bekannt ist der Bopparder Hamm aber auch als Oberbegriff für sieben berühmte linksrheinische Weinlagen.

Sonnenverwöhnt: der Steilhang zwischen Boppard und Brey.

Oberhalb der Hütte zeigen die Bestrebungen eines E+E Projektes zur Wiederbelebung eines Weinberges erste Ergebnisse: Junge Reben stehen in Reih und Glied und lassen sich von der Sonne verwöhnen. Der Wanderweg führt uns nun mäßig bergan auf den Waldrand zu, allerdings lohnt es sich, auf halber Höhe zu verweilen und den Blick zurück Richtung Rheintal zu genießen: Herrlich breitet sich uns zu Füßen die Landschaft aus, die Marksburg grüßt vom rechten Flussufer.

Nach **2.0 km** haben wir den Wald erreicht und folgen dort einem angenehm weichen Pfad nach rechts. Noch immer leicht ansteigend, wandern wir auf dem Kamm des Königsbergs durch den Laubmischwald. Zeitweise begleitet uns bei dieser Waldpassage auch der Rheinburgenweg mit seinem markanten roten Logo. Das Klostergut Jakobsberg bleibt zunächst links liegen, denn wir schlagen noch einen Bogen und wandern zu den unscheinbar im Wald versteckten Hügelgräbern. Erst nach **4.2 km** treffen wir so auf den breiten Forstweg, der uns mit einem Schwenk nach links zum ehemaligen Kloster Jakobsberg führt (3). Heute befindet sich hier ein modernes Hotel mit Restaurant und Golfclub.

Rheingoldbogen

Runde Sache: die Rheinschleife bei Boppard.

Unterwegs zwischen Riesling und Rhein.

Am Kloster stoßen wir auch auf den Kulturweg, der uns im Folgenden ein Stück begleiten wird. Gemeinsam passieren wir den Klosterhof und halten uns am Hauptgebäude rechts. Bald liegt der Hotelkomplex hinter uns, und wir wandern auf dem schön eingewachsenen Waldweg bergab. Bei **Kilometer 5.3** erwartet uns eine scharfe Kehre nach links, dann setzt sich die Route weiter abwärts Richtung Peternach fort. Schließlich weicht der Wald zurück, und die sagenhafte Aussicht auf das Rheintal, das sich majestätisch vor uns ausbreitet, ist überwältigend und macht uns sprachlos!

Auf Höhe eines kleinen Tälchens treffen wir auf den Weinwanderweg (lokale Nummer 3), und gemeinsam halten wir uns an der nächsten Kreuzung links. Ohne große Höhenunterschiede geht es nun mitten durch das Weinparadies des Bopparder Hamms. Dank mehrerer, sehr interessant gestalteter Tafeln am Wegesrand lernen wir unterwegs einiges zur Region, zu Flora, Fauna und Geologie. Zusätzlich begleitet uns die beständige Panoramaaussicht auf die berühmte Rheinschleife bei Spay, an der wir uns kaum sattsehen können.

Nach **7.6 km** stoßen wir an einer markanten Wegkreuzung **(4)** auf mehrere Weinbergswege. Hier folgen wir dem Traumpfad halb links bergan und finden uns nur 200 m später auf einem tollen Feldweg, unmittelbar unterhalb der Hangkante, wieder. Wir tauschen nun die geordneten Reben gegen urwüchsige, dichte He-

Sehenswertes

▶ Eine besondere Herausforderung ist der **Klettersteig in Boppard**. Der gut 6 km lange Rundkurs (davon etwa 2.5 km Klettersteig) ist für Kinder ab 6 Jahre freigegeben. Leitern und Trittbügel ermöglichen eine Kletterpartie am Steilhang, Seilsicherungen helfen über schwierige Passagen. Wer zu müde für den Abstieg ist, kann per Sesselbahn ins Tal. Kletterausrüstung kann an der Aral-Tankstelle an der B 9 gegen eine Gebühr ausgeliehen werden. ⊙ Wochentags von 7 bis 22 Uhr, So. von 8.30–22 Uhr.

cken aus Schlehen und Weißdorn, die besonders im Frühjahr zur Blüte einen tollen Anblick bieten. Unmerklich geht es aufwärts, und schließlich erreichen wir den Abzweig des Kulturweges hinab nach Spay (5).

Wir bleiben dem Traumpfad treu, erobern die Hangkante und genießen es, über die offene, weite Fläche des Rheinplateaus zu spazieren. Der Blick schweift weit über die Felder, und am Horizont macht die markante Silhouette der Marksburg auf sich aufmerksam. Wir steuern mit einigen Schlenkern auf den Rand der Siedlung Siebenborn zu, wenden uns aber noch vor den ersten Häusern nach rechts Richtung Muttergotteskopf. Nach kurzem Abstieg durch den lichten Wald des Berges stehen wir nach **11.2 km** an der kleinen Muttergotteskapelle (6). Anwohner der Umgebung pflegen das beliebte Wallfahrtsziel liebevoll, wovon besonders der kleine Garten zeugt. Nach kurzem Verweilen laufen wir auf dem Kreuzweg talwärts, trennen uns aber auf halber Hanghöhe vom Pilgerweg und laufen geradeaus weiter. Ein kleiner Bach quert, dann erreichen wir nach **11.6 km** die K 78. Nach vorsichtiger Querung der wenig befahrenen Straße laufen wir auf der anderen Seite auf herrlich weichem Wiesenpfad hinunter Richtung Brey.

Idylle in Brey.

Wiesen und Weiden bleiben hinter uns, wir schwenken nach links, und wenig später vereinigt sich unser Traumpfad wieder mit dem Kulturweg. Gemeinsam geht es die letzten 800 m nach Brey, wo am Portal (1) eine aussichts- und sehr abwechslungsreiche Wanderung durch Wälder und Weinberge nach **12.5 km** endet.

Rheingoldbogen

▶ Bodenfunde und -denkmäler geben Zeugnis, dass die Römer auch in Brey stationiert waren. Am Tauberbach wird der Standort eines römischen Kastells vermutet. Ein bedeutsames Bodendenkmal aus der römischen Zeit ist in der „Talheck" noch erhalten. Es handelt sich um eine römische Wasserleitung, die aus „Talheck" kommend über „Mäuer" der Siedlung zufloss. www.brey-am-rhein.de

▶ **Strecke:**
Ortsmitte Brey – Breybachtal – Jakobsberg – Weinberge – Muttergotteskapelle

▶ **An-/Abreise:**
B 9 durch das Rheintal bis Brey. Parken am Dorfplatz in der Ortsmitte. Anreise mit Bahn zum Bahnhof Rhens.

▶ **Parken:**
- Dorfplatz .... *N50° 16' 22.9'' • E7° 37' 41.5''*
- Friedhof .... *N50° 16' 11.2'' • E7° 37' 43.8''*

▶ **ÖPNV:**
Zielhaltestelle: Brey B 9
Linien: 650 (täglich) Koblenz – Boppard Hbf

▶ **TAXI:**
Heike Kremser ☏ 06742/5530

▶ **Einkehr:**
- Hotel und Golfclub Jakobsberg, Jakobsberger Hof, 56154 Boppard ☏ 06742/8080
- Restaurant Rheingold, Rheingoldstr. 8, 56321 Brey ☏ 02628/2210
- Landgasthof Zum Mühlchen, Mühltal 6, 56154 Boppard ☏ 06742/896754 ⊙ Mo. Ruhetag
- Vinothek Weingut Matthias Müller, Mainzer Straße 45, 56322 Spay ☏ 02628/8741 ⌨ www.weingut-matthiasmueller.de
- Gasthaus „Zur Marksburg", Zehnthofstraße 58, 56322 Spay ☏ 02628/2285 ⌨ www.gasthaus-zur-marksburg.de
- Weitere Einkehrmöglichkeiten: ⌨ www.rhens.de

▶ **Übernachten:**
- Alter Posthof, Mainzerstraße 47, 56322 Spay ☏ 02628/8708.
- Weitere Übernachtungsmöglichkeiten in Brey, Boppard, Rhens und Spay: ⌨ www.rhens.de

▶ **Strecken- und Aussichtspunkte:**

P1	Ortsmitte Brey	*Ost 402112 Nord 5569681*
P2	Sportplatz Brey	*Ost 401582 Nord 5569483*
P3	Kloster Jakobsberg	*Ost 399644 Nord 5568154*
P4	Trennung vom Weinlagenweg	*Ost 400895 Nord 5587818*
P5	Abzweig nach Spay	*Ost 402123 Nord 5567494*
P6	Muttergotteskapelle	*Ost 402717 Nord 5568846*

Tour 4 Auf einen Blick

Beeindruckend: Marksburg.

Gold im Glas: Rheinwein.

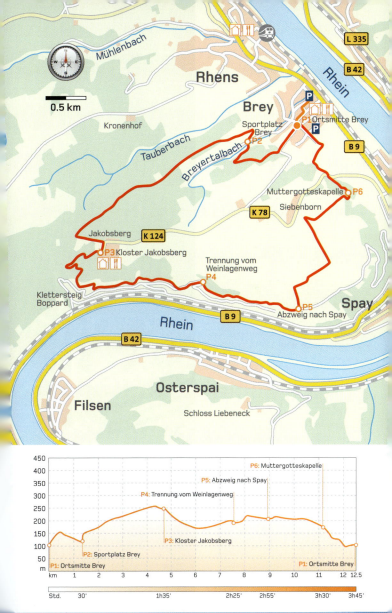

Streckenprofil

▶ Die perfekte Jahreszeit für den Rheingoldbogen ist der Herbst, wenn das Weinlaub sich rot und golden färbt. Im Frühling setzen die blühenden Hecken tolle Akzente.
▶ Weniger von der zu bewältigenden Höhen, als von der Länge verlangt der Rheingoldbogen etwas Kondition, ist aber für alle normal trainierten Wanderer machbar.

Strecke: Parkplatz Bergwege – Krayermühle – Pöntermühle – Wolfsschlucht – Römerbrunnen

- **Länge:** 12 km
- **Gesamt:** 3 Std. 45 Min.
- **Höchster Punkt:** 328 m
- **Steigung/Gefälle:** 322 m
- **Anspruch:** ★ ★ ↗
- **Kalorien:** ♀ 854   ♂ 1002

- **Tour-Download:** T2X2TX7
  www.wander-touren.com

- **Tourist-Info:**
  Andernach.net
  Konrad-Adenauer-Allee 40
  56626 Andernach
  ✆ 02632/987948-0
  🕓 www.andernach.net
  🕓 www.traumpfade.info

scan&go
QR-Code mit dem internetfähigen Smartphone einscannen und Startpunkt direkt anzeigen lassen.

Tour 5

Viadukt beim Jägerheim. | In der Wolfsschlucht. | Ausblick zum Brohltal.

Einblicke und Aussichten

Mitten im Trass.

Höhlen- und Schluchtensteig Kell

Heute sind wir auf dem Weg der Gegensätze unterwegs: Eben begleiten uns noch endlose Panoramablicke bis ins Siebengebirge, dann befinden wir uns in verträumten Tälern mit wogendem Schilf und rauschenden Wassern. Die Höhepunkte erwarten uns beim Wandern durch Trasshöhlen und in der Wolfsschlucht.

Mitten in freier Flur, am Parkplatz Bergwege nahe der K 57 (1), starten wir die Tour auf dem Höhlen- und Schluchtensteig. Noch vor dem ersten Schritt halten wir inne und sind begeistert von der 360-Grad-Panoramasicht, die sich uns vom höchsten Punkt der Wanderung besonders bei klarem Wetter bietet.

Zunächst geht es neben der K 57 nach Süden, bis wir die Straße queren und einem Feldweg in die offene Landschaft folgen. Wir lassen den Blick umherschweifen und können dabei auch zum benachbarten Traumpfad „Pellenzer Seepfad" (▶ S. 268) blicken. Aber die Blickrichtung ändert sich bald, denn wir biegen links auf einen Wirtschaftsweg ab. Wir erfreuen uns an den Feldern und den vereinzelten, knorrigen Obstbäumen. Im Flurstück „Auf der Kehr" nehmen wir die Bezeichnung wörtlich und biegen in einer Spitzkehre scharf rechts auf einen weiteren Feldweg ab. Gemächlich geht's abwärts. Nach **1.7 km** erblicken wir vor uns eine Bank vor einem alleinstehenden Obstbaum. Doch noch bevor wir dort eintreffen, schicken uns die Traumpfad-Logos links auf einen Naturweg. Zwischen Feld und Wiese streben wir zum nahen Waldrand, wo wir uns nach rechts abwärts wenden.

Wenig später treffen wir im Talgrund ein und wandern auf ebenem Feldweg nach links. Rechts verläuft der Krayerbach, von dem wir allerdings momentan wenig ausmachen. Dafür begeistern uns die wogenden Schilfhalme, die sich auch beim leisesten Windhauch elegant wiegen. Die Strecke durch das Tal gestaltet sich sehr abwechslungsreich und setzt einen deutlichen Kontrapunkt zu den vorherigen offenen Flurpassagen.

Nach **2.9 km** passieren wir das Areal der Krayermühle und treffen an der K 58 ein. Zum Glück gibt es neben der Straße einen Wiesenpfad, der uns das Asphaltwandern erspart. An der Bushaltestelle queren wir die Straße und laufen geradeaus weiter Richtung Tönisstein. Der breite, mit Splitt befestigte Weg führt uns durch den Talgrund, in dem sich neben dem Pönterbach auch zahlreiche Quellen befinden. Abzweigende Wege ignorieren wir und bleiben stets im Talgrund. Bei **Kilometer 3.6** befinden wir uns auf Höhe der Pöntermühle (2). Der Splitt verschwindet, und auf fast naturbelassenem Weg tauchen wir nun endgültig in die

Sehenswertes

▶ Ein besonderes Erlebnis – nicht nur für Eisenbahnfans – verspricht eine Fahrt mit dem **Vulkan-Expreß**. Zwischen Brohl-Lützing und Kempenich-Engeln werden zahlreiche Fahrten mit der historischen Bahn angeboten. Infos: ☏ 02636/80303

Das Brohltal im Blick.

TAUCHEN SIE EIN, IN ÜBER 2.000-JAHRE HISTORIE UND ERLEBEN SIE DEN HÖCHSTEN KALTWASSER-GEYSIR DER WELT!

Andernach.net
Gesellschaft für Stadtmarketing
Wirtschaft und Tourismus mbH
Konrad-Adenauer-Allee 40
56626 Andernach • Tel.: 02632-987948-0
info@andernach.net • www.andernach.de;
www.facebook.com/andernach.net

Geysir.info gGmbH
Tel.: 02632-958008-0
info@geysir-andernach.de
www.geysir-andernach.de
www.facebook.com/
GeysirAndernach

PER QR-CODE DIREKT ZUR ANDERNACH-APP FÜRS IPHONE!

Waldidylle ab. Der Bach plätschert munter, und wir erfreuen uns je nach Jahreszeit am weißen Teppich der Frühjahrsblüher, am zarten Maigrün der Buchen oder am bunten Herbstlaub. Etwas oberhalb des Weges lädt die Pöntertal-Hütte zur Rast ein. Danach unterbricht eine Wiese den Wald, die „Bank Sonnenschein" bietet ein stilles Ruheplätzchen am Waldesrand. Der Pönterbach hat sich mittlerweile tief eingeschnitten, und eine steile Böschung trennt uns vom Wasser.

Nach **4.5 km** biegen wir links Richtung Kell ab und queren über einen Steg das Wasser. Die Zeit des langsamen Abstiegs ist beendet, und wir sehen uns mit einem teils recht stramm ansteigenden Pfad konfrontiert. Ein Querweg wird ignoriert, und wir streben stetig bergan. Nach kurzem Steilstück folgt eine Linkskehre, nach der sich der Höhengewinn moderat fortsetzt. Eine Bank mitten im lauschigen Grün sorgt dafür, dass wir wieder zu Atem kommen. Wenig später macht der Höhlen- und Schluchtensteig eine weitere Spitzkehre, diesmal nach rechts. Von links trifft hier der Zuweg aus Kell auf den Traumpfad.

Wir folgen dem Hinweis zum Schützenhaus und laufen unter dem schattigen Kronendach der Buchen gemächlich weiter aufwärts. Im Spätsommer erwartet uns unter der Hochspannungstrasse

Sehenswertes

▶ Auf der Burg Olbrück können die Besucher durch die weitläufige Anlage streifen und dabei auf Zeitreise in die Welt der Ritter und Burgfräulein gehen. ✆ 02636/968940

Eindrucksvolle Trasshöhlen im Brohltal.

ein vitaminreicher Leckerbissen, denn dann tragen die üppigen Brombeersträucher am Wegesrand leckere Früchte. Doch auch ohne solche Stärkung treffen wir nach **5.6 km** auf dem Hochplateau ein und wenden uns erst nach rechts, dann links zum nahen Schützenhaus. Am Parkplatz der Schützen wenden wir uns nach rechts und verschwinden rasch wieder im lockeren Hochwald. Auf weichem Waldweg geht es im Bogen zur Hangkante. Immer hart an der Hangkante wandern wir auf gewundenem Pfad nach Westen. Kurz bevor der Traumpfad an einem neuen Strommast über eine Wiese führt, bietet sich ein 50-Meter-Abstecher nach rechts an: Vom Schweppenburgblick aus **(3)** haben wir nicht nur die Burg fest im Blick, sondern können auch die Aussicht ins waldreiche Brohltal auskosten. Wir kehren zum Strommast zurück und lassen die Leitung schnell hinter uns. Schon eine Biegung später umfängt uns wieder die Natur mit Niederwald und Hecken. Nach **6.6 km** beglückt uns der Heimatblick **(4)** mit einer weiteren, sehr schönen Aussicht, eine Bank bietet zudem Gelegenheit zur Rast.

Danach verändert sich die Szenerie um uns, denn die Hecken weichen zurück, und lichter Mischwald sorgt für schattiges Ambiente. Eine unscheinbare Schutzhütte lassen wir links liegen und biegen 100 Meter später an einer Bank scharf rechts zur

Höhlen- und Schluchtensteig Kell

Lauschige Aussichten.

„Schönen Aussicht" ab. Ein Pfad führt uns mit einigen Schlenkern abwärts, bis wir nach **7 km** schließlich Bänke vor uns sehen. Wir sind sofort begeistert von der sprichwörtlich „Schönen Aussicht" (5). Das Brohltal mit der Strecke des Vulkan-Expreß, die Trasshöhlen und erste Ausläufer von Burgbrohl liegen wie in einer Modelllandschaft tief unter uns.

Beschwingt setzen wir die Wanderung fort und steigen dabei den Serpentinenpfad abwärts. Wir befinden uns auf dem sogenannten „Krippenweg" – weil das Wurzelmaterial am Wegesrand jedes Jahr die Krippen-Bastler magisch anzieht. Schließlich endet der Abstieg an einem breiten Waldweg. Wir wenden uns nach rechts und werden nun kurz vom Quellenweg begleitet, einem reizvollen, gut **24 km** langen Rundweg, der in Bad Breisig beginnt.

Nach einer Kurve mit guter Aussicht ins Tal verlassen wir den Quellenweg. Der steile Hermann-Löns-Pfad bringt uns hinab zur B 412 und zum Jägerheim, der einzigen Einkehrmöglichkeit dieser Tour.

Bei **Tageskilometer 7.7** unterqueren wir links neben dem Jägerheim das mächtige Eisenbahnviadukt und laufen über die Wiese. Vor uns erheben sich die schmutzig-weißen Wände der Trassablagerungen, die hier bis 60 Meter Mächtigkeit erreichen. Magisch ziehen uns die Höhlen (6) an, die sich im weichen Vulkanmaterial befinden. Begeistert stellen wir unmittelbar vor der ersten Höhle fest, dass uns der Traumpfad nun nicht etwa außen entlang, sondern mitten durch die Höhlen führt. Gemeinsam mit der Georoute U gehen wir auf Entdeckertour unter Tage. Aber keine Angst, man benötigt weder Höhlenausrüstung noch Taschenlampe, denn durch die großen Öffnungen fällt genug Licht. Die geräumigen Höhlenpassagen lassen das aufrechte Durchschreiten problemlos zu, und so können wir das Abenteuer im Trass unbeschwert genießen.

Gewunden führt der Traumpfad durch das Höhlenareal – und abermals unter der Eisenbahntrasse hindurch. Von der Wiese aus hat man einen guten Blick auf die Bahnstrecke, die immer wieder von historischen Zügen befahren wird. Dann geht es noch einmal durch eine Höhle, bevor wir über eine weitere Wiese er-

Sehenswertes

▶ Der **Geysir Andernach** ist der höchste Kaltwasser-Geysir der Welt – und ein spektakuläres Naturschauspiel. Ungefähr alle zwei Stunden schießt eine Wasserfontäne aus der Erde. Sie erreicht eine Höhe von bis zu 60 Metern. Für Besucher beginnt die Reise zum Geysir im interaktiven Geysir Erlebniszentrum am Rheinufer von Andernach. Konrad-Adenauer-Allee 40, 56626 Andernach ✆ 02632/9580080 ⌘ www.geysir-andernach.de
▶ Buchtipp: Naturschauspiel Geysir

neut zur B 412 absteigen. Gemeinsam mit der Georoute U queren wir nach **8.2 km** die Straße und anschließend auch einen Bach. Wir wenden uns nach links, laufen zur nahen L 113 und biegen dort rechts auf einen parallelen Fußweg ab. Unmittelbar vor den Gebäuden von Tönisstein wenden wir uns nach rechts und laufen hinter dem Haus vorbei. An der folgenden Weggabelung nutzen wir rechts den Pfad aufwärts. Oberhalb des Weges fallen immer wieder die hellen Trassablagerungen auf, die der Laacher Seevulkan vor rund 13 000 Jahren ausgespuckt hat.

Der Vulkan-Expreß im Brohltal.

Abenteuer Waldschlucht.

Dann wird unser geologisches Wissen erweitert, denn eine Tafel macht uns nach **8.8 km** auf einen besonderen Aufschluss aufmerksam: Steil stehende Schiefer aus dem Devon (350 Millionen Jahre alt) werden hier von den waagrechten Bims- und Trass-schichten (13 000 Jahre alt) überlagert. Anschließend führt uns der Pfad kurzweilig an den Resten des Klosters Tönisstein vorbei, das hier im 14. Jahrhundert gegründet wurde.

Schließlich mündet unser Pfad auf einen Waldweg, der uns links zur nahen Straße bringt. Doch sogleich dürfen wir rechts auf den Pfad in die Wolfsschlucht wechseln. Eine neue Welt eröffnet sich uns: Filigran hängen Efeuranken von himmelhohen Trass-wänden herab und tragen zur Urwaldatmosphäre bei. Unten im Tal rauscht der Bach und gräbt sich immer tiefer ins weiche Vulkangestein ein. Stege helfen über exponierte Stellen, und rasch kommt wieder Entdeckerlust auf. Tatsächlich gibt es hier Geologie aus nächster Nähe, denn die Landschaft verändert sich durch Wind- und Wassererosion rasant – in geologischen Zeiteinheiten gemessen (7) ...

Höhlen- und Schluchtensteig Kell

Nach einer verträumten Passage queren wir den Bach und erspähen vom Steg aus rote Stellen im Bachbett. Wer genau hinschaut, wird es auch am Blubbern sehen: Hier steigt CO_2 an die Oberfläche, das noch immer aus der Magmenkammer tief unter unseren Füßen an die Oberfläche drängt. Der krönende Abschluss der Wanderung durch die Wolfsschlucht ist nach **9.8 km** sicherlich der Wasserfall, den wir vom letzten Steg aus und beim Aufstieg hinauf zur Straße bewundern können.

Oben queren wir die L 113 und setzen die Tour noch immer mit der Georoute U nach rechts fort. Am Waldrand passieren wir eine Wasserpumpstation und den vergitterten Stollen der Grube Bernhard. Danach laufen wir schnurstracks durch ein Gehöft und steuern zielstrebig die nächste Attraktion an. In der Kurve am Waldrand stehen wir dann am gefassten und stark rot gefärbten Becken der Römerquelle **(8)**. Hier strömt leicht schwefelig riechendes Wasser ans Tageslicht, und auch die schon bekannten CO_2-Blubber sind wieder deutlich zu erkennen. Trinken sollte man dieses Nass freilich keinesfalls!

Sehenswertes

▶ Das untere Brohltal birgt ein besonderes Kleinod der vulkanischen Aktivitäten: Hier lagerten sich einst die bis zu 60 Meter mächtigen Ascheströme des Laacher Seevulkans ab. Heute haben sich in die beeindruckenden Trass- und Bimsschichten längst tiefe Schluchten eingegraben. Das weiche, leicht zu bearbeitende Material wurde schon von den Römern hoch geschätzt und zum Beispiel im Römerbergwerk Meurin abgebaut. Auch als Stall oder Zufluchtsstätte waren die einfach zu graben-

Urwaldatmosphäre in der Wolfsschlucht.

Wir folgen dem Traumpfad am Waldrand entlang in das herrliche Wassenacher Tal, dessen weiter Wiesengrund sich nun vor uns öffnet. Leicht ansteigend genießen wir nach der Enge der Wolfsschlucht nun die Weite des Tales. Nach **10.8 km** treffen wir an einer Gruppe von Bänken ein, die sich um eine weitere Mineralquelle schart. Auch hier sprudelt CO_2-reiches Wasser aus der Erde, das deutlich klarer ist als das der Römerquelle.

An dieser Stelle trennen wir uns von der Georoute U und biegen am Waldrand scharf links auf einen ansteigenden Waldweg ab. Zunächst noch mit Blick auf die Wiese, bald aber mitten durch die hohen Buchenstämme, wandern wir stetig aufwärts. Rasch erobern wir den Berg und erreichen wieder das Hochplateau. Der Wald weicht zurück, und auch die Hecken verlassen uns bald. Ein Feldweg führt uns wieder mitten durch freies Feld, und an der Bank des Siebengebirgsblickes (9) sind wir noch einmal überwältigt vom Panorama. Jetzt sind es nur noch wenige Schritte, bis wir nach aufregenden **12 km** wieder am Parkplatz (1) eintreffen und die Tour auf dem Höhlen- und Schluchtensteig beenden.

Höhlen- und Schluchtensteig Kell

den Trasshöhlen willkommen. Die Naturkräfte haben leichtes Spiel mit den hellen Gesteinsschichten: Erosion durch Wind und Wasser hat bizarre Höhlen geschaffen. Besonders gut sieht man diese Erosionsprozesse in der idyllischen Wolfsschlucht bei Wassenach. Beeindruckend sind aber auch die großen Höhlen beim Jägerheim nahe Tönisstein. Weitere Informationen: www.geopark-vulkanland-eifel.de   www.brohltal.de

▶ **Strecke:**
Parkplatz Bergwege – Krayermühle – Wolfsschlucht – Römerbrunnen

▶ **An-/Abreise:**
- A 61, Abfahrt Kruft. Weiter nach Nickenich und auf der L 113 zur Abzweigung der K 57 nach Kell. Kurz nach dem Berghof befindet sich der Parkplatz links an einem Wasserhaus auf freiem Feld.
- Parken in Kell: Über die K 57 bis Kell.
- Alternativ B 9 bis Brohl-Lützing, weiter auf der B 412 bis Tönisstein, dann über die L 113 und die K 58 bis Kell.

▶ **Parken:**
- Bergwege (K 57) .... *N50° 26' 13.5'' • E7° 17' 52.2''*
- Bürgerhaus (Pöntertalstraße) Kell .... *N50° 26' 49.4'' • E7° 18' 43.2''*

▶ **ÖPNV:**
Zielhaltestelle: Wassenach Mittnacht
Linien: 310 (täglich) Andernach Bf. – Maria Laach,
801 (Mo.–Fr.) Sinzig Bf. – Kempenich,
810 (Sa./So.) Bad Breisig – Brohl Bf. – Maria Laach

▶ **TAXI:**
Taxi Marras ☏ 02632/1600

▶ **Einkehr:**
- Gaststätte „Hütte", Wassenacher Straße 29 56626 Andernach
  ☏ 02632/810899 ⊙ Do. Ruhetag ⊕ www.huette-im-vulkanpark.de
- Restaurant & Sommergarten Alt Andernach, Hochstraße 18, 56626 Andernach ☏ 02632/43385 ⊙ Di. Ruhetag

▶ **Übernachten:**
- Hotel Villa am Rhein, Konrad-Adenauer-Allee 3, 56626 Andernach
  ☏ 02632/92740 ⊕ www.villa-am-rhein.de
- Hotel Restaurant „Waldfrieden" Laacher See Str. 1, 56553 Wassenach
  ☏ 02636/80960 ⊕ www.amlaachersee.de ⊙ Winter: Mi. & Do. Ruhetag
- Weitere: ⊕ www.andernach.net

▶ **Strecken- und Aussichtspunkte:**

P1	Parkplatz Bergwege	*Ost 379124 Nord 5588613*
P2	Pöntermühle	*Ost 380660 Nord 5589717*
P3	Schweppenburgblick	*Ost 379826 Nord 5591185*
P4	Heimatblick	*Ost 379656 Nord 5591017*
P5	Schöne Aussicht	*Ost 379384 Nord 5590939*
P6	Trasshöhlen beim Jägerheim	*Ost 379087 Nord 5590974*
P7	Wolfsschlucht	*Ost 378929 Nord 5589684*
P8	Römerbrunnen	*Ost 378198 Nord 5589037*
P9	Siebengebirgsblick	*Ost 558981 Nord 5588745*

Tour 5   Auf einen Blick

Panoramablick zum Siebengebirge.

Streckenprofil

▶ Im Winter können die teils steilen Pfade und vor allem die Wolfsschlucht wetterbedingt schwer begehbar sein. Die besten Jahreszeiten für diesen Traumpfad sind Sommer und Herbst.

▶ Die An- und Abstiege erfordern Kondition und Trittsicherheit. Eher für geübte Wanderer geeignet.

Strecke: Parkplatz Schloss Sayn – Burg Sayn – Oskarhöhe – Brexbachtal – Römerturm – Meisenhof

- **Länge:** 15.6 km
- **Gesamt:** 5 Std.
- **Höchster Punkt:** 331 m
- **Steigung/Gefälle:** 487 m
- **Anspruch:** ★ ★ ★ ✦
- **Kalorien:** ♀ 1156 ♂ 1357

- **Tour-Download:** TP18TX2
  www.wander-touren.com

- **Tourist-Info:**
  Tourist-Information Bendorf
  Abteistr. 1, Schloss Sayn
  56170 Bendorf-Sayn
  ☏ 02622/902913
  ⊕ www.bendorf.de
  ⊕ www.traumpfade.info

scan & go
QR-Code mit dem internetfähigen Smartphone einscannen und Startpunkt direkt anzeigen lassen.

Tour 6

Am Pulverturm. | Vor Schloss Sayn. | Blick zum Schloss.

Der Brexbach.

Saynsteig

Der Saynsteig entführt uns auf hohem Niveau ins idyllische Brexbachtal und in die Weiten des Rheinplateaus. Er führt zu rauschenden Wassern und beflügelt mit grandiosen Panoramablicken die Seele. Eine ordentliche Portion Mittelalter gibt's an der Burg Sayn – und der Römerturm versetzt uns glatt 2000 Jahre zurück.

Vom Parkplatz Schloss Sayn (1) aus queren wir die Straße und folgen einem Fußweg durch ein Gatter in den Wald, wo uns bald das Traumpfad-Logo begrüßt. Stramm wandern wir bergan, passieren alte Turmrelikte und steigen schließlich mithilfe einiger Stufen zur Burg Sayn (2) hinauf.

Das weitläufige Burgareal lädt zum Umherstreifen ein und bietet einen herrlichen Blick über das Neuwieder Becken. Wir inspizieren die Reste der Burgkapelle aus dem 12. Jahrhundert und zollen dem Bergfried unseren Respekt, bevor wir die Burg auf breitem Weg verlassen. In einer Senke laufen wir über ein Wildgatter und biegen direkt nach dem Tor scharf rechts auf einen Pfad ab. Der führt uns an Felsen vorbei durch den dicht gewachsenen Laubwald. Nach **700 m** verabschiedet sich der bisher parallel verlaufende Rheinsteig vorerst nach links. Wir folgen an dieser Stelle dem Saynsteig auf einen abschüssigen Pfad nach rechts. Schnell verlieren wir an Höhe, schwenken nach rechts und biegen schließlich an einem Querweg scharf links ab. Wenig später erreichen wir eine Weggabelung und wandern links weiter.

Jetzt führen uns die Logos wieder bergan, und bald öffnet sich um uns ein Sturmwurfareal. Wir genießen den schönen Ausblick ins Brexbachtal, wo sich der Turm der Abtei Sayn in den Himmel reckt. Meter um Meter kämpfen wir uns zum Sattel an der Oskarhöhe empor. Hier lohnt der kleine Abstecher nach rechts auf die dort befindliche Felsrippe mit einer Hütte (3), die zum Rasten und Genießen des Ausblicks einlädt. Zurück am Tripelpunkt von lokalen Wegen, Rheinsteig und Saynsteig, wandern wir fast geradeaus auf einem Waldweg bergan. Leicht ansteigend, erobern wir die Flanke des Burgberges und erfreuen uns am tollen Buchenhochwald. An einer großen Waldkreuzung trennen wir uns wieder vom Rheinsteig und wandern mit dem Traumpfad leicht rechts weiter aufwärts. Die Buchen stehen schlank und hoch Spalier. Besonders im Frühsommer und im Herbst erfreut uns eine intensive Farbenpracht aus hellgrünem Junggrün oder prächtigen Herbstfarben. Der Weg macht eine Kehre und bringt uns nach **3 km** zum Parkplatz an der L 306. Wir queren die Straße und gelangen über einen Stichpfad zu einem Waldweg. Auf diesem wandern rechts durch den Mischwald, bis sich vor uns eine Wiese öffnet und wir voraus die ersten Häuser von Stromberg erblicken.

Sehenswertes

▶ Ein besonderes Erlebnis ist der Besuch im Garten der Schmetterlinge. Die filigranen Exoten fühlen sich im eigens erbauten Schmetterlingshaus im Schlosspark von Sayn sichtlich wohl und umschwirren den Besucher beim Rundgang im gut geheizten Haus. Erstmalig können Besucher wechselnde Sonderausstellungen bekannter Künstler zu den Themen Natur und Kunst erleben. Ein Kombiticket ermöglicht den Eintritt in das Schloss und ins Eisenkunstgussmuseum. Infos: www.sayn.de

Wie tief der Brunnen auf Burg Sayn wohl ist?

Saynsteig

Schlossgarten.

Im Schmetterlingsgarten.

Wir laufen am Waldrand abwärts, bis uns im Wald ein Wegweiser scharf rechts auf einen steilen Pfad talwärts schickt, der gute Trittsicherheit erfordert. Etliche Höhenmeter tiefer empfängt uns ein bequemer Waldweg, dem wir nach rechts folgen. Über die Büsche am Wegesrand hinweg erhaschen wir Blicke ins bewaldete Sayntal. Wieder im schummrigen Grün, führt der Traumpfad stetig bergan an Felsklippen vorbei, mal durch Nadelwald, mal durch Laubwald. Nach **4.7 km** ist unsere Kondition gefragt, denn der Saynsteig verlässt den breiten Weg und biegt rechts auf einen steilen Naturweg ab. Unter den Wedeln der Fichten und Tannen kämpfen wir uns bergan zu einem Querweg, an dem es leicht links sanfter weitergeht. Üppiger Jungwald begleitet uns zu den Tennisplätzen. An einem Wasserwerk verlassen wir den Wald und folgen der Isenburger Straße rechts abwärts zur Ortsmitte von Stromberg (4). Nach **5.7 km** queren wir mit kleinem Versatz nach links die Westerwaldstraße. Über den Bornweg gelangen wir an den Ortsrand, wo wir einem Wirtschaftsweg links in den Wald folgen.

Blick ins Rheintal.

Sehenswertes

▶ Wer hoch hinaus will, klettert im Kinder-Parcours „Takka-Tukka-Land" oder wagt sich in 25 m Höhe. Unter zahlreichen Angeboten ist für Groß und Klein der richtige Nervenkitzel dabei. Kletterwald Sayn, Brexbachtal, 56170 Bendorf/Sayn ◯ 0176/80054013 ◯ www.kletterwald-sayn.de

Verschlungen schraubt sich der Weg ins Tal und bringt uns nach **6.7 km** zu einem idyllischen Rastplatz (5) am Rand eines Windbruchs. Unterhalb des Rastplatzes biegen wir nach links und treffen wenig später am rauschenden Nauorter Floß ein. Munter sprudelt der Bach talwärts, und wir biegen rechts auf einen weichen Waldweg ab. Den Bach stets im Blick, passieren wir eine Felsklippe mit imposanter Falte. Wenig später biegt der Saynsteig links auf einen schmalen Pfad ab, der uns steil hinunter ins Brexbachtal führt.

Wir wenden uns unmittelbar an den Gleisen nach rechts und wandern durch das enge, üppig bewachsene Tal. Hier wird der Traumpfad seinem Namen absolut gerecht, denn begleitet vom mal leise glucksenden, mal keck plätschernden Brexbach windet sich der Pfad um schroffe Felsen oder durch stille Talauen. Immer wieder zieht die Strecke der Brexbachtalbahn mit ihren zahlreichen Viadukten unsere Aufmerksamkeit auf sich. Unmittelbar vor einem Viadukt lädt nach **8.6 km** eine Sinnesbank (6) zum Verweilen ein. Als wir den Bach schließlich per Steg queren, wandelt

Erfrischend: Brexbach.

Saynsteig

Abenteuer in den Wipfeln.

sich die Umgebung: Nun säumen Talwiesen und Hecken den Weg durchs enge Tal, dessen Flanken steil ansteigen. Auf den Wiesen herrscht reges Treiben, wenn im Sommer die Pfadfinder campieren. Nach **9.8 km** heißt es Abschied nehmen vom Brexbach, denn der Saynsteig biegt an einer Furt links auf einen Waldpfad ab. Der bringt uns, stetig ansteigend, durch ein Tannenwäldchen zu einem Forstweg. Hier biegen wir rechts ab und wandern auf halber Hanghöhe hoch über dem Tal durch abwechslungsreichen Mischwald. Auf der ebenen Strecke ist kaum Kondition gefragt. Erst als wir wieder auf den Rheinsteig treffen, wird es anstrengend. Denn der kommt auf engem Pfad aus dem Tal herauf. Und auch unser Saynsteig schwingt sich nun zum Rheinplateau auf. Gemeinsam wandern wir auf steilem Serpentinenpfad durch den Wald bergan, streifen durch Farne und Hecken. Plötzlich ragt eine Holzpalisade vor uns auf. Kein Zweifel: Wir haben den Römerturm **(7)** auf dem Pulverberg erreicht. Ein Rastplatz bietet Gelegenheit zum Verschnaufen, während die Gedanken in die Römerzeit reisen … Wir kehren dem Turm den Rücken und folgen dem fast ebenen Waldweg zum Waldrand. Die Weite der Felder und Wiesen bietet nach den engräumigen Waldpassagen eine willkommene Abwechslung. Wir stoßen auf die Zufahrtsstraße zum nahen Meisenhof **(8)**, der nach **12.5 km** zur zünftigen Einkehr lockt. Nach dem Meisenhof schlängeln sich Rheinsteig und Saynsteig mal durch Wald, mal durch freies Feld. Dabei ergeben sich fantastische Aussichten über das Neuwieder Becken zum Rheintal und bis in die Vulkaneifel. An einer üppigen Brombeerhecke nehmen

Fürstlich: Schloss Sayn.

Sehenswertes

▶ Im 12. Jahrhundert gründete Graf Heinrich II. von Sayn im Brexbachtal eine Prämonstratenserabtei. Schon 1202 konnte die Kirche geweiht werden. 1206 erhielt die Abtei die Armreliquie des heiligen Apostels Simon, was Kirche und Kloster zum beliebten Wallfahrtsziel aufsteigen ließ. Wer heute die Abtei besucht, sollte sich die Fresken an der Nordwand der Kirche nicht entgehen lassen. Sehenswert sind auch der in bunten Farben gehaltene Kreuzgang und das Brunnenhaus. Zwar wurde

Trutzig wacht Burg Sayn übers Tal.

wir letztmals Abschied vom Rheinsteig und biegen rechts auf einen Grasweg ab. Der führt uns zwischen den Feldern hindurch zum Waldrand und eröffnet unterwegs tolle Aussichten zum Rhein. Pfadig treten wir in den Wald ein, wo sich der Saynsteig zunehmend steiler abwärts windet und uns nach **14.7 km** zu einem Querweg bringt. Bevor wir den Logos nach rechts folgen, lassen wir uns die grandiose Aussicht auf Sayn (9) und die Burg nicht entgehen.

Anschließend führt uns der Waldweg in ein vom Sturm gerodetes Areal, und wir können die Burg Sayn noch einmal aus neuer Perspektive bewundern. An einem Wegweiser wandern wir scharf links steil hinunter zu den Gleisen, die wir in Sichtweite eines Tunnels queren.

Am Bach wenden wir uns nach links und erreichen nach **15.2 km** das restaurierte Gebäude von Hein's Mühle (10), in dem heute ein Mühlenmuseum untergebracht ist. Wir queren den Bach und wandern erst links, dann mit der Burggasse rechts hinauf ins alte Ortszentrum. Nun sind es nur noch wenige Schritte, bis wir vor der schmucken Fassade des Fürstlichen Schlosses eintreffen. Wir erobern die Schlossterrasse, bevor wir im Wald Abschied vom Traumpfad nehmen und auf dem vom Beginn bekannten Pfad zurück zum Parkplatz (1) laufen, wo die Tour nach **15.6 km** endet.

Saynsteig

die Abtei 1803 säkularisiert, aber im Frühjahr 2007 genehmigte der Trierer Bischof die Einrichtung der Prämonstratenser-Tertiaren Gemeinschaft Abtei Sayn. Die Gemeinschaft ist ein Zusammenschluss von Klerikern und Laien, die sich dem aktiven kirchlichen Dienst verpflichten. Besonders sehens- wie hörenswert ist die restaurierte Stumm-Orgel.
📞 02622/885639 🕐 www.abtei-sayn.de

▶ **Strecke:**
Parkplatz Schloss Sayn – Burg Sayn – Oskarhöhe – Brexbachtal – Römerturm – Meisenhof

▶ **An-/Abreise:**
Sayn erreicht man vom Rheintal aus über die B 413.

▶ **Parken:**
- Sayn, Schlossgarten   N50° 26' 21.3'' • E7° 34' 47.6''
- L 306   N50° 26' 49.1'' • E7° 35' 18.1''

▶ **ÖPNV:**
Zielhaltestelle: Sayn Schloss
Linien: 8 (täglich) Koblenz Hbf – Vallendar Bf. – Sayn

▶ **TAXI:**
- Taxi Engerser Pünktchen ✆ 02622/4444
- Taxi Kurier ✆ 02631/55555

▶ **Einkehr:**
Meisenhof, Meisenhofweg 55, 56170 Bendorf ✆ 02622/3101 ⊙ Di. Ruhetag

▶ **Übernachten:**
- Hotel Villa Sayn, Koblenz-Olper-Str. 111, 56170 Bendorf-Sayn ✆ 02622/94490
- Berghotel Rheinblick, Remystr. 79, 56170 Bendorf ✆ 02622/127127 ⓦ www.berghotel-rheinblick.de
- friends hotel Mittelrhein, Im Wenigerbachtal 8–25, 56170 Bendorf ✆ 02622/8840 ⓦ www.hotelfriends.de
- Weitere Übernachtungsmöglichkeiten: ⓦ www.bendorf.de

▶ **Strecken- und Aussichtspunkte:**

P1	Parkplatz Schloss Sayn	Ost 398976 Nord 5588477
P2	Burg Sayn	Ost 399158 Nord 5588435
P3	Oskarhöhe	Ost 399896 Nord 5588622
P4	Stromberg Ortsmitte	Ost 400734 Nord 5590583
P5	Rastplatz	Ost 401360 Nord 5590321
P6	Sinnesbank Brexbachtal	Ost 401201 Nord 5589687
P7	Römerturm	Ost 400468 Nord 5588721
P8	Meisenhof	Ost 400552 Nord 5588170
P9	Burgblick	Ost 399085 Nord 5588140
P10	Hein's Mühle	Ost 399136 Nord 5588222

Tour 6   Auf einen Blick

Abtei Sayn.

Streckenprofil

▶ Aufgrund steiler, teils felsiger Pfade geht man den Saynsteig besser nicht im Winter. Besonders schön ist er im Sommer und Herbst.

▶ Wer den Saynsteig in Angriff nimmt, sollte gute Kondition mitbringen, denn neben den knapp 16 km sind mehrere stramme Auf- und Abstiege zu meistern.

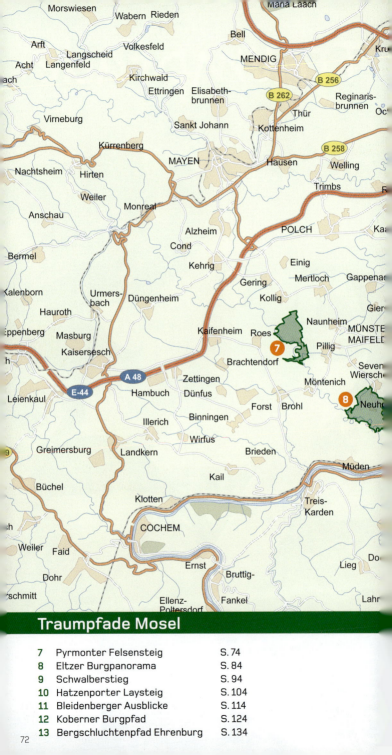

Traumpfade Mosel

7	Pyrmonter Felsensteig	S. 74
8	Eltzer Burgpanorama	S. 84
9	Schwalbersteig	S. 94
10	Hatzenporter Laysteig	S. 104
11	Bleidenberger Ausblicke	S. 114
12	Koberner Burgpfad	S. 124
13	Bergschluchtenpfad Ehrenburg	S. 134

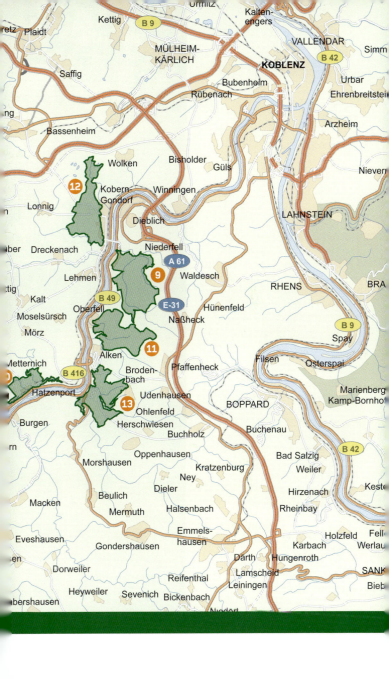

Strecke: Parkplatz Burg Pyrmont – Burg Pyrmont – Pyrmonter Mühle – Sammetzkopf – Elzbachtal

- **Länge:** 11.5 km
- **Gesamt:** 3 Std. 25 Min.
- **Höchster Punkt:** 348 m
- **Steigung/Gefälle:** 403 m
- **Anspruch:** ★ ★ ✦
- **Kalorien:** ♀ 865 ♂ 1015

- **Tour-Download:** TP1XT1X
  www.wander-touren.com

- **Tourist-Info:**
  Verbandsgemeinde Maifeld
  Am Marktplatz 4
  56751 Polch
  ☏ 02654/9402120
  ⏱ www.maifeld.de
  ⏱ www.traumpfade.info

scan to go

QR-Code mit dem internetfähigen Smartphone einscannen und Startpunkt direkt anzeigen lassen.

Tour 7

Felsenausblick. | Prachtvolle Rapsblüte. | Auf hoher Zinne.

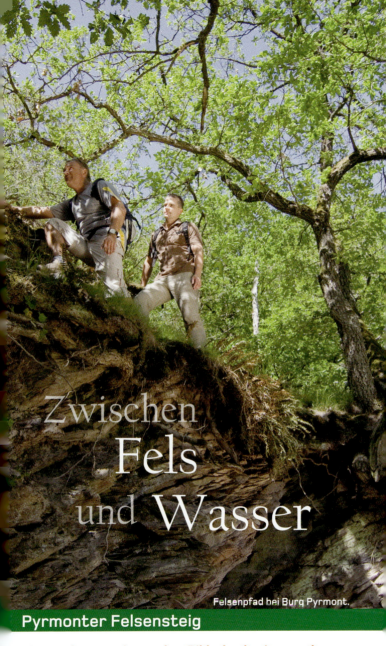

Felsenpfad bei Burg Pyrmont.

Zwischen Fels und Wasser

Pyrmonter Felsensteig

Ein Wanderweg wie aus dem Bilderbuch: ein rauschender Wasserfall, steile Felsen, ein quirliger Fluss, herrliche Aussichten, die Kammer des Teufels und eine stolze Burg. Der Pyrmonter Felsensteig verbindet auf seinen knapp 12 000 Metern Wanderspaß und Kulturgenuss.

Am großen Parkplatz (1) an der K 27 unterhalb der Burg beginnen wir die spannende Tour auf dem Pyrmonter Felsensteig. Zwar biegen einige Wanderwege bald nach links ab, aber wir lassen es gemütlicher angehen und wandern auf dem Radweg bis zur gepflasterten Zufahrt. Dieser folgen wir dann mäßig steil bergan, bis sich vor uns die beeindruckende Burg (2) erhebt.

In den Sommermonaten bietet Burg Pyrmont Gelegenheit zur Zeitreise ins Mittelalter. Man sollte also zusätzliche Zeit für einen ausführlichen Rundgang oder eine Einkehr einplanen. Der Traumpfad folgt der Zufahrt zum oberen Parkplatz und bietet vom Fahrradparkplatz aus einen großartigen Blick auf die Burg und ein erstklassiges Fotomotiv. In der Kurve verlassen wir die Straße und laufen geradeaus auf einen herrlichen Pfad. Hier macht der Pyrmonter Felsensteig seinem Namen alle Ehre. Efeuumrankte Schieferfelsen begleiten uns, bei **Kilometer 0.6** öffnet sich gar eine Höhle im Gestein. Nur wenige Meter weiter ragt der Schiefer als fast senkrechte Wand empor. Immer auf Tuchfühlung mit dem Grundgebirge, schlängelt sich der Pfad hoch über dem Wahlbachtal gen Westen. Natürlich bieten sich von so exponierter Stelle auch sagenhaft schöne Ausblicke auf das Tal. Viel zu schnell endet dieser spektakuläre Auftakt der Tour. An einer Weggabelung halten wir uns links, und wenig später beschreibt der Weg knapp oberhalb des Wahlbachs eine Spitzkehre.

Nun folgen wir dem kleinen Bach ostwärts. Wir queren das Bächlein und laufen auf dem Waldweg etwas aufwärts, um nach **1.8 km** einen echten Logenplatz (3) zu erreichen: Fast auf Augenhöhe grüßt von der anderen Talseite durch das Blätterwerk die trutzige Burg Pyrmont. Nun folgen wir dem talwärts führenden Weg und stoßen 200 m später auf eine Wegkreuzung: Hier halten wir uns scharf links und treffen im Tal auf einen breiten Wanderweg, der uns links zur nahen Mühle bringt.

Bevor wir diese passieren, lohnt ein kleiner Abstecher auf dem unteren Weg nach rechts, um den zweigeteilten Wasserfall, der je nach Wasserstand mal verspielt plätschert oder donnernd zu Tal rauscht, genauer in Augenschein zu nehmen. Anschließend laufen wir an der Pyrmonter Mühle (4) vorbei, und erreichen die K 35. Hier biegen wir auf einen parallelen Fußweg ab.

Sehenswertes

▶ Zwar handelt es sich bei der **Schwanenkirche in Forst** um einen Neubau aus den 1950er-Jahren, aber die Tradition dieser Wallfahrtskirche reicht bis ins Jahr 1460 zurück. Die ursprüngliche dreischiffige Hallenkirche im gotischen Stil wurde bei einem Luftangriff 1944 zerstört. Das stark beschädigte Vesperbild aus dem 15. Jahrhundert konnte gerettet und restauriert werden.

Nach kurzer Straßenbegleitung queren wir die Straße und steigen auf schmalem Waldweg im Zickzack durch den lichten Wald etwas bergan. Schnell haben wir die notwendige Höhe gewonnen und folgen dem Traumpfad-Logo sanft aufwärts hinaus auf freies Feld. Wir wandern zur nahen K 35 und queren die schmale Kreisstraße ein weiteres Mal. Voraus sehen wir eine eindrucksvolle Kreuzigungsgruppe. Auf erdigem Weg laufen wir zu dem aus dem 17. Jahrhundert stammenden Stationsaltar „Drei Kreuze" (5). Unmittelbar nach der Kreuzigungsgruppe halten wir uns rechts und steigen auf weichem Wiesenweg bergan. Besonders im Frühsommer leuchtet am Wegesrand der Ginster in sattem Gelb. Nach links erhaschen wir über die Büsche hinweg tolle Blicke auf die Burg Pyrmont. Es folgt eine kurze Waldpassage, die uns schließlich an den Rand eines Feldes bringt. Hier orientieren wir uns nach links und befinden uns bald mitten in den weiten Feldern der Kolliger Höhe. Bei erster Gelegenheit biegen wir mit einem Feldweg nach rechts ab, erobern den Heidberg und wandern nun durch freie Flur.

Burg Pyrmont.

Pyrmonter Felsensteig

Herrliche Fernblicke.

Abstieg ins Elztal.

Nach **4.5 km** passieren wir ein kleines Wäldchen und laufen weiter ansteigend nach Norden. Der erdige Weg führt auf ein weithin sichtbares Kreuz zu. Doch zunächst passieren wir ein kleines, steinernes Wegkreuz und biegen auf den nächsten Wiesenweg nach rechts ab. Vor einem Wäldchen geht es links, wir queren einen Teerweg und laufen geradeaus durch die Felder weiter.

Am nächsten Waldrand halten wir uns erneut links und gelangen mit diesem Umweg nach **6.2 km** zu dem hochaufragenden Holzkreuz (6) auf dem Sammetzkopf. Bänke laden zum Verweilen und Ausschauhalten ein. Wir verlassen diesen nördlichsten Punkt der Rundtour und biegen links auf den querenden Feldweg ab.

Doch schon die nächste Gelegenheit nach rechts ergreifen wir, unterqueren eine Stromleitung und wenden uns nur 100 m später nach links. So stehen wir rasch am Rand des Naturschutzgebietes am Juckelberg. Jetzt tauschen wir die breiten Feldwege und die offene Landschaft wieder ein gegen enge Pfade und üppige Vegetation. Wir wandern am Wäldchen nach links und dürfen nicht verpassen, an der ersten Verzweigung nach rechts zu laufen! Eng rücken Ginsterbüsche an den schmalen Pfad heran.

Kaum lichtet sich das Grün, lädt nach **7.3 km** eine Schutzhütte (7) zur Rast ein. Gestärkt setzen wir den Abstieg ins Elztal fort. Lianengleich hängen Waldreben von den knorrigen Baumveteranen, die den Niederwald und die Hecken überragen. Gut 100 Höhenmeter tiefer erreichen wir eine Weggabelung (8): Rechts geht es zur nahen Brückenmühle und zum Feriendorf.

Sehenswertes

▶ Auf der Reit- und Ferienanlage „Pyrmonter Hof" schlägt das Herz kleiner und großer Pferdefreunde höher. Pyrmonter Hof 1, 56574 Roes 02672/914633 www.reiten-und-urlaub.net
▶ Auf dem Erlebnishof Arche in Naunheim begrüßen Kühe, Schafe und Ponys die Gäste. Besucher dürfen selbst Hand anlegen beim Melken und Striegeln oder erleben hautnah ein warmes Strohbett. Weitere Infos: 02654/7914 www.erlebnishof-arche.de

Entdecken
Sie romantische Burgen und Kapellen

Genießen
Sie edle Weine

Wandern
Sie auf Traumpfaden und Themenwegen

Entdecken Sie edle Weine, kulinarische Genüsse, romantische Burgen und Kapellen, verträumte Seitentäler, und idyllische Ortskerne mit schönen Fachwerkhäusern. Wandern Sie durch Terrassenweinberge oder radeln Sie entlang der Moselschleifen!

Sonnige Untermosel

Bahnhofstr. 44
56330 Kobern-Gondorf
Tel.: 02607/4927
Fax: 02607/4958
touristik@untermosel.de

www.sonnige-untermosel.de

Unser Traumpfad setzt sich aber links auf tollem Waldpfad fort. Mit etwas Auf und Ab passieren wir eine alte Schieferhalde nebst Schutzhütte und genießen die wechselnden Ausblicke ins Tal. Nach **8.4 km** haben wir dann das Niveau des Flusses erreicht. Unter dem schattigen Dach der mächtigen Schwarzerlen folgen wir dem Pfad durch die Aue.

Ständig gibt es Neues zu entdecken: Mal liegt ein Baum quer über dem Fluss und sorgt für Strömungswirbel, mal sind es emsige Wasservögel bei der Nahrungssuche, die unsere Aufmerksamkeit auf sich ziehen. Der Traumpfad führt uns auf diesem Abschnitt mitten durch ein Naturidyll erster Güte. Dann geht es wieder aufwärts und imposante Felsen rücken in den Mittelpunkt. Wir erklimmen die Felsrippen der Teufelskammer **(9)** – vom gehörnten Fabelwesen ist nichts zu sehen ... Dafür beeindrucken uns die karge Bergvegetation und die mächtig und steil aufragenden Schieferfelsen umso mehr.

Zurück im Tal, dürfen wir nach **9.1 km** die Elz kurz hintereinander zweimal auf Stegen überqueren. Wieder folgen wir mit unserem Pfad jeder Biegung der ruhig strömenden Elz. Eine Treppe kündigt die nächste Herausforderung an. Kaum haben wir nach kurzem Aufstieg wieder den Fluss erreicht, lädt ein kurios gewachsener Baumstamm zum „Ritt an der Elz" ein.

Sehr abwechslungsreich setzen wir die Wanderung mal nah am Fluss, mal mit kurzen Aufstiegen fort. Nach **10.8 km** beschreibt die Elz eine große Biegung und wir laufen an einer Auwiese vorbei. Wenig später trifft unser Pfad auf einen breiteren Talweg. Er bringt uns zu einem Steg, auf dem wir ans andere Ufer gelangen. Wir folgen dem Waldweg aufwärts und queren die wenig befahrene K 27. Über die Zufahrt legen wir die letzten Meter bis zum Parkplatz **(1)** zurück, wo nach **11.5 km** diese grandiose Traumwanderung zu rauschenden Wassern, wilden Felsen, stillen Winkeln und herrlichen Ausblicken zu Ende geht.

Sehenswertes

▶ Weit zurück reichen die Wurzeln der mächtigen Burg Pyrmont: Bereits 1225 wird die Burg zum ersten Mal urkundlich erwähnt. Im Gegensatz zu vielen Burgen am Rhein blieb die Pyrmonter Burg sowohl im pfälzischen Erbfolgekrieg 1688–1697 als auch beim Einmarsch der Franzosen 1794 unzerstört. Das Schicksal des stolzen Gemäuers wurde 1810 besiegelt, als die Burg von den Franzosen an einen Bauunternehmer versteigert wurde, der sie fortan als Steinbruch nutzte. Nach

Pyrmonter Mühle und Burg Pyrmont.

Pyrmonter Felsensteig

zahlreichen Besitzerwechseln begann erst 1963 die systematische Rekonstruktion der Burg. Heute ist es bei einem Rundgang (Mai–Okt., Mi.–So.) möglich, nicht nur die restaurierten Wehranlagen aus dem Mittelalter zu bestaunen, sondern auch den Ausblick vom Bergfried zu genießen. Spätestens beim Besuch der Rüstkammer, des Verlieses oder der Folterkammer fühlt sich der Besucher ins Mittelalter versetzt.
02672/2345 www.burg-pyrmont.de

▶ Strecke:
Parkplatz Burg Pyrmont – Burg Pyrmont – Pyrmonter Mühle – Sammetzkopf – Elzbachtal

▶ An-/Abreise:
Über die A 48 bis zur Abfahrt Kaifenheim. Weiter über die L 109 nach Roes. Der K 27 Richtung Burg Pyrmont bis zum Burgparkplatz folgen.

▶ Parkplatz:
Burg Pyrmont (K 27) .... *N50° 14' 17.7'' • E7° 17' 14.3''*

▶ ÖPNV:
- Zielhaltestelle: Pyrmonter Mühle
  Linien: 330 „Burgenbus" (Sa./So.) Treis-Karden Bf. – Hatzenport Bf.
- Zielhaltestelle: Roes Mitte
  Linien: 734 (Mo.–Fr.) Kaisersesch Bf. – Roes (z.T. auch bis Pyrm. Mühle)
  743 (Mo.–Fr.) Treis-Karden Bf. – Roes

▶ TAXI:
Charly ✆ 02605/2022

▶ Einkehr:
- Burgrestaurant Pyrmont, 56754 Roes ✆ 02672/8021
  ⏱ Mai–Okt. 11–16 Uhr. Im April nur an Ostern und an Sonntagen.
  🌐 www.burg-pyrmont.de
- Hotel-Restaurant Gilles, Schulstraße 5, 56751 Kollig ✆ 02654/7510
- Weitere Einkehrmöglichkeiten unter 🌐 www.maifeld.de

▶ Übernachten:
- Landgasthof Pyrmonter Mühle, Elztal 1, 56574 Roes ✆ 02672/7325
  🌐 www.pyrmonter-muehle.de ⏱ Do. Ruhetag
- Pilliger Hof, Hotel und Restaurant, Hauptstr. 13, 56753 Pillig
  ✆ 02605/4425 🌐 www.pilliger-hof.de ⏱ Di. Ruhetag
- Hotel Pastis, Elztalstraße 1, 56753 Pillig ✆ 02605/8495727
  🌐 www.hotelpastis.de
- Weitere Unterkunftsmöglichkeiten unter 🌐 www.maifeld.de

▶ Strecken- und Aussichtspunkte:
P1	Parkplatz bei Burg Pyrmont	*Ost 377918 Nord 5566512*
P2	Burg Pyrmont	*Ost 377788 Nord 5566462*
P3	Ausblick auf Burg Pyrmont	*Ost 378004 Nord 5566216*
P4	Pyrmonter Mühle	*Ost 378092 Nord 5566353*
P5	„Drei Kreuze"	*Ost 378506 Nord 5566544*
P6	Sammetzkopf	*Ost 377762 Nord 5568847*
P7	Schutzhütte	*Ost 377254 Nord 5568272*
P8	Zugang Brückenmühle	*Ost 376818 Nord 5568046*
P9	Teufelskammer	*Ost 377359 Nord 5567314*

Tour 7 Auf einen Blick

Am Sammetzkopf.

Unterwegs zum Sammetzkopf.

Streckenprofil

▶ Aufgrund felsiger Pfade ist der Pyrmonter Felsensteig im Winter nicht zu empfehlen. Im Sommer bietet das kühle Elzbachtal erquickenden Schatten.
▶ Die teils engen Felsenpfade erfordern ein Mindestmaß an Trittsicherheit. Mit normaler Kondition ist der Pyrmonter Felsensteig gut zu begehen.

Strecke: Dorfgemeinschaftshaus Wierschem – Elzbachtal – Burg Eltz – Ringelsteiner Mühle

- **Länge:** 12.6 km
- **Gesamt:** 3 Std. 45 Min.
- **Höchster Punkt:** 289 m
- **Steigung/Gefälle:** 330 m
- **Anspruch:** ★ ★ ⌁
- **Kalorien:** ♀ 882 ♂ 1035

- **Tour-Download:** TP13TX7
  www.wander-touren.com

- **Tourist-Info:**
  Verbandsgemeinde Maifeld
  Am Marktplatz 4
  56751 Polch
  ☎ 02654/9402120
  ⏱ www.maifeld.de
  ⏱ www.traumpfade.info

scan to go

QR-Code mit dem internetfähigen Smartphone einscannen und Startpunkt direkt anzeigen lassen.

Tour 8

Antoniuskapelle. | Naturidylle. | Pause an der Elz.

Majestätisch: Burg Eltz.

Eltzer Burgpanorama

Von der Weite der Hochfläche hinab ins Elzbachtal: Begleitet vom murmelnden Wasser, erwartet uns eine der meistbesuchten Attraktionen aus dem Mittelalter – die Burg Eltz. Stolz ragen die Türme in den Himmel. Geradezu königlich präsentiert sich der Traumpfad mit anspruchsvollen Bergpassagen und fürstlichen Fernblicken.

Im kleinen Wierschem starten wir zur Rundwanderung zwischen Moselplateau und Elzbachtal. Direkt am westlichen Ortsrand befindet sich das Feuerwehr- und Dorfgemeinschaftshaus (1), an dem wir das markante Traumpfad-Logo zum ersten Mal entdecken.

Wir laufen an einem Spielplatz vorbei, bis sich rechts die erste Gelegenheit zum Abzweigen anbietet. Der Feldweg bringt uns neben einem kaum erkennbaren Rinnsal zügig zur nächsten Wegkreuzung, an der wir uns rechts halten. Die ersten Höhenmeter beanspruchen uns noch nicht wirklich – und so können wir uns nach einem Schwenk nach links ganz dem Vergnügen des „Fern-Sehens" widmen. Vor allem nachdem wir nach **1 km** eine Anhöhe (2) erreicht haben, präsentiert sich uns ein atemberaubendes Panorama. Tief schneidet sich das Elzbachtal in die gewellte Landschaft des Moselplateaus, im Nordwesten erspähen wir bei gutem Wetter die trutzigen Mauern und den Turm der Burg Pyrmont. Wir passieren eine Bank und einen Jungwald, dann steht die nächste Kursänderung an: Während der Hauptweg rechts abbiegt, laufen wir auf naturbelassenem Feldweg geradeaus. Leicht abwärts geht es durch die Felder Richtung Waldrand.

Wir biegen auf einen breiteren Weg ab und erreichen nach **2 km** den Waldrand. Hier halten wir uns geradeaus und erfreuen uns nach der nächsten Kurve an dem herrlichen Waldpfad. Viel zu schnell endet diese idyllische Passage durch den Mischwald. Am Waldrand führt ein Forstweg weiter abwärts. Doch Vorsicht: Am Ende der Wiese und des Wildgeheges dürfen wir den Abzweig nach rechts nicht verpassen, dem nur 50 m später einer nach

Sehenswertes

▶ Zwischen Müden und Karden befindet sich das größte wilde Verbreitungsgebiet des Buchsbaums nördlich der Alpen. Ein eigens angelegter Wanderweg, der Buchsbaumwanderweg, führt auf tollen (wie anspruchsvollen!) Steigen durch das Gebiet. Infos ⏱ www.mueden-mosel.de

Grandiose Fernsichten.

links folgt! Nun bietet sich rechts eine Bank mit schönem Talblick zum Rasten an. Doch noch ist von Erschöpfung keine Rede.

Auf weichem Waldpfad verlieren wir kontinuierlich an Höhe und treffen im Elzbachtal auf einen querenden Wanderweg. Hier biegen wir nach rechts, denn die Mäander des Elzbachs sind viel zu schön, um auf direkter Route zur Burg zu wandern. So können wir im weiteren Verlauf des Traumpfads die engen Schleifen des Elzbachs ausgiebig erleben, denn unser Weg folgt unmittelbar dem Flusslauf.

Nach **3.5 km** gelangen wir an eine Wegkreuzung nebst Wandertafel und Rastplatz (3). Die Bänke laden dazu ein, sich von der Sonne verwöhnen zu lassen und die Ruhe des Tals in vollen Zügen zu genießen. Anschließend folgen wir dem schmalen Weg zum Steg über den Elzbach. An der folgenden Weggabelung halten

Eltzer Burgpanorama

Unterwegs zwischen Buchsbäumen.

Erquickendes Fußbad im Elzbach.

wir uns links und erklimmen mit einer Linkskurve den Prallhang oberhalb des Baches. Doch lange währt der Aufenthalt in luftiger Höhe nicht, denn der Weg senkt sich schnell wieder ab. Ein alter Steinbruch bleibt rechts liegen, und dann biegen wir links auf einen breiten Forstweg, der dem kleinen Filsenfluss Richtung Elzbach folgt.

Nach **4.9 km** treffen wir an einer großen Waldkreuzung neben der Brücke über die Elz ein. Wir queren den Fluss. Gemeinsam mit dem Moselhöhenweg laufen wir über die Auwiese des Elzbachs. Nach einem kurzen Anstieg stoßen wir auf den Wanderweg, der vom Parkplatz an der Antoniuskapelle kommt, biegen dann um eine imposante Felsklippe und bleiben unwillkürlich stehen: Vor uns ragt die mächtige Burg Eltz empor. Die kompakte Burg mit ihren markanten Türmchen und Mauern, Erkern und der trutzigen Brücke ist immer wieder ein imposanter Anblick. Natürlich lassen wir es uns nicht nehmen, die Burg **(4)** genauer zu erkunden – und zu sehen, wie der Adel hier lebte.

Auch beim anschließenden Abstieg zum Steg über den

Sehenswertes

▶ Eine ausgedehnte Wasserwelt erwartet die Besucher im Hallen-Wellenbad des Freizeitlandes Cochem. Im „Kinderland" des Erlebnisbads mit Wellnessbereich gibt es jede Menge Attraktionen. Freizeitzentrum Cochem Betriebs GmbH, Moritzburger Straße 1, 56812 Cochem ☎ 02671/97990 www.moselbad.de

Burg Eltz.

Fluss begleitet uns mittelalterliches Flair, denn von hier unten betrachtet, wirken die dicken Mauern der Burg noch beeindruckender und versetzen uns in die Zeit der Ritter zurück. Doch dann gehört unsere Aufmerksamkeit wieder ganz der Natur. Auf halber Hanghöhe folgen wir dem Elzbach, der sich weiterhin durch Wald und Felsen schlängelt. Steile Klippen säumen den Weg, Krüppeleichen und Mischwald begleiten uns.

Nach Passieren einer Anhöhe steigen wir auf das Niveau des Flusses ab und treffen nach **7.5 km** an der Ringelsteiner Mühle **(5)** ein – genau richtig für eine Einkehr. Zu deftig sollte man sich allerdings nicht stärken, denn nachdem wir ein letztes Mal den Elzbach gequert haben, beginnt der anstrengende Abschnitt der Tour. Auf einem wunderschönen Pfad erklimmen wir nach den ersten Serpentinen recht steil den Hang. Nach knapp 100 Höhenmetern gibt es allerdings einen guten Grund zum Verschnaufen: Ein kurzer Stichweg bringt uns rechts zu einer nahen Felsenklippe mit fantastischer Aussicht auf das Tal **(6)**. Danach setzen wir den Aufstieg etwas gemächlicher fort. Schließlich öffnet sich rechts der Wald, und wir wandern am sonnigen Waldrand

Eltzer Burgpanorama

Traumhafte Ausblicke.

Stärkende Einkehr auf Burg Eltz.

entlang hinauf auf das weite Moselplateau. Vor uns breiten sich nun wieder die ausgedehnten Felder aus, die einen freien Blick in die Umgebung erlauben. Diverse Richtungswechsel stellen keine Herausforderung dar.

Vor uns erkennen wir in der Hochfläche die Einkerbung eines Tals. Langsam geht es abwärts und kurz vor dem Tholeisterhof (7) biegen wir nach **10 km** rechts ab. Nach kurzer Waldpassage treffen wir am Ursprung des Kerner Bachs auf den Moselhöhenweg. Nun begleitet uns also auch das weiße „M". Wir halten uns rechts und laufen auf heckengesäumtem Naturweg bergan zu einem kleinen Wäldchen.

Kaum haben wir es hinter uns gelassen, biegen wir links auf einen Feldweg ab. Freie Flur umgibt uns, und links erspähen wir in der Ferne den Neuhof. Am Waldrand angekommen, stoßen wir auf die befestigte Zufahrt zum Neuhof – und eine Schutzhütte (8). Zum Glück führt uns das Traumpfad-Logo aber nicht auf den breiten Fahrweg, sondern es geht auf weichem Untergrund hinein in den Wald.

Sehenswertes

▶ Die Burg Eltz wurde bereits 1157 erstmals in Urkunden erwähnt. Versteckt im Elzbachtal, entging die Burg nicht nur im Dreißigjährigen Krieg, sondern auch während der pfälzischen Erbfolgekriege der Zerstörung. Somit ist das beeindruckende Gebäude eine der wenigen nie zerstörten Burgen im Rhein-Mosel-Gebiet. Bekannt wurde die Burg auch durch den 500-Mark-Schein, dessen Rückseite sie zierte. Mittelalterliches Flair umfängt die Besucher schon beim Überschreiten der Brücke und Durch-

Wenig später verlassen wir das schummrige Grün des Waldes und folgen nun dem Waldrand entlang den weiten Feldern. Dabei schweift der Blick zum nahen Wierschem. Wir gehen unbeirrt am Waldrand entlang, ignorieren zwei einmündende Wege und treffen einige Schlenker später bei **Kilometer 12.1** auf den Wirtschaftsweg zwischen Neuhof und Wierschem, dem wir nach rechts zu den ersten Häusern der Gemeinde folgen.

An einem Landgasthof erreichen wir die Zufahrt zur Antoniuskapelle und wenden uns wieder nach rechts. Schon 80 m später dürfen wir die Straße verlassen und links auf „In den Wiesen" abbiegen. Nun erkennen wir die Umgebung wieder, denn die letzten Meter am Spielplatz vorbei zum Startpunkt sind wir bereits zu Beginn gewandert.

Nach **12.6 km** schließt sich am Dorfgemeinschaftshaus Wierschem (1) unser Kreis auf einer herrlichen Traumpfad-Tour zu quirligen Wassern und trutzigen Mauern!

Federnder Grasweg bei Wierschem.

Eltzer Burgpanorama

queren des ersten Tores. Eine Besichtigungstour durch die authentisch eingerichteten Räume ist ein besonderes Erlebnis. Neben den eigentlichen Burgräumen kann auch die reichhaltige Schatzkammer besichtigt werden. Sie beherbergt eine eindrucksvolle und wertvolle Sammlung von Gold- und Silberschmuck, Waffen und feinem Porzellan. Kastellanei Burg Eltz, 56294 Münstermaifeld ☎ 02672/950500 ⏰ www.burg-eltz.de ⏰ Burg: April bis Nov. tägl. 9.30–17.30 Uhr (letzter Einlass).

▶ **Strecke:**
Dorfgemeinschaftshaus Wierschem – Elzbachtal – Burg Eltz – Ringelsteiner Mühle

▶ **An-/Abreise:**
Über die A 48 bis zur Abfahrt Trimbs. Nun folgt man der L 113 nach Münstermaifeld. Dort gelangt man über die K 38 (Pappestraße) nach Wierschem.

▶ **Parken:**
In den Wiesen   *N50° 13' 33.9'' • E7° 20' 51.0''*

▶ **ÖPNV:**
Zielhaltestelle: Wierschem Brunnen
Linien: 337 (Mo-Fr) Mayen Ost Bf. – Münstermaifeld
    330 (Sa./So.) „Burgenbus" Treis-Karden Bf. – Hatzenport Bf.

▶ **TAXI:**
Charly ☏ 02605/2022

▶ **Einkehr:**
- Während der Saison stehen an der Burg Eltz zwei Restaurants mit Selbstbedienung als Einkehrmöglichkeit zur Verfügung. ⊕ www.burg-eltz.de
- Landhotel Ringelsteiner Mühle, Im Elztal 94, 56254 Moselkern ☏ 02671/9129420 ⊕ www.ringelsteiner-muehle.de
- Weitere Einkehrmöglichkeiten: ⊕ www.maifeld.de

▶ **Übernachten:**
- Landhaus Neuhof, Burg-Eltz-Straße 23, 56294 Wierschem ☏ 02605/565 oder 962079 ⊕ www.landhausneuhof.de
- Hotel und Restaurant Athen, Obertor Str. 4–6, 56294 Münstermaifeld ☏ 02605/1715 ⊕ www.hotel-restaurant-athen.de
- Ferienhaus Nehrenberg, Sevenich 2, 56294 Münstermaifeld ☏ 02605/3216 ⊕ www.ferienhaus-nehrenberg.de
- Weitere Unterkunftsmöglichkeiten ⊕ www.maifeld.de

▶ **Strecken- und Aussichtspunkte:**

P1	Dorfgemeinschaftshaus Wierschem	*Ost 382139 Nord 5565022*
P2	Aussicht	*Ost 381508 Nord 5564709*
P3	Rastplatz im Elzbachtal	*Ost 380645 Nord 5563606*
P4	Burg Eltz	*Ost 391309 Nord 5562823*
P5	Ringelsteiner Mühle	*Ost 382595 Nord 5562284*
P6	Aussichtsfelsen	*Ost 382810 Nord 5562333*
P7	Abzweig Tholeisterhof	*Ost 382965 Nord 5563538*
P8	Schutzhütte	*Ost 382657 Nord 5564303*

Tour 8 Auf einen Blick

Markantes Ziel: Burg Eltz.

Streckenprofil

▶ Aufgrund felsiger und eventuell vereister Pfade ist das Eltzer Burgpanorama nicht für eine Winterbegehung geeignet. Die Krüppeleichenwälder und das Elzbachtal sind im Sommer besonders beeindruckend.

▶ Die teils engen und steilen Pfade verlangen gute Trittsicherheit und Kondition. Für geübte Wanderer bietet diese Tour ein reizvolles Erlebnis.

Strecke: Gasthaus Zur Mühle (bei Niederfell) – Schwalberhof – Hitzlay – Mönch-Felix-Hütte

- **Länge:** 13 km
- **Gesamt:** 3 Std. 45 Min.
- **Höchster Punkt:** 348 m
- **Steigung/Gefälle:** 408 m
- **Anspruch:** ★ ★ ⭒
- **Kalorien:** ♀ 942 ♂ 1105

- **Tour-Download:** TPX9T11
  www.wander-touren.com

- **Tourist-Info:**
  Sonnige Untermosel
  Bahnhofstr. 44
  56330 Kobern-Gondorf
  ☏ 02607/4927
  ⏱ www.sonnige-untermosel.de
  ⏱ www.traumpfade.info

scan to go
QR-Code mit dem internetfähigen Smartphone einscannen und Startpunkt direkt anzeigen lassen.

Tour 9

Die Koberner Burgen.   Zur Belohnung: Moselwein.   Tolle Moselblicke.

Fern-Sehen an der Hitzlay.

Schwalberstieg

Stille, Wasser, Wald und Weitsicht(en) – das sind die prägenden Elemente des Schwalberstiegs. Der Traumpfad führt durch verwunschene Täler, teils unberührte Natur und wohltuend stille Wälder. Alltagshektik hat hier keine Chance – angesichts der grandiosen Ausblicke vom Moselplateau bietet die Tour Entspannung pur.

Verträumtes Abendpanorama.

Im engen Tal des Aspeler Bachs beginnen wir am Gasthaus Zur Mühle (1) unsere wasser- und waldreiche Traumwanderung auf dem Schwalberstieg. Sofort geht es von dem engen Sträßchen per Stichweg zum eigentlichen Traumpfad, auf dem wir uns nach links wenden. Leicht ansteigend, wandern wir tiefer in das stille Tal hinein und erhaschen dabei immer wieder einen Blick auf den Bach und die kaum genutzte K 70. Unser Pfad windet sich kurzweilig durch den vielstufigen Wald, mal geht es aufwärts, dann senkt sich der Weg wieder etwas ab – für Abwechslung ist jederzeit gesorgt.

Nach knapp **1 km** endet der „Nachtigallenweg", wie dieser Abschnitt auch genannt wird. Wir haben hier wieder die Talsohle erreicht und queren die K 70. Auch den Aspeler Bach überwinden wir mittels einer breiten Brücke und folgen dem zunächst noch breiten Waldweg neben dem Bach nach rechts. Bald verengt sich der Waldweg wieder zum idyllischen Pfad, und wir ergötzen uns an den bemoosten und teils auch etwas krummen Bäumen, die dem Szenario ein wildromantisches Flair verleihen. Ein Holzsteg (2) bringt uns trockenen Fußes ans andere Ufer, wo sich die herrliche Pfadpassage fortsetzt. Üppige tiefgrüne Farne, Waldreben, knorrige Holunderbüsche und unterschiedlichste Laubbäume lassen den

Sehenswertes

▶ Ganz entspannt die Mosel aus neuer Perspektive erleben – bei einer **Schiffstour mit der Weißen Flotte** ist das kein Problem. Anlegestellen gibt es in zahlreichen Moselorten. Die nächste Anlegestelle nahe des Schwalbenstiegs ist in Alken.
Weitere Infos gibt es unter: ⓘ www.k-d.com ⓘ www.ms-goldstueck.de

Alltag vollends vergessen. Traum-Zeit mitten im Wald. Noch einmal queren wir nach **2.1 km** den Bach, rechts ergeben sich schon erste Blicke auf die Wiesen und Weiden des nahen Schwalberhofs. An den folgenden Kreuzungen weisen uns zusätzlich zu den markanten Traumpfad-Logos auch noch Holzwegweiser die Richtung. Wir verlassen den Wald und laufen in weitem Bogen auf geschottertem Weg durch Wiesen hinauf zum Schwalberhof (3). Dort halten wir uns links und folgen der hier gesperrten K 70 bei bester Panoramaaussicht ins Moseltal und in die Vordereifel. Nur 150 m später dürfen wir die Straße hinter uns lassen und links auf einen breiten Forstweg abbiegen, der hinab ins Schwalberbachtal führt. Dort wandern wir gemächlich durch das sanft ansteigende Tal. Hochwald begleitet uns, und wir ignorieren die von rechts kommenden Wege.

Urwaldatmosphäre am Aspeler Bach.

Nach **4.6 km** macht unser Weg eine Rechtskurve und gewinnt nun deutlich an Höhe. So gelangen wir wenig später an den Waldrand, folgen aber dem Schwalberstieg noch im Wald rechts zur nächsten Kreuzung. Hier trifft ein weiterer Forstweg von rechts aus dem Tal hinzu, und wir biegen links aufs freie Feld ab. Wir unterqueren eine Stromleitung und freuen uns an der offenen Weite der Felder, die eine schöne Abwechslung zur gerade bewältigten Waldpassage bietet. Linker Hand sehen wir die Gebäude des einsam gelegenen Arkerwälderhofs, während wir dem Traumpfad langsam zum nahen Waldrand folgen. Dort geht es bei **Kilometer 5.4** mit scharfer

Schwalberstieg

Einfach urig – Pfadpassage am Schwalberbach.

Rechtskehre abwärts in den Wald hinein. Kaum haben wir die erste Kurve beim Abstieg hinter uns gebracht, dürfen wir den Abzweig nach rechts auf einen naturbelassenen Waldweg nicht verpassen.

Getrennt durch einen tief eingeschnittenen Hohlweg, streben wir nun parallel zum breiten Forstweg talwärts. Den wenig später querenden Waldweg ignorieren wir und laufen geradeaus weiter abwärts. Der Untergrund des Weges ist teilweise von groben Steinen durchsetzt, was erhöhte Aufmerksamkeit beim Gehen nötig macht. Aber dieser Abschnitt ist nur kurz, denn nach **6.3 km** treffen wir gemeinsam mit dem Forstweg wieder im Aspeler Tal ein und biegen rechts auf einen asphaltierten Wirtschaftsweg ab. Mit gutem Blick auf den munteren Aspeler Bach schöpfen wir auf dem Teerweg Kräfte für den nächsten Aufstieg. Denn der kündigt sich schon knapp 600 m später mit dem Schwenk nach links hinab zum Bach an. Wir queren an einer Furt den Aspeler Bach **(4)**, erklimmen die Böschung und wenden uns nach links auf den breiten, ansteigenden Waldweg. Nach der Rechtskurve gewinnt der Weg nun im vor uns liegenden Tal deutlich an Höhe. An einer Weggabelung wenden wir uns nach links und sofort wieder nach rechts. Nun liegt das Tal rechts von uns, und wir steigen kontinuierlich auf dem weichen Waldweg bergan. Nach **7.5 km** trifft unser Traumpfad in einer Kurve auf einen geschotterten Forstweg. Jetzt liegt der

Sehenswertes

▶ Den Sprung ins erfrischende Nass können große und kleine Wanderer in Winningen an der Mosel wagen. Das Freibad bietet neben einem Sprungturm verschiedene Schwimmbereiche. Von der großen Liegewiese können Besucher noch einmal einen traumhaften und entspannten Blick ins Moseltal genießen. Kiosk und Kinderspielplatz runden das Freibad-Erlebnis ab. Infos: www.sonnige-untermosel.de

anstrengendste Teil des Anstiegs hinter uns, und wir wandern nun etwas weniger steil rechts weiter. Einige Kurven später passieren wir eine als Materiallager genutzte Hütte und treffen bei **Kilometer 8.2** an einer großen Wegkreuzung ein: Hier laufen wir halb rechts fast geradeaus weiter. Von links stößt die Moselerlebnisroute dazu. Wenig später verlassen wir den Wald und laufen nun durch die offene Landschaft des Moselplateaus. Um uns breiten sich Felder aus und geben Gelegenheit, den Blick weit schweifen zu lassen. Noch einmal gilt es eine kleine Waldparzelle zu durchwandern, dann liegen die markanten Kuppen der Vordereifel direkt in unserem Blickfeld. Nach **9.3 km** erreichen wir die Röder-Kapelle (5) und biegen links auf einen herrlich weichen Wiesenweg ab. Dieser bringt uns zur Hangkan-

Röder-Kapelle.

te, wo wir uns rechts orientieren und die Wegweiser zur Hitzlay unsere Neugierde wecken. Vorbei an dichten Hecken, die je nach Jahreszeit mit Blütenpracht oder prallen Früchten grüßen, treffen wir nach **10 km** und einigen gut markierten Schlenkern schließlich an der Aussicht Hitzlay (6) ein. Von dort liegt uns die

Schwalberstieg

Stichweg zur Hitzlay.

Mosel mit der Schleuse und den wie Spielzeugdörfchen wirkenden Gemeinden zu Füßen. Auf der anderen Hangseite erkennen wir den Wegverlauf des Koberner Burgpfads.

Wir setzen unsere Wanderung nun weiter entlang der Hangkante fort und treffen bald auf einen befestigten Weg, dem wir nach links abwärts folgen. Langsam wandelt sich die Umgebung, Streuobstwiesen und Hecken dominieren nun den Wegesrand. Kurz bevor wir einen Teerweg erreichen, biegen wir nach 10.9 km scharf links auf einen Feldweg ab. Vorbei an Obstbäumen und Wiesen geht es stramm abwärts, tolle Blicke auf die andere Moselseite bereichern diese Passage zusätzlich. Wir ignorieren querende Wege und erreichen nach einer Rechtskurve eine kleine Teerstraße. Schnell queren wir die Straße und laufen mit kleinem Versatz nach links auf einem herrlichen Naturweg hangparallel weiter. Bänke mit großartigen Aussichten, zum Beispiel auf die markante Matthiaskapelle und die beiden Koberner Burgen, ergänzen die urwüchsige Natur, die hier sogar mit beeindruckenden, steil gestellten Felsklippen aufwartet.

So gelangen wir sehr kurzweilig nach 12.4 km zum hölzernen Aussichtsturm, der auch „Mönch-Felix-Hütte" (7) genannt wird. Der Turm gewährt neben Rastgelegenheit auch einen tollen Blick auf Kobern-Gondorf, die Burgen, die Matthiaskapelle und natürlich das Moseltal. Der Endspurt des Schwalberstiegs erfolgt auf dem etwa 20 m östlich des Turms abzweigenden „Nachtigallenpfad". Steil und eng bringt er uns in Serpentinen ins Tal und verläuft zum Schluss knapp oberhalb der wenigen Häuser des Aspeler Tals. Nach 13 km treffen wir schließlich, begeistert von so viel unberührter Natur und sagenhaften Ausblicken, wieder am Startpunkt beim Gasthaus Zur Mühle (1) ein.

Sehenswertes

▶ Was wäre ein Besuch in der Moselregion ohne eine gebührende Würdigung des Wirtschaftsfaktors Nummer 1: des Moselweins! Die „Königsrebe" an den steilen Schieferhängen der Mosel ist unumstritten der Riesling. Neben fruchtigen und edelsüßen Rieslingweinen finden auch die trocken ausgebauten Moselrieslinge große Anerkennung. Die zweitwichtigste Weißweinrebe an der Mosel ist der Müller-Thurgau (auch Rivaner). Ebenfalls zu finden sind Kerner, Elbling und Weißburgunder. Bei den Rot-

Moselblick nahe der Mönch-Felix-Hütte.

Schwalbersteig

weinen dominieren an der Mosel der anspruchsvolle Spätburgunder (Pinot Noire) und der kräftig gefärbte Dornfelder. Wer die Mosel besucht und Interesse am Wein mitbringt, findet in jedem der zahlreichen Weinorte Gelegenheit zu Weinproben oder auch zu Kellerführungen. Infos bei den Gemeinden oder auf ⏰ www.sonnige-untermosel.de

Zum Wohl!

▶ **Strecke:**
Gasthaus Zur Mühle (bei Niederfell) – Schwalberhof – Hitzlay – Mönch-Felix-Hütte

▶ **An-/Abreise:**
Über die B 49 entlang der Mosel nach Niederfell. Auch über die A 61, Abfahrt Koblenz-Dieblich, und die B 411 zur B 49 ist die Auto-Anreise möglich. Der nächste DB-Bahnhof ist auf der anderen Moselseite in Kobern-Gondorf (Brücke nach Niederfell vorhanden).

▶ **Parken:**
Neben Gasthaus Zur Mühle   *N50° 17' 32.9'' • E7° 28' 11.3''*

▶ **ÖPNV:**
Zielhaltestelle: Niederfell Unter den Linden
Linien: 301 (täglich) Koblenz Hbf – Dieblich – Burgen

▶ **TAXI:**
- Holzmann ☎ 02607/974650
- Ewald ☎ 02605/4700

▶ **Einkehr:**
- Gasthaus Traube, Moselstraße 27, 56332 Niederfell ☎ 02607/249
  www.gasthaus-traube.net
- Café Sander, Moselstraße 15, 56332 Niederfell ☎ 02607/8309
- Weitere Einkehrmöglichkeiten: www.sonnige-untermosel.de

▶ **Übernachten:**
- Kastanienhof, Moselstr. 47, 56332 Niederfell ☎ 02607/8680
- Weitere Übernachtungsmöglichkeiten: www.sonnige-untermosel.de

▶ **Strecken- und Aussichtspunkte:**

P1	Gasthaus Zur Mühle	*Ost 390992 Nord 5572270*
P2	Steg über den Schwalberbach	*Ost 391937 Nord 5572183*
P3	Schwalberhof	*Ost 392160 Nord 5571559*
P4	Zweite Bachquerung	*Ost 391523 Nord 5569494*
P5	Röder-Kapelle	*Ost 390925 Nord 5570461*
P6	Hitzlay	*Ost 390547 Nord 5570838*
P7	Mönch-Felix-Hütte	*Ost 390756 Nord 5572274*

Tour 9   Auf einen Blick

Kamille oder Hundskamille – Blütenpracht am Wegesrand.

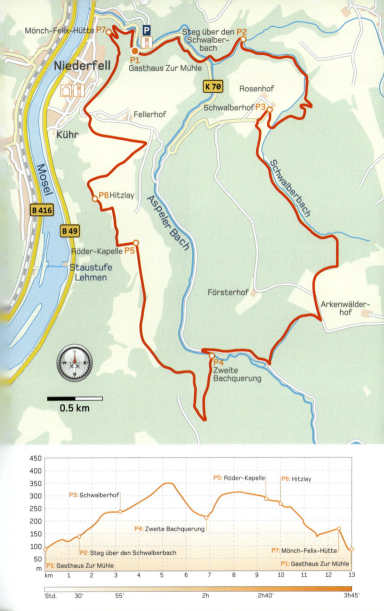

Streckenprofil

▶ Besonders im Frühling und Sommer bieten die Hecken und Felder entlang des Schwalberstiegs eine vielfältige Blütenpracht.
▶ Der Schwalberstieg fordert mit 13 km Länge Ausdauer und stellenweise auch Trittsicherheit und ist daher besonders für geübte Wanderer geeignet.

Strecke: Bahnhof Hatzenport – Wetterstation – Rabenlay – Kreuzlay – Klettersteig

- **Länge:** 11.9 km
- **Gesamt:** 3 Std. 30 Min.
- **Höchster Punkt:** 252 m
- **Steigung/Gefälle:** 442 m
- **Anspruch:** ★ ★ ⭒
- **Kalorien:** ♀ 906 ♂ 1063

- **Tour-Download:** TP12TX8
  www.wander-touren.com

- **Tourist-Info:**
  Sonnige Untermosel
  Bahnhofstr. 44
  56330 Kobern-Gondorf
  ☎ 02607/4927
  🌐 www.sonnige-untermosel.de
  🌐 www.traumpfade.info

scan&go
QR-Code mit dem internetfähigen Smartphone einscannen und Startpunkt direkt anzeigen lassen.

Tour 10

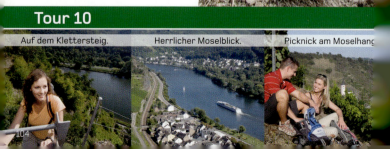

Auf dem Klettersteig. Herrlicher Moselblick. Picknick am Moselhang.

Auf und ab im Schieferfels

Anspruchsvoller Felsenpfad bei Hatzenport.

Hatzenporter Laysteig

Welch eine grandiose Kombination: Der Hatzenporter Laysteig vereint spielerisch Weinkultur und sagenhafte Ausblicke. Von den steilen Felsen der Moselhänge geht es zu den sanften Weiten des Höhenplateaus und durch verträumte Waldabschnitte. Sportliche Kür (aber keine Pflicht!) ist der Klettersteig am Dolling.

Direkt am Fahrkartenautomat neben dem Bahnhof Hatzenport (1) nehmen wir die Spur des „Hatzenporter Laysteigs" auf. Wir unterqueren die Bahntrasse, und schon geht es richtig los: Nicht gemütlich entlang der Straße, wie es der Moselhöhenweg macht, sondern steil, pfadig und aufregend führt uns das markante Traumpfad-Logo den Hang auf einem neuen, den Felsen abgerungenen Steig empor.

So haben wir schon nach den ersten **200 Metern** einen Vorgeschmack auf diesen streckenweise recht anspruchsvollen Traumpfad bekommen. Doch kaum haben wir neben einer Bank den querenden Teerweg erreicht, belohnt uns die erste schöne Aussicht auf das Moseltal und macht Lust auf mehr. Wir wenden uns nach rechts und verlassen den Wirtschaftsweg gemeinsam mit dem „Wein-Wetter-Weg" 80 m später. Links führt eine Treppe hinauf zur Wetterstation (2), an der uns eine Tafel Wissenswertes zum Klima vermittelt.

Zum Greifen nah kommen wir anschließend mit dem Weinbau in Kontakt: Der Traumpfad führt uns direkt durch die Rebenzeilen nach Osten. Noch einmal berühren wir fast den asphaltierten Weg, doch unmittelbar davor folgen wir wieder dem Pfad durch den frisch ausgeputzten, längst aufgelassenen Weinberg. Wir gewinnen an Höhe und queren nach **600 m** den Naafgraben. An der nächsten Weggabelung halten wir uns rechts und wandern wenig später durch urwüchsige Natur – Felsklippen und Krüppeleichen dominieren hier seit Jahrhunderten den Steilhang. Viel zu schnell haben wir diese herrliche Passage hinter uns gebracht und erreichen am Ende des Wirtschaftsweges eine Wegkreuzung. Eigentlich setzt sich unser Traumpfad auf dem unteren Pfad nach links fort, doch zuvor lohnt ein 50 m kurzer Abstecher zur neuen Schutzhütte (3) an der Hangkante. Hier bietet sich nach **1 km** neben der Gelegenheit zur Rast auch ein grandioser Ausblick auf die Mosel, Hatzenport und die Alte Kirche.

Frisch gestärkt, wandern wir weiter auf meist schmalem Pfad durch Niederwald. Auch bei den folgenden Abzweigungen behalten wir Richtung und Höhe bei und gelangen bald wieder in freies Weinbergsgelände. Immens steil fallen die Hänge nach Süden ab – und wir bekommen eine Vorstellung, wie hart die Winzer für jeden

Sehenswertes

▶ Auch als „Alte Kirche" ausgeschildert, gilt die **St. Johannes-Kirche von Hatzenport** als Kleinod der Spätromanik. Idyllisch in den Weinbergen gelegen, ist vor allem das Fenster des linken Nebenaltars sehenswert. Es zeigt die Kreuzigung Christi und ist um 1480 entstanden. Kanzel und Taufstein stammen aus der Barockzeit, die Nebenaltäre aus der Zeit Napoleons. Das Uhrwerk wurde gegen Ende des 16. oder Anfang des 17. Jahrhunderts gefertigt und funktioniert noch heute.

Auf der Suche nach dem Wetter ...

Tropfen Rebensaft arbeiten müssen. Nach **1.8 km** treffen wir am östlichsten Punkt der Tour, der Rabenlay (4), ein. Hier mündet an einer Schutzhütte auch ein anspruchsvoller, mit Leitern versehener Klettersteig. Nach ausgiebigem Genuss der Aussicht wenden wir uns nun von der Hangkante ab nach Nordwesten.

Am Feldrand begleiten uns üppige Hecken. Mit einigen Richtungswechseln folgen wir immer der Hangkante, und dank perfekter Markierung ist Verlaufen kaum möglich. Einige Verzweigungen mit lokalen Wanderwegen lassen wir unbeachtet, und auch die Gebäude des einsam in freier Flur liegenden Betzemerhofs sind für uns nicht von Bedeutung. Nach **3.3 km** treffen wir an der Kreuzlay (5) ein, die mit dem markanten weißen Kreuz und der Fahne bereits vom Start aus zu sehen war. Eine Bank lädt zum Verweilen ein, und wir schwelgen in der fantastischen Aussicht, die uns von der hohen Felsklippe aus geboten wird. Es bleibt nicht der einzige Höhepunkt des Hatzenporter Laysteigs. Wir folgen den weichen Wiesenwegen meist unmittelbar neben den Hecken der Hangkante. Nach **3.9 km** stößt der Wiesenweg auf einen asphaltierten Weg. Hier biegen wir nach links und laufen etwa 150 m abwärts, bevor wir mit einem Schwenk nach rechts

Hatzenporter Laysteig

Klettersteig unterhalb der Rabenlay.

Grandioser Moselblick an der Kreuzlay.

wieder Naturbelag unter den Füßen haben und zwischen den Feldern an Höhe gewinnen. Wir nähern uns nun dem Schrumpftal. Natürlich bringt das auch wieder einen Wechsel in der Vegetation mit sich: Kaum senkt sich der Weg ab, treten wir in den Wald ein. Niedrig gewachsene Eichen – uralt und durch den kargen Boden kleinwüchsig geblieben – begleiten uns abwärts. Felsklippen lassen sich erahnen und geben diesem Abschnitt einen verträumten Charakter.

Bei **Kilometer 5.4** treffen wir im idyllischen Schrumpftal ein und wenden uns nach links. In Sichtweite des kleinen Bachs verlieren wir weiter an Höhe. Das Murmeln des Schrumpfbaches begleitet uns zur Querung der K 40 **(6)**. Auf der anderen Seite geht es zunächst noch ohne größere Höhenunterschiede auf weichem Waldpfad bis zur Probstmühle. Wir lassen sie links liegen und dürfen etwa 100 m hinter der Mühle die scharfe Kehre nach

Sehenswertes

▶ Zum Teil folgt der Hatzenporter Laysteig dem **Wein-Wetter-Wanderweg** zwischen Hatzenport, Löf und der Burg Bischofstein. Dennoch lohnt es sich, auch dem markanten Logo des Kulturwegs zu folgen und unterwegs viel Interessantes zu Themen wie Wein, Wetter und Trockenmauern im Moseltal zu erfahren. Infos ⓘ www.weinwetterweg.de

rechts aufwärts nicht verpassen. Nun ist Kondition gefordert, denn die beim Abstieg verlorenen Höhenmeter wollen wieder erklommen werden.

Kurzweilig geht es durch den herrlichen Hochwald, bis wir den Waldrand erreichen und uns nach **6.7 km** wieder auf freiem Feld befinden. An einem Querweg halten wir uns geradeaus und wandern nun bei freier Rundumsicht durch die leicht gewellte Landschaft. Nach Querung der L 113 biegen wir sofort links auf einen Feldweg ab. Dieser bringt uns ins nahe Tal hinab, wo wir einen nur noch zu erahnenden Bach queren. Ein kleiner Richtungswechsel nach rechts und vorbei an Schafweiden geht es wieder bergan. Auf der Anhöhe des Rothenbergs treffen wir nach **7.8 km** auf einen asphaltierten Weg und schwenken nach links. Nur 100 m später endet der Asphalt, und wir laufen geradeaus (nun auch mit dem Moselhöhenweg, weißes M) auf Naturweg

Hatzenporter Laysteig

Pfad durch eine Steillage.

weiter. Wir genießen die Weite des Plateaus und wandern, an der Hangkante angelangt, rechts nach Südwesten. Schnell erreichen wir entlang den Hecken den westlichen Umkehrpunkt des Traumpfads (7): Mit einer scharfen Wendung nach links knickt der Hatzenporter Laysteig nach **9.4 km** mit M und weiteren Wegen auf einen idyllischen Pfad durch den Niederwald ab. Der Pfad schlängelt sich durch den steilen Hang, und bald öffnet sich das dichte Blattwerk: Wir haben die ersten Weinberge erreicht und können von dem kleinen Aussichtsplateau das Moseltal und Hatzenport aus neuer Perspektive in Augenschein nehmen. Gemächlich verlieren wir an Höhe und nähern uns den ersten Häusern. Gemeinsam mit M, Jakobsweg und Wein-Wetter-Weg passieren wir das ruhige Neubaugebiet und folgen dem Fußweg hinab ins Tal und zur L 113.

Doch Achtung: Wer das Finale auf dem Klettersteig nicht verpassen will, der darf nicht bis zur Straße an der Bushaltestelle laufen (von dort geht es mit „M" neben der Straße zum Bahnhof), sondern muss bei **Kilometer 11.3** links über die Wiese zur Straße hin abbiegen. Hier geht es gut 50 m neben der Leitplanke links bergan, bis wir die Straße queren und dann den Einstieg in den Klettersteig (8) nutzen. Eine Warntafel weist darauf hin, dass nur geübte Wanderer mit guter Trittsicherheit und Schwindelfreiheit diese Route nehmen sollen. Was die Trittsicherheit betrifft, können wir dem nur voll und ganz zustimmen. Allerdings sind wir der Meinung, dass für den Kletterpfad Dolling nur ein Mindestmaß an Schwindelfreiheit erforderlich ist, um die exponierten Abstiege und die beiden Leitern zu meistern. *(Der Dolling gehört für uns in die Kategorie „einfacher Klettersteig" und liegt im Anspruch deutlich niedriger als beispielsweise der Klettersteig in Boppard oder der Klettersteig am Calmont, der wirklich Schwindelfreiheit erfordert!)*

Zunächst führt uns der Dolling sanft durch die Rebzeilen, dann verengt sich der Weg zum Pfad. Hart am Hang schlängelt sich der Pfad, überwindet einige Absätze und findet seinen Kletter-Höhepunkt schließlich an zwei Leitern. Unten angelangt, geht es neben den Gleisen nach Osten, und nach **11.9 km** erreichen wir nach großartigen Erlebnissen und voller Eindrücke das Startportal in Hatzenport (1).

Sehenswertes

▶ Auf steiler Felsklippe erbaut, beherrscht die Burg Bischofstein seit dem 13. Jahrhundert das Moseltal aus luftiger Höhe. Angeblich existierte an dieser Stelle bereits im 6. Jahrhundert n. Chr. eine Befestigungsanlage, die erstmals um 1169 zur Burg ausgebaut wurde. 1259 befahl Erzbischof Arnold von Trier dann den Bau der Burg Bischofstein. Strategisch sehr gut gelegen, konnte sie zahlreichen Angriffen und Belagerungen standhalten, fiel aber dann wie fast alle Burgen im Rhein-Mosel-

Adrenalinkick auf dem Klettersteig.

Hatzenporter Laysteig

Land gegen 1689 der Zerstörung durch französische Truppen zum Opfer. Lediglich der mächtige Bergfried überstand die stürmischen Zeiten und war lange ein weithin sichtbares Wahrzeichen hoch über der Mosel. Mitte des 20. Jahrhunderts wurde die Burg restauriert und umgebaut. Heute dient sie als Schullandheim und ist für die Öffentlichkeit nur an wenigen Tagen zugänglich. Die Burgkapelle ist jederzeit zu besichtigen.
ⓒ www.burgenwelt.de/bischofstein

▶ **Strecke:**
Bahnhof Hatzenport – Wetterstation – Rabenlay – Kreuzlay – Klettersteig

▶ **An-/Abreise:**
Über die B 416 entlang der Mosel nach Hatzenport. Parkmöglichkeit unweit des Fährturms an der Moselstraße. Anreise mit der Bahn zum Bahnhof Hatzenport.

▶ **Parken:**
- Bahnhof   N50° 13' 38.9'' • E7° 24' 47.4''
- Fährturm   N50° 13' 35.5'' • E7° 24' 46.2''

▶ **ÖPNV:**
Zielhaltestelle: Hatzenport Bahnhof
Linien: RB 81 „Moseltal-Bahn" (täglich) Koblenz – Trier
           330 „Burgenbus" (Sa./So.) Treis-Karden Bf. – Hatzenport Bf.

▶ **TAXI:**
Ewald ☎ 02605/4700

▶ **Einkehr:**
- Winzerhaus, Pension & Weinstube, Oberstr. 82, 56332 Hatzenport ☎ 02605/725
- Zur Traube, Moselstr. 7, 56332 Hatzenport ☎ 02605/777
- Weitere Einkehrmöglichkeiten: ⓘ www.sonnige-untermosel.de

▶ **Übernachten:**
- Hotel Rosenhof, Oberstr. 74, 56332 Hatzenport ☎ 02605/962713
  ⓘ www.hotel-rosenhof-walter.de
- Hotel Mosella, Moselstr. 24, 56332 Hatzenport ☎ 02605/2411
- Winzerhof Gietzen, Moselstr. 52, 56332 Hatzenport ☎ 02605/952371
  ⓘ www.winzerhof-gietzen.de
- Weitere Übernachtungsmöglichkeiten: ⓘ www.sonnige-untermosel.de

▶ **Strecken- und Aussichtspunkte:**
P1	Hatzenport, Portal am Bahnhof	Ost 386784 Nord 5565133
P2	Wetterstation	Ost 386870 Nord 5565252
P3	Winzerhütte	Ost 387466 Nord 5565379
P4	Rabenlay	Ost 387999 Nord 5565200
P5	Kreuzlay	Ost 386951 Nord 5565359
P6	Schrumpftal an K 40	Ost 386050 Nord 5565805
P7	Westlicher Wendepunkt	Ost 384888 Nord 5564227
P8	Einstieg Klettersteig	Ost 386333 Nord 5565117

Tour 10   Auf einen Blick

Rast im Rebenmeer.

Zwischen Riesling und Rivaner.

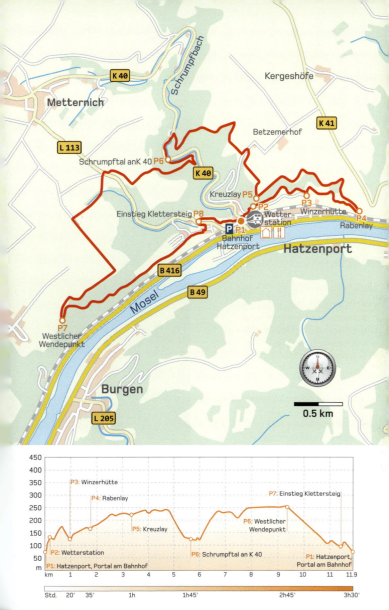

Streckenprofil

▶ Aufgrund der steilen Naturpfade sollte man den Hatzenporter Laysteig im Winter nicht gehen. Im Sommer kann es sehr heiß werden. Ideale Jahreszeit: Der goldene Herbst.
▶ Vor allem die steilen Auf- und Abstiege erfordern Trittsicherheit und Kondition, daher eignet sich dieser Weg nur für geübte Wanderer.

 Strecke: Oberfell – Waldschlucht – Alkener Bach – Burg Thurant – Wallfahrtskirche – Bleidenberg

- **Länge:** 12.7 km
- **Gesamt:** 3 Std. 45 Min.
- **Höchster Punkt:** 368 m
- **Steigung/Gefälle:** 549 m
- **Anspruch:** ★ ★ ★
- **Kalorien:** ♀ 1012 ♂ 1187

- **Tour-Download:** TP14TX6
  www.wander-touren.com

- **Tourist-Info:**
  Sonnige Untermosel
  Bahnhofstr. 44
  56330 Kobern-Gondorf
  ☏ 02607/4927
  www.sonnige-untermosel.de
  www.traumpfade.info

 scan&go
QR-Code mit dem internetfähigen Smartphone einscannen und Startpunkt direkt anzeigen lassen.

Tour 11

Burg Thurant bei Nacht. Auf dem Bleidenberg. Verschnaufpause im Grü

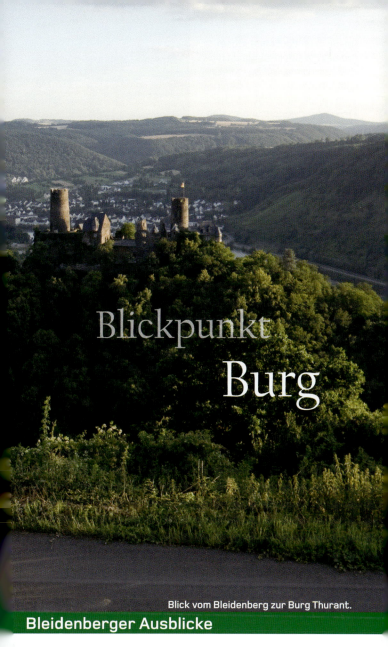

Blick vom Bleidenberg zur Burg Thurant.

Bleidenberger Ausblicke

Der Adel wusste schon immer, wo es schön ist – und so entstanden an den besten Aussichtspunkten prachtvolle Burgen. Königliche Ausblicke und historische Einblicke gewährt die Tour rund um Oberfell. Auf den Spuren von Kelten und Rittern bietet der Rundkurs reichlich Abwechslung und tolle Naturhöhepunkte.

In der beschaulichen Moselgemeinde Oberfell, gleich hinter der Kirche am Parkplatz „Im Kirchenstück" (1), beginnen wir die aussichtsreiche Traumpfadwanderung zu den „Bleidenberger Ausblicken". Davon gibt es reichlich, und es ist daher sinnvoll, von vornherein zusätzliche Zeit zum Genießen der tollen Ausblicke einzuplanen. Doch wer von einer gemächlichen Tour entlang des Moseltals träumt, der wird schon auf den ersten Metern nach dem Start vom Gegenteil überzeugt: Steil, sogar sehr steil führt der Traumpfad neben Reben und alten Weinbergsmauern

aufwärts. Doch schon von halber Hanghöhe aus bekommen wir beim kurzen Verschnaufen erste Kostproben der Ausblicke – und sind begeistert! Unser Pfad führt uns an einem kleinen Plateau nebst Schutzhütte vorbei zu einer großen Wegkreuzung: Hier quert ein breiter Wanderweg, wir aber halten uns mit dem orangen Traumpfad-Logo weiter geradeaus bergan. Der Schoppenstecherweg und die Moselerlebnisroute begleiten uns (übrigens mehrfach auf der heutigen Tour), und bunte Hecken säumen den Weg. Wir ignorieren die nach rechts abbiegenden Wege und wandern zwar noch immer aufwärts, aber deutlich flacher zum Schildberg hinauf. Links öffnet sich nach 900 m ein toller Blick zum markanten, kegelförmigen Karmelenberg und zu weiteren Vulkankegeln der Vordereifel. Vor einem Tannenwäldchen biegt der Weg nach rechts ab, und nach insgesamt 1.4 km haben wir die Schutzhütte „Auf dem Schild" (2) erreicht. An der Kreuzung biegen wir scharf links auf einen breiten Waldweg ab. Noch immer geht es aufwärts, doch der hochgewachsene und dennoch lichte Mischwald bietet ausreichend Abwechslung (und lenkt von der Anstrengung ab). Links passieren wir eine Wiese und folgen dem Traumpfad im leichten Bogen nach rechts auf die Hangflanke des

Sehenswertes

▶ Zwischen Oberfell und Alken führt der Themenweg „Zeitreise" über den Bleidenberg: Auf den Spuren der Sammler, Jäger, Kelten und Ritter geht es quer durch die Kultur- und Menschheitsgeschichte. Die prähistorische Fundstelle auf dem Berg stellt die Lebenssituation vor 800.000 Jahren dar. Beeindruckend ist besonders die Begegnung mit dem Waldelefanten – auch „der Koloss vom Bleidenberg" genannt – der

Himmelsschauspiel über dem Moselplateau.

Dickenbergs. Wir folgen dem Waldweg. Nach **2.7 km** erreichen wir die idyllisch an einem Wiesenrand gelegene Schutzhütte am Dickenberg (3), die mit einem Rastplatz und sagenhaften Ausblicken nach Südwesten aufwartet: Das ist Fern-Sehen pur!

Mittlerweile haben wir auch den höchsten Punkt der heutigen Wanderung überschritten und können es jetzt gemütlich angehen lassen. Nach kurzer Waldpassage treffen wir an einer weiten Wiesenfläche auf einen asphaltierten Weg. Hier biegen wir schnurstracks links auf einen weichen Wiesenweg ab und folgen ihm in weitem Rechtsbogen immer am Waldrand entlang um die ganze Offenfläche. Auch hier locken wieder traumhafte Fernsichten. Obwohl die Richtung mehrmals wechselt, wandern wir unbeirrt stets am Waldrand entlang und freuen uns an den ständig neuen Perspektiven. Nach **4.9 km** treffen wir auf die wenig befahrene K 71 und queren sie auf Höhe des kleinen Parkplatzes „Oberfeller Wegweiser" (4). Zunächst führt uns der Traumpfad außen am Wald entlang, bis wir dann auf einen Asphaltweg stoßen. Wir folgen ihm nun rechts in den herrlichen Mischwald hinein. Dort endet der Asphalt, und wir biegen an der

Bleidenberger Ausblicke

deutlich macht, wie furchterregend solch ein Tier für unsere Vorfahren gewesen sein muss.
ⓒ www.oberfell.de/touristik/wandern

Der Koloss vom Bleidenberg.

ersten Kreuzung rechts Richtung Alken ab. Was uns dort geboten wird, haben wir so nie und nimmer erwartet: Kaum haben wir die ersten Höhenmeter des gemächlichen Abstieges hinter uns, sehen wir rechts eine tiefe Schlucht. Wir wagen uns an die Kante und staunen über die fast senkrechte, etliche Meter tief eingeschnittene Klamm. Zwar führt sie heute nur selten Wasser, aber dennoch gehört nicht viel Fantasie dazu, sich die immensen Kräfte des Wassers vorzustellen, die für diesem Einschnitt verantwortlich waren.

Wir lassen uns von der einmaligen Natur um uns herum verzaubern und erhalten nach **6.7 km** bereits die nächste Lektion in Geologie: Links des Weges sind in einem längst aufgegebenen Steinbruch **(5)** sehr eindrucksvoll die steil gestellten Schichten des Grundgebirges angeschnitten. So bekommen wir quasi im Vorübergehen einen Eindruck von den urgewaltigen Kräften der Gebirgsbildung, die den harten Fels vor Zigmillionen Jahren mühelos aufgefaltet und deformiert haben. Nach so viel beeindruckender Natur gibt uns der weitere Abstieg ins Tal Gelegenheit, die Eindrücke zu verarbeiten. Doch kaum haben wir mit einem Schwenk nach rechts den Hauptweg im Alkener Tal erreicht, fordert die mächtige „Helmut's Eiche" am Wegesrand unsere Aufmerksamkeit. Begleitet vom leisen Murmeln des Alkener Bachs, treffen wir nach **7.8 km** an der Schutzhütte neben der nicht minder beeindruckenden „Link-Eiche" **(6)** ein und nehmen die Gelegenheit zur Rast am idyllischen Bach gerne wahr.

Gestärkt setzen wir die Tour fort und wandern auf dem breiten Forstweg nach Westen. An einer kleinen Schutzhütte geht es über den Bach, und ein weiterer, hinter dichten Büschen versteckter Steinbruch wird passiert. Nach **8.9 km** wechseln wir links auf einen engen Pfad, der nun auch wieder unsere Kondition fordert: Der nächste Bergrücken will erklommen werden. Unterwegs gibt es ausgiebig Gelegenheit, den großen Steinbruch auf der anderen Talseite in voller Schönheit zu bewundern: Unglaublich, mit welchen Wurzel-Kräften sich einzelne Bäume mitten in der Steilwand halten können. Dann sind wir oben und folgen mit kleinem Versatz dem Pfad nach rechts. Wenig später öffnet sich nach **9.3 km** der Wald, und wir stehen

Sehenswertes

▶ Hoch über Alken thront die **Burg Thurant** mit ihren markanten Doppeltürmen. Die sehr gut erhaltene Burganlage lädt zum Rundgang ein und entführt mit der authentischen Umgebung in die Welt des Mittelalters. Besonders die gepflegten Beete zwischen den historischen Mauern mit den zahlreichen verträumten Nischen begeistern auch erwachsene Besucher. ⏲ www.thurant.de

An der Kapelle St. Michael.

Bleidenberger Ausblicke

Burg Thurant.

am Parkplatz vor der imposanten Doppelburg Thurant (7). Ein Besuch der Burg mit den zwei Türmen lohnt sich in jedem Fall. In ihrem herrlich gepflegten Garten laden Sitznischen zum Verweilen ein. Sensationell ist der Ausblick ins Moseltal.

Nach diesem Ausflug ins Mittelalter geht es auf dem teilweise sehr engen Pfad auf der Ostseite der Burg weiter Richtung Alken. Beim Abstieg gelangen wir zu einem wunderbaren Aussichtsfelsen oberhalb eines weißen Kreuzes, den wir auf keinen Fall verpassen sollten. Danach wandern wir in Serpentinen abwärts (Achtung: Trittsicherheit ist hier vor allem bei feuchter Witterung unbedingt notwendig). Nach **10.1 km** liegt der abenteuerliche Pfad hinter uns, und wir haben St. Michael (8), eine kleine Kirche aus dem 11. Jahrhundert, erreicht. Die letzten Meter hinunter nach Alken sind schnell bewältigt, und vorbei an altehrwürdigen Häusern laufen wir rechts durch das alte Stadttor zur nächsten Herausforderung, dem Aufstieg zum Bleidenberg.

Schon von der Burg aus haben wir den Weg durch die Weinberge und die markanten Stationen des Kreuzwegs gesehen. Nun müssen wir den letzten Aufstieg der Tour, den „Sieben-Fußfälle-Klettersteig" bewältigen. Trittsicherheit und gutes Schuhwerk sind hier nun wirklich Pflicht, Wanderstöcke sind auf den Steilstücken ebenfalls hilfreich. Doch wir lassen uns nicht abschrecken und nehmen den Weinbergspfad unter die Füße. Einige Treppenstufen helfen uns bis zum ersten Querweg, wo es etwa 50 Meter nach rechts geht, bevor wir links per Treppe wieder auf einen Pfad gelangen. Dann setzt sich der Aufstieg entlang des Kreuzwegs fort. Unterwegs genießen wir bei kleinen Verschnaufpausen immer wieder den großartigen Ausblick auf die Burg Thurant und Alken. Das letzte Stück des Klettersteigs gibt es in zwei Schwierigkeitsstufen: Links geht es im steilen Direktaufstieg nach oben, rechts verläuft eine deutlich flachere, aber längere Variante. Nach **10.9 km** erreichen wir etwas erschöpft, aber vom Ausblick überwältigt das Ende des Pfades auf dem Plateau des Bleidenberges unweit der Dreifaltigkeitskirche (9). Ein Besuch dieser von außen eher unscheinbaren, aber stark frequentierten Wallfahrtskirche aus dem 13. Jahrhundert lohnt sich in jedem Fall.

Sehenswertes

▶ Unscheinbar, grau, fast profan – so erhebt sich auf dem Bleidenberg das Gebäude der bekannten Wallfahrtskirche. Doch hinter der unauffälligen Fassade mit der Turmruine versteckt sich ein Kleinod aus dem Mittelalter. Seit dem 13. Jahrhundert ist die Dreifaltigkeitskirche Ziel von frommen Pilgern: 1250 wurde die Dreifaltigkeitsprozession von Oberfell auf den Bleidenberg erstmals urkundlich erwähnt. Das Gewölbe der ursprünglich aus dem 10. Jahrhundert stammenden, dreischiffi-

Anschließend ist „Genusswandern pur" angesagt. Auf weichem Wiesenweg folgen wir immer der Hangkante zunächst nach Westen. Grandiose Ausblicke beweisen, dass dieser Traumpfad seinen Namen zu Recht trägt. An einem Felssporn biegt der Weg nach Norden ab, und es öffnen sich neue Perspektiven. Wir passieren eine kleine Schutzhütte und erreichen nach **11.9 km** eine rekonstruierte keltische Pfostenschlitzmauer (10). Wir sind also mittlerweile vom Mittelalter ins keltische Zeitalter gelangt, und so wundert es nicht, dass uns seit der Burg Thurant auch der Themenweg „Zeitreise" begleitet. Nur 50 Meter nach der Pfostenschlitzmauer wenden wir uns an einer Weggabelung nach links und folgen dem Naturweg leicht abwärts nach Nordosten. Von einer Bank aus haben wir Oberfell und den ersten Anstieg der Tour im Blick. Nach **12.3 km** steht eine Spitzkehre nach links unten an. Nun folgen wir dem Kreuzweg hinab nach Oberfell, wo dieser vielfältige Traumpfad nach aufregenden **12.7 km** „Im Kirchenstück" (1) endet.

In der Kapelle St. Michael.

Wallfahrtskirche am Bleidenberg.

Bleidenberger Ausblicke

gen gotischen Basilika besticht durch seine Schlichtheit. Das Interieur vermittelt auch im hektischen 21. Jahrhundert Ruhe und lädt zu besinnlichen Momenten ein. Der Ursprung der Kirche wird am Marienaltar im heutigen Ostchor vermutet.
Weitere Infos unter: www.themenweg-zeitreise.de www.oberfell.de

▶ **Strecke:**
Oberfell – Waldschlucht – Alkener Bach – Burg Thurant – Wallfahrtskirche – Bleidenberg

▶ **An-/Abreise:**
Anfahrt: Über die B 49 nach Oberfell oder von der A 61 bis Abfahrt Waldesch, weiter über die B 327 und die K 71.

Parken:
Oberfell — N50° 15' 30.7'' • E7° 26' 47.1''

▶ **ÖPNV:**
Zielhaltestelle: Oberfell Mitte
Linien: 301 (täglich) Koblenz Hbf – Dieblich – Burgen

▶ **TAXI:**
Allard ✆ 02605/2360

▶ **Einkehr:**
- Winzerschänke & Weingut Schweisthal, Moselstr. 22, 56332 Oberfell ✆ 02605/3371
- Landhaus Schnee, Moselstraße 1, 56332 Alken ✆ 02605/3383
- Winzer- und Weinstube Brachtendorf, Moselstraße 13, 56332 Alken ✆ 02605/2805 ⌨ www.winzerhofbrachtendorf.de
- Weitere Einkehrmöglichkeiten: ⌨ www.sonnige-untermosel.de

▶ **Übernachten:**
- Moselgasthaus Zur Krone, Moselstr. 11, 56332 Oberfell ✆ 02605/665
- Moselhotel Burg-Café, Moselstr. 11, 56332 Alken ✆ 02605/4443 ⌨ www.burg-cafe.de
- Weitere Übernachtungsmöglichkeiten: ⌨ www.sonnige-untermosel.de

▶ **Strecken- und Aussichtspunkte:**

P1	Startportal „Im Kirchenstück", Oberfell	Ost 389247 Nord 5568476
P2	Hütte „Auf dem Schild"	Ost 390250 Nord 5568866
P3	Hütte am Dickenberg	Ost 390658 Nord 5568112
P4	Querung K 71	Ost 392349 Nord 5567791
P5	Steinbruch im Alkener Bachtal	Ost 391656 Nord 5566897
P6	Hütte an der Link-Eiche	Ost 390903 Nord 5567038
P7	Burg Thurant	Ost 389691 Nord 5567307
P8	St. Michael	Ost 389394 Nord 5567608
P9	Wallfahrtskirche	Ost 389944 Nord 5567690
P10	Keltische Pfostenschlitzmauer	Ost 389239 Nord 5568091

Tour 11 Auf einen Blick

Schützhütte am Dickenberg.

Am Panoramaweg.

Streckenprofil

▶ Die Steilpfade am Moselhang sind im Winter schwierig zu begehen. Besser wandert man hier zwischen Frühling und Herbst.
▶ Aufgrund steiler Pfadan- und –abstiege benötigt man auf diesem Weg gute Trittsicherheit und gute Kondition. Für Anfänger weniger empfehlenswert.

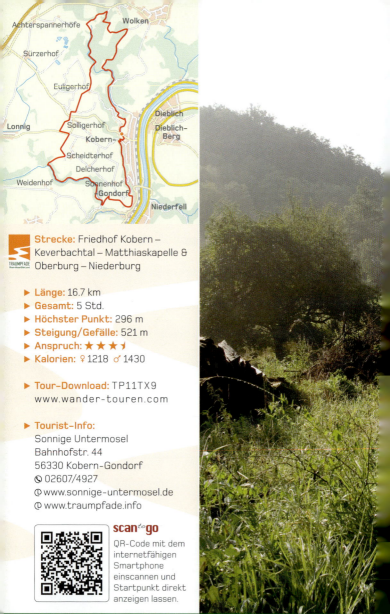

Strecke: Friedhof Kobern – Keverbachtal – Matthiaskapelle & Oberburg – Niederburg

- **Länge:** 16.7 km
- **Gesamt:** 5 Std.
- **Höchster Punkt:** 296 m
- **Steigung/Gefälle:** 521 m
- **Anspruch:** ★ ★ ★ ♪
- **Kalorien:** ♀ 1218 ♂ 1430

- **Tour-Download:** TP11TX9
  www.wander-touren.com

- **Tourist-Info:**
  Sonnige Untermosel
  Bahnhofstr. 44
  56330 Kobern-Gondorf
  ☎ 02607/4927
  www.sonnige-untermosel.de
  www.traumpfade.info

scan²go

QR-Code mit dem internetfähigen Smartphone einscannen und Startpunkt direkt anzeigen lassen.

Tour 12

Natur zum Anfassen. | Moseltrauben. | Matthiaskapelle.

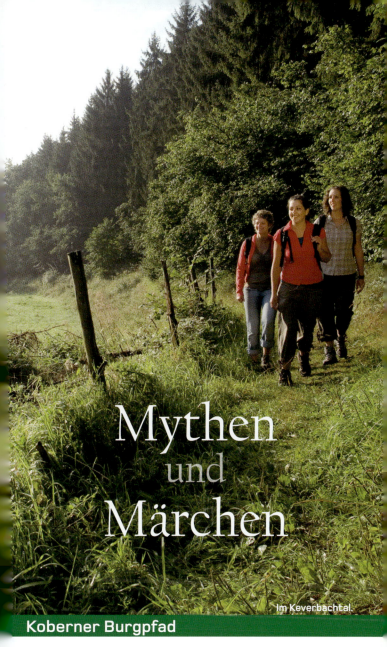

Im Keverbachtal.

Koberner Burgpfad

Taiga-Träume und Ritter-Romantik, grandiose Weitblicke und lauschige Bachtäler: Vom keltischen Goloring bis zur spätromanischen Matthiaskapelle verspricht der Koberner Burgpfad eine sprichwörtlich märchenhafte Tour auf fantastischen 16 700 Metern.

Im Ortsteil Kobern, direkt am Friedhof (1) legen wir los zur großen Rundtour auf keltischen Spuren. Der Einstieg gestaltet sich etwas unvermutet, steigen wir doch zunächst die Stufen zum Pfarrhaus empor, bevor es links auf engem Pfad weitergeht. Wir queren eine Wiese und schon beginnt im Wald auf einem Serpentinenpfad der erste Aufstieg des Tages. Wir passieren die „Schutzmantel Madonna" und werden nach **470 m** an einer Schutzhütte (2) hoch über der Mosel mit einem herrlichen Ausblick für die ersten Höhenmeter belohnt. Während Kobern tief unter uns liegt, grüßen die

Steg im Keverbachtal.

beiden Koberner Burgen und die eindrucksvolle Matthiaskapelle fast auf Augenhöhe vom benachbarten Felssporn. Bis wir dort kurz vor dem Zieleinlauf tatsächlich eintreffen, liegen aber noch fantastische 16 Kilometer vor uns.

Wir genießen noch einmal die Aussicht – und folgen dem (bald deutlich flacher verlaufenden) Pfad nach Süden. Immer wieder ergeben sich Blicke ins malerische Moseltal. Unterwegs begeistern uns nicht nur die zahlreichen Rastgelegenheiten, sondern vor allem die urwüchsige Natur des steilen Moselhangs. Schroffe Felsklippen mit den typischen Eichen wechseln mit üppigem Mischwald und Dschungel-Atmosphäre, wo Waldreben wie Lianen am Wegrand schwingen. Hier sind wir tatsächlich auf einem Traumpfad, wie wir ihn sonst nur aus dem Märchenbuch kennen.

Nach **1.6 km** endet der Pfad an einer asphaltierten Straße. Wir wenden uns, dem Logo folgend, rechts bergan. Nur 400 m später sind wir auf der Hochfläche angelangt, verlassen den Teer-

Sehenswertes

▶ **Der Goloring**, die vielleicht bedeutendste keltische Kultstätte auf dem europäischen Festland, findet sich unweit der „Eisernen Hand" an der L 52. Die zwischen 1200 und 800 vor Christus angelegte doppelringförmige Kultstätte ähnelt stark den bekannten Keltenrelikten in England oder Irland (z.B. Stonehenge) und ist gleichzeitig eine riesige Sonnenuhr. Der Goloring ist derzeit nicht zugänglich.

weg beim Abzweig nach links und biegen auf einen naturbelassenen Feldweg ab. Entlang der Hangkante geht es – mit immer neuen Aussichten – nach Westen. Dabei haben wir Gelegenheit, die Besonderheiten des Moselweinbaus genauer zu studieren: Lastenbahnen auf Schienen oder Rebenzucht am Hochstamm – alles können wir live erleben. Auch die Technik hat diesen sonnenverwöhnten Standort längst für sich entdeckt – das verdeutlicht ein großes Solarfeld am Wegesrand. Wir folgen unbeirrt der Hangkante und biegen am Ende eines Weinbergs halb links in einen von Hecken dicht umwachsenen Feldweg ab. Einige Meter tiefer gelangen wir nach **3.3 km** an eine Wegkreuzung und halten uns scharf links talwärts. (Der felsige Untergrund des Weges verlangt vor allem bei Nässe gute Trittsicherheit!) Im Tal angelangt, biegen wir nach rechts ab und erreichen die Gerlachsmühle (3). Sie beherbergt heute ein Weingut. Unmittelbar bei den Gebäuden überspringt der Traumpfad nach **3.7 km** den munteren Keverbach und wir sind gespannt, was uns in dem langsam enger werdenden Tal erwartet.

Kaum hat sich der Wald um uns geschlossen, sind wir mitten in einer neuen Traumlandschaft! Idyllisch plätschert der Keverbach mal schnell und gerade, mal in Mäandern verschlungen durch das Tal. Stege (Vorsicht, bei feuchtem Wetter rutschig!) helfen uns mehrfach über das kühle Nass, und wir geben uns ganz dem Naturgenuss hin. Keine störende Zivilisation, herrliche Stille und eine sehr abwechslungsreiche Flora machen die Passage durch das Keverbachtal zu einem wirklichen Höhepunkt. Viel zu schnell

Koberner Burgpfad

Keltische Kultstätte: der Goloring.

gelangen wir, an eindrucksvollen Klippen und selten gewordenem Erlenwald vorbei, zu einer großen Wegkreuzung. Hier biegen wir nach **5.9 km** rechts ab und kehren dem Keverbach endgültig den Rücken. Stramm geht es mal wieder aufwärts, doch oben belohnt uns die weite Sicht über das freie Feld für die Anstrengung.

Wir laufen zum nahen Gehöft des Scheidterhofs, biegen aber kurz davor nach links auf freies Feld ab. Am ersten Feldweg schwenken wir wieder nach rechts und laufen schnurstracks bis zur Wegkreuzung an der Straße. Hier bleibt uns der Asphalt erspart, denn wir dürfen links auf einem weichen Wiesenweg neben der K 50 entlanglaufen. Bei **Kilometer 7.3** queren wir die K 50 und folgen dem vor uns liegenden Feldweg durch die offene Flur. So stoßen wir am Rand der Siedlung Solligerhof auf eine Anliegerstraße, die uns zügig nach links zur L 117 bringt (4). Ein weiterer Wiesenweg führt uns bergan zum nächsten Querweg, der sich als asphaltierter Wirtschaftsweg entpuppt. Wir laufen nach rechts, doch schon 150 m später nehmen wir den ersten Feldweg nach links und spüren wieder weichen Boden unter den Füßen. Von der bald erreichten Anhöhe aus genießen wir eine großartige Panoramaaussicht, deren Mittelpunkt die Matthiaskapelle markiert. Das Auf und Ab setzt sich fort, und nach **9 km** treffen wir am einsam gelegenen Euligerhof ein.

Wir behalten die Hauptrichtung bei, lassen die Weide rechts liegen und wandern bei gutem Blick auf die Umgebung an den bunten Hecken nordwärts. Langsam gewinnen wir an Höhe und

Sehenswertes

▶ Jederzeit zugänglich sind in Kobern die altehrwürdigen Mauern der eindrucksvollen **Ruine der Niederburg**. Nach Herzenslust können hier kleine Ritter und Burgfräulein auf Entdeckertour gehen. Die Burg stammt aus dem 12. Jahrhundert und wurde auf Relikten einer römischen Befestigungsanlage erbaut. Heute zeugt der mächtige Bergfried vom oft rauen Leben im Mittelalter.

Harte Arbeit im Weinberg, aber die Niederburg fest im Blick.

biegen nach **9.5 km** an einem Hochsitz erst links, 20 m später aber rechts in den nahen Wald ab. Es geht abwärts, ein leise murmelndes Rinnsal queren wir – und stehen im Hochwald an der nächsten Kreuzung. Hier halten wir uns links, ignorieren den 50 m später abzweigenden Moselhöhenweg und laufen an der Orientierungstafel nach links auf breitem Waldweg noch immer nach Norden. Zahlreiche Traumpfad-Logos weisen uns den Weg, und so ist Verirren quasi unmöglich. Wir passieren einige im Wald verborgene Teiche, lassen ein paar nach rechts abzweigende Wege unbeachtet und finden uns nach **10.9 km** auf freiem Feld wieder. Fast unter der Trasse einer Stromleitung halten wir uns an einer Kreuzung rechts. Geradeaus zweigt hier der Zuweg zum Goloring **(5)** ab. Wir streben dem nahen Wald zu, wo die Schleife vom Goloring wieder mündet. Im Hochwald führt uns der Traumpfad auf bequemem Weg bergan, bis wir nach **11.7 km** per Spitzkehre nach rechts laufen. Geradeaus befindet sich, etwa 100 m entfernt, der Parkplatz „Eiserne Hand" **(6)**.

Koberner Burgpfad

Der Burgfried der Niederburg.

Je weiter wir dem Traumpfad durch den Hochwald nach Südosten folgen, desto leiser werden die Geräusche der nahen A 48. Spätestens beim nächsten radikalen Richtungswechsel nach links lassen wir uns aber nicht mehr ablenken und freuen uns wieder über Natur pur. Der weiche Waldweg fordert Kondition, denn es gilt knapp 40 Höhenmeter zu überwinden.

Der Kreuzweg verbindet die Burgen.

Kaum biegt der Koberner Burgpfad aber schließlich nach rechts, sind die Mühen vergessen, denn vor uns öffnet sich ein vollkommen neues Szenario: Fast wie in der Taiga erstreckt sich vor uns ein Birkenwald, durch den wir nun auf dem Damm eines längst verlandeten Schlammteiches wandern dürfen. Mitten durch das Naturschutzgebiet führt uns der Pfad im Bogen zu einer weiten Schneise, wo wir uns links halten. Wenig später geht es nach rechts wieder in „normalem" Mischwald weiter.

Die folgenden Richtungswechsel sind dank perfekter Markierung kein Problem, und so erreichen wir nach **13 km** den Waldrand – und eine tolle Aussicht auf Wolken **(7)** und Umgebung. Übrigens: Wer hier 200 m nach links läuft, trifft auf den Rheinburgenweg, der auf gut 200 km von Bingen bis zum Rolandsbogen die Höhepunkte des linksrheinischen Mittelrheintals erschließt. Wir wenden uns am Waldrand nach rechts und laufen gemächlich abwärts. Nach 500 m folgen wir dem linken Weg in den Wald und entspannen uns beim gemütlichen Abstieg auf breitem Weg. Eine besondere Erfrischung hält der Traumpfad nach **14.7 km** am Sauerbrunnen **(8)** bereit: Am Rastplatz kann man direkt aus dem Brunnen kühles Mineralwasser kosten – auf eigene Gefahr ... Wer hier auf den Geschmack gekommen ist, der erhält, kaum haben wir den breiten Weg an einer weiteren Orientierungstafel nach rechts über den Bach verlassen, eine zweite Gelegenheit: Bei **Kilometer 15.1** können am Quidoborn **(9)** die Trinkflaschen ebenfalls gefüllt werden.

Sehenswertes

▶ Sie thront, flankiert von den Resten der Oberburg, hoch über dem Moseltal und dem Ortsteil Kobern: die aus dem 13. Jahrhundert stammende Matthiaskapelle. Die spätromanische, gedrungene Kapelle zählt zu den bedeutendsten Sakralbauten an der Untermosel. Unter dem Eindruck der Templerkirche Tomar hatte Heinrich I. von Kobern nach der Rückkehr vom Kreuzzug die Matthiaskapelle zur Aufbewahrung einer Reliquie erbauen lassen. Das Haupt des Apostels Matthias fand für immer-

Einkehr an der Matthiaskapelle.

Nun wandern wir auf herrlichem Pfad fast ohne Höhenunterschied durch den Hang. Etwas unterhalb begleitet uns ein kleiner Wasserzulaufgraben. Und dann kommt, was wir längst befürchtet haben: der Schlussanstieg! Doch alles ist halb so wild, und nach knapp **16 km** stehen wir an der Matthiaskapelle **(10)**.

Neben diesem kulturellen Höhepunkt lockt auch noch eine Superaussicht. Der Endspurt des Koberner Burgpfads ist wirklich spektakulär und führt uns von der Oberburg über den Kreuzweg abwärts. Die Ruine der Niederburg kann über einen Stichweg von der ersten Kreuzweg-Station aus erreicht werden **(11)**. Der eigentliche Traumpfad folgt aber dem Serpentinenpfad hinunter ins Mühltal – um nach **16.7 km** wieder am Startpunkt in Kobern **(1)** einzutreffen.

Koberner Burgpfad

hin 150 Jahre in der teilweise etwas orientalisch anmutenden Kirche einen gebührenden Ehrenplatz. ⊙ Die Kirche kann von Palmsonntag bis Allerheiligen immer sonntags und an Feiertagen von 11–17 Uhr besichtigt werden. Kostenpflichtige Führungen sind nach Voranmeldung (Tourist-Info: ☏ 02607/19433) jederzeit möglich.

▶ **Strecke:**
Friedhof Kobern – Keverbachtal – Matthiaskapelle & Oberburg – Niederburg

▶ **An-/Abreise:**
Über die B 416 entlang der Mosel nach Kobern-Gondorf.

▶ **Parken:**
Pfarrhaus   *N 50° 18' 33.3'' • E7° 27' 19.6''*

▶ **ÖPNV:**
Zielhaltestelle: Kobern-Gondorf Bahnhof
Linien: RE 1 „Mosel-Saar-Express" (täglich) Koblenz – Trier – Saarbrücken
         RB 81 „Moseltal-Bahn" (täglich) Koblenz – Trier

▶ **TAXI:**
- Henzgen ☏ 02607/4727
- Pilcher ☏ 02607/4562
- Gigi's ☏ 02607/960304

▶ **Einkehr:**
- Restaurant Oberburg, Mühlental/Oberburg, 56330 Kobern-Gondorf
  ☏ 02607/8647 ⊙ Mo. & Di. Ruhetag,
- Gasthaus Kastorschänke, Fährstr. 20, 56330 Kobern-Gondorf
  ☏ 02607/972037
- Gasthaus Zum Weinfass, Bahnhofstr. 2, 56330 Kobern-Gondorf
  ☏ 02607/6762 ⊙ Di. Ruhetag
- Alte Mühle Höreth, Mühlental 17, 56330 Kobern-Gondorf ☏ 02607/6474

▶ **Übernachten:**
- Hotel Zur Kupferkanne, Lutzstr. 20, 56330 Kobern-Gondorf
  ☏ 02607/342 ⊕ www.zur-kupferkanne.de
- Weinhaus-Hotel-Restaurant, Heinrich Haupt, Marktstr. 12,
  56330 Kobern ☏ 02607/9630350 ⊕ www.hotel-haupt.de
- Weitere Übernachtungsmöglichkeiten: ⊕ www.sonnige-untermosel.de

▶ **Strecken- und Aussichtspunkte:**

P1	Friedhof	*Ost 389977 Nord 5574205*
P2	Aussichtshütte	*Ost 389943 Nord 5574040*
P3	Gerlachsmühle: Keverbachtal	*Ost 389350 Nord 5572497*
P4	Querung L 117	*Ost 388577 Nord 5574749*
P5	Abzweig zum Goloring	*Ost 389139 Nord 5577137*
P6	Abzweig „Eiserne Hand"	*Ost 389721 Nord 5577456*
P7	Aussicht auf Wolken	*Ost 390239 Nord 5576946*
P8	Sauerbrunnen	*Ost 389809 Nord 5575723*
P9	Quidoborn	*Ost 389705 Nord 5575531*
P10	Matthiaskapelle & Oberburg	*Ost 389922 Nord 5574704*
P11	Abzweig Niederburg	*Ost 390023 Nord 5574401*

Tour 12   Auf einen Blick

Urig: Keverbachtal.   Moselwein.

Streckenprofil

▶ Am besten eignet sich der Sommer für eine Tour auf dem Koberner Burgpfad, denn dann präsentiert sich die Natur besonders reizvoll und abwechslungsreich.
▶ Der Koberner Burgpfad verlangt sehr gute Kondition und Trittsicherheit und ist nur für gut trainierte und geübte Wanderer empfehlenswert.

 Strecke: Brodenbach – Teufelslay – Nörtershausen – Brodenbachtal – Ehrenburg – Ehrbachtal

- **Länge:** 18.6 km
- **Gesamt:** 5 Std. 30 Min.
- **Höchster Punkt:** 380 m
- **Steigung/Gefälle:** 749 m
- **Anspruch:** ★ ★ ★ ★
- **Kalorien:** ♀ 1451 ♂ 1702

- **Tour-Download:** TP15TX5
  www.wander-touren.com

- **Tourist-Info:**
  Sonnige Untermosel
  Bahnhofstr. 44
  56330 Kobern-Gondorf
  ☏ 02607/4927
  ⓘ www.sonnige-untermosel.de
  ⓘ www.traumpfade.info

 scan & go
QR-Code mit dem internetfähigen Smartphone einscannen und Startpunkt direkt anzeigen lassen.

Tour 13

Ehrenburg. | Spektakel auf der Ehrenburg. | Tolle Moselblicke.

Wilder Brodenbach.

Bergschluchtenpfad Ehrenburg

Sportliche Herausforderung, Romantik, Naturgenuss und Spannung auf hohem Niveau: Der Bergschluchtenpfad bietet grandiose Landschaften, steile Moselhänge und sensationelle Fernsichten.

Mitten in Brodenbach (1) beginnen wir am Parkplatz zwischen B 49, Salzwiese und der Rhein-Mosel-Straße die anspruchsvolle Tour auf dem „Bergschluchtenpfad Ehrenburg". Zunächst halten wir uns am Kaufhaus rechts und folgen dann links der ruhigen Rhein-Mosel-Straße an zahlreichen Lokalen vorbei nach Nordosten. Nach der Passage durch die ruhigen Gassen treffen wir an der Brücke über den Brodenbach an der B 49 ein. Doch sogleich dürfen wir an der Polizeistation rechts auf „Niederbach" abbiegen. Schnell ebbt die Hektik des Moseltals ab, und der schmale Asphaltweg

führt uns in den lichten Wald des Brodenbachtals. Nach **800 m** geht es dann richtig los: Wir queren gemeinsam mit dem M des Moselhöhenwegs per Steg (2) den kleinen Bach, danach ein altes Steinbruchareal und wenden uns dann dem steil ansteigenden Pfad zu.

Der Traumpfad macht hier seinem Namen alle Ehre: Es geht auf herrlichem Pfad das schluchtenartige, sehr steile Tal bergan. Schnell wird uns klar, dass diese Tour ganz schön kräftezehrend werden wird. Doch wir wären nicht auf einem Traumpfad unterwegs, wenn nicht bald die erste Belohnung in Form einer fantastischen Aussicht von exponiertem Felssporn aus erreicht wäre. So können wir, immerhin schon auf 180 Meter Höhe angelangt, an dieser ersten Bank wieder zu Atem kommen und dabei das Moseltal aus der Vogelperspektive bewundern.

Der Pfad setzt sich zum Teil recht eng im Steilhang fort und gewinnt weiter an Höhe. Trittsicherheit ist heute wirklich vonnöten, und ohne festes Schuhwerk und eventuell auch einen Wan-

Sehenswertes

▶ Noch mehr Wanderspass bietet zwischen Morshausen und dem Baybachtal die neue Traumschleife „Murscher Eselesche". Diese 10.5 km lange, mittelschwere Premium-Rundtour besticht mit toller Wegführung, klasse Ruheplätzen und einer Einkehr auf halber Strecke.
Infos: www.saar-hunsrueck-steig.de
▶ Buchtipp: Traumschleifen, Bände 1 bis 3

Abkühlung für müde Füße.

derstock sollte man diese Wanderung erst gar nicht beginnen. Nach **1.8 km** flacht der tolle Pfad etwas ab, und wir können von der Schutzhütte Teufelslay (3) wieder eine großartige Aussicht genießen. Neben der Sicht begeistert uns aber auch die typische Vegetation der Steilhänge mit niedrigen Krüppeleichen und sogar Erika, die auf dem kargen Felsboden ihr Dasein fristen. 200 m später gelangen wir an eine Weggabelung und trennen uns vom Moselhöhenweg: Während dieser geradeaus nach Alken führt, biegen wir, dem orangen Traumpfadlogo auf der Spur, nach rechts aufwärts ab. Wenig später stehen wir an der L 207 und queren die Straße ein erstes Mal.

Auf der anderen Seite folgen wir dem alten Waldweg nach rechts und machen weitere Höhenmeter gut. Wir laufen so bis zu einer Wiesenquerung und stoßen bald auf einen geschotterten Wirtschaftsweg, der uns links hinauf zum Schafberg bringt. Dort geht es auf weichen Waldwegen einmal um die Kuppe herum, bevor wir absteigen und eine kleine Hütte mitten im Wald passieren. Schon hören wir wieder die L 207, doch bevor wir dort anlangen,

Bergschluchtenpfad Ehrenburg

Abenteuerliches Donnerloch.

Ausblick zur Mosel.

biegen wir links ab und stoßen nach **3.6 km** am Waldrand auf einen Feldweg. Wir laufen nach links, um nur 100 m später rechts per Wiesenweg über die offene Flur zu wandern. Weit schweift der Blick über die Felder, und wir können die bevorstehenden Richtungswechsel gut verfolgen. Bei **Kilometer 4** queren wir zum zweiten Mal die L 207 **(4)**, laufen kurz nach links, um dann rechts auf den ersten Feldweg zu schwenken. Wir wandern leicht abwärts, treffen auf einen Asphaltweg und wenden uns nach rechts. Doch schon nach 150 m dürfen wir wieder links auf weichem Feldweg die Route fortsetzen.

Nun stehen uns zahlreiche Richtungsänderungen bevor, die wir aber dank der sehr guten Markierung und Wegweisung alle problemlos meistern. Wir passieren einige Viehweiden, und auch das Gehöft „Wildenbungert" bleibt links liegen. Dann folgen wir der Hangkante und sind fast wieder an der L 207 angelangt. Hier biegen wir halb rechts ab und laufen auf breitem Waldweg im Bogen um ein Kerbtal herum, bevor es am Feldrand neben einem Fichtenbestand bergan zum Rand von Nörtershausen geht. Von einer Ruhebank können wir die phänomenale Aussicht **(5)** über die Felder zum Moseltal und bis in die Vordereifel so richtig

Sehenswertes

▶ Ritterabenteuer, Mittelaltertage und Spektakel – rund ums Rittertum wird auf der Ehrenburg jede Menge Abenteuer und Spaß geboten. Für einen Besuch sollte man in jedem Fall genug Zeit einplanen! Infos zum Erlebnisprogramm (Eintritt kostenpflichtig) ⏲ www.ehrenburg.de

genießen! Unmittelbar am Zaun des ersten Hauses biegen wir rechts auf den weichen Grasweg ab und laufen nun immer am Rand der Anwesen nach Südwesten. Nach **7.2 km** müssen wir einen kleinen Bogen nach rechts zu einer Tannenbaumplantage machen, stoßen aber mit dem links abzweigenden Weg wieder an den Ortsrand. In Sichtweite des rund 100 m vor uns liegenden Friedhofes biegen wir an einem Holzkreuz rechts auf einen Waldwirtschaftsweg ab und laufen jetzt gemächlich bergab. Bald weicht der Wald zurück, und wieder können wir die herrliche Fernsicht auskosten. Nach **8.1 km** erreichen wir eine Schutzhütte **(6)**, die zur Rast einlädt.

Anschließend folgen wir dem breiten Weg in großem Bogen um den Rücken des „Langen Berges" und tauchen wieder vollkommen ein in den hochgewachsenen Mischwald. An der Wegböschung tritt der felsige Untergrund eindrucksvoll zu Tage, und so gestaltet sich der Abstieg Richtung Tal sehr kurzweilig. Unmittelbar nach der nächsten Wegschleife gabelt sich der Weg, und wir halten uns rechts. Wir durchlaufen die Ostflanke des Brodenbachtals, verlieren kontinuierlich an Höhe und erfreuen uns am spektakulären Seitencanyon und den schroffen

Bergschluchtenpfad Ehrenburg

Ehrenburg: Mittelalter zum Mitmachen.

Felsklippen am Wegesrand. Schließlich stößt unser Weg im Tal auf einen breiten Forstweg, und wir laufen weiter geradeaus. Vor uns sehen wir schon die Schutzhütte **(7)**, an der wir nach **10.5 km** links zum Steg über den Brodenbach abbiegen. Nun wird es wildromantisch! Auf engem Pfad erklimmen wir die Schlucht des Brodenbachs, lauschen dem Plätschern des Wassers und sind vom Wegverlauf sehr angetan. Besonders am Donnerloch **(8)**, bei **Kilometer 11.7**, zieht uns die urwüchsige Natur mit dem tief in die Schlucht eingegrabenen Wasserlauf, den grandiosen Felsen und der sehr artenreichen Flora in ihren Bann! Begeistert laufen wir durch das nahezu unberührte Tal. An einer Weggabelung halten wir uns mit dem Bach rechts. Auf Höhe der Grünemühle holt uns der anstrengende Teil des Traumpfades wieder ein: Nach **12.4 km** beginnt mit einer Spitzkehre nach rechts der sehr steile Aufstieg zurück zum Hochplateau. Kurz, aber heftig geht es gute 120 Höhenmeter aufwärts. Doch oben angelangt, bietet am Waldrand ein Rastplatz Gelegenheit zum Verschnaufen.

Danach wandern wir zur nahen K 72, die wir auf Höhe der Zufahrt zum Parkplatz der Ehrenburg queren. Als Fußgänger folgen wir der Straße 50 m nach rechts, bevor wir links auf einen geschotterten Feldweg wechseln. Höhenparallel wandern wir abwechslungsreich zum Waldrand und stoßen dort auf die asphaltierte (aber gesperrte) Zufahrt zur Burg. Nun folgen wir der Teerstraße und können nach einer Biegung schon den ersten Blick auf die mächtige Burg werfen. Hoch über dem Tal beherrscht die Ehrenburg mit trutzigen Mauern und eindrucksvollem Turm die ganze Umgebung. Authentisches Mittelalterflair kommt auf, fast schon meinen wir, den Hufschlag eines Ritters hoch zu Ross zu vernehmen. Und tatsächlich ist in der Sommersaison auf der Ehrenburg mächtig was los in puncto Rittertum und Mittelalter. Nach **13.3 km** stehen wir schließlich an der Brücke zur Burg **(9)**. Der Traumpfad führt an der Brücke links auf schmalem Pfad abwärts, wendet sich dann unter der Brücke hindurch kurz nach Osten, bevor er mit einem weiteren Bogen nordwestwärts ins Ehrbachtal absteigt. Unterwegs werden uns grandiose Blicke hinauf zur Burg geboten.

Bei **Kilometer 15.1** treffen wir am Sonnenwinkel auf den Weg der Ehrbachklamm und laufen nach rechts Richtung Campingplatz und

Sehenswertes

▶ Hart und mächtig ist er, der blaugraue Schiefer – und dennoch hat das leise murmelnde Wasser des Ehrbachs eine tiefe Schlucht in das uralte Gestein geschnitten. Das Ergebnis ist die Ehrbachklamm, ein echtes Wanderparadies zwischen Hunsrückhöhen und Moseltal. Wer die Schlucht des Ehrbachs zu Fuß erkunden will, der sollte eine Wanderung auf dem Premiumrundweg „Traumschleife Ehrbachklamm" (▶ Traum-

Luftiger Ausblick vom Turm der Ehrenburg.

Gasthaus Vogelsang (10) weiter. Auf der Waldseite passieren wir das Areal und erreichen schließlich die L 206. Kurz geht es links über die Brücke, dann queren wir die Straße und laufen auf breitem Weg einmal mehr bergan. Abzweigende Wege ignorieren wir und folgen dem Wanderweg über einige Windungen stetig bergan. Erst nach **16.7 km** auf einer Höhe von 205 m geht es mit einer sehr scharfen Kehre nach rechts auf den „Sonnenringpfad".

Sehr kurzweilig und mit Auf und Ab folgt der Traumpfad diesem alten Wanderweg durch den abwechslungsreichen Wald. Auch hier ist wieder Trittsicherheit notwendig, denn der Hang fällt neben dem Pfad teilweise sehr steil ab. Um die herrliche Aussicht von den Felsklippen (11) bei **Kilometer 17.3** zu genießen, sollte man daher hier auch unbedingt verweilen. Schließlich ist es geschafft: Der Traumpfad beginnt nun deutlich an Höhe zu verlieren. An der Schutzhütte „Tempelchen" biegen wir rechts auf einen engen Pfad ab, der zum Teil unter der Stromleitung talwärts verläuft. Eine Kehre nach rechts dürfen wir nach dem ersten Drittel nicht verpassen. So gelangen wir nach **18.1 km** schließlich ans Ehrenmal (12), das uns einen guten Blick auf Brodenbach und die Mosel gewährt. Ab jetzt klingt der Traumpfad gemütlich aus. Wir laufen am Ehrenmal nach links, stoßen nach einer letzten Wendung auf den asphaltierten Weg „Im Moorkamp" und erreichen an der Kirche die „Salzwiese". Hier wenden wir uns nach links, folgen der Salzwiese an der nächsten Kreuzung nach rechts, lassen den Wohnmobilstellplatz rechts liegen und treffen nach **18.6 km** etwas müde, aber dafür umso begeisterter von diesem großartigen Wandertag wieder am Startpunkt in Brodenbach (1) ein.

Bergschluchtenpfad Ehrenburg

schleifen Band 2) unternehmen, Die Tour startet in Oppenhausen und erschließt die schönsten Abschnitte in und rund um die Ehrbachklamm auf insgesamt 15.8 km. Dem Fels abgerungen, windet sich der Pfad talwärts. Berührungsängste mit dem Wasser sind schnell abgebaut, und auf Holzstegen und Steintritten erlebt man bis zur Eckmühle eine zauberhafte, urwüchsige Natur. Infos: www.rhein-mosel-dreieck.de

▶ **Strecke:**
Brodenbach – Teufelslay – Nörtershausen – Brodenbachtal – Ehrenburg – Ehrbachtal

▶ **An-/Abreise:**
Über die B 49 entlang der Mosel nach Brodenbach. Von der A 61 Abfahrt Waldesch, weiter über die L 207 an die Mosel. Ein weiterer Einstiegspunkt ist die Ehrenburg.

▶ **Parken:**
Moselufer   N50° 13' 42.0'' • E7° 26' 45.5''

▶ **ÖPNV:**
Zielhaltestelle: Brodenbach Niederbach
Linien: 301 (täglich) Koblenz Hbf – Dieblich – Burgen

▶ **TAXI:**
Ewald ☎ 02605/4700

▶ **Einkehr:**
- Gasthaus Vogelsang, Rhein-Mosel-Str. 63, 56332 Brodenbach (auch Übernachtung und Camping) ☎ 02605/1437 ⊙ Di. Ruhetag
- Weitere Einkehrmöglichkeiten: ⓘ www.sonnige-untermosel.de

▶ **Übernachten:**
- Hotel Peifer, Moselufer 43, 56332 Brodenbach ☎ 02605/756
- Burghotel Ehrenburg, 56332 Brodenbach ☎ 02605/3077
- Weitere Übernachtungsmöglichkeiten: ⓘ www.sonnige-untermosel.de

▶ **Strecken- und Aussichtspunkte:**

P1	Brodenbach Parkplatz	Ost 389052 Nord 5564918
P2	Steg Niederbachstraße	Ost 389469 Nord 5565271
P3	Schutzhütte Teufelslay	Ost 389482 Nord 5565766
P4	2. Querung L 207	Ost 390583 Nord 5566009
P5	Aussicht Nörtershausen	Ost 391527 Nord 5565141
P6	Schutzhütte Langer Berg	Ost 390618 Nord 5564435
P7	Schutzhütte Brodenbachtal	Ost 389961 Nord 5564731
P8	Donnerloch	Ost 390614 Nord 5564034
P9	Ehrenburg	Ost 389836 Nord 5563175
P10	Campingplatz: Gasthaus	Ost 389152 Nord 5564397
P11	Aussicht	Ost 388799 Nord 5564323
P12	Ehrenmal	Ost 388912 Nord 5564682

Tour 13   Auf einen Blick

Kapelle bei Nörtershausen   Perfekt markier

Streckenprofil

▶ Im Winter sind einige Pfade witterungsbedingt nicht oder nur schwer begehbar. Beste Jahreszeiten sind Sommer und Herbst.
▶ Der „Königsweg" unter den Traumpfaden verlangt sehr gute Kondition und Trittsicherheit. Nichts für Ungeübte und Anfänger.

Traumpfade Eifel

14	Booser Doppelmaartour	S. 148
15	Vulkanpfad	S. 156
16	Wacholderweg	S. 166
17	Heidehimmel Volkesfeld	S. 174
18	Bergheidenweg	S. 184
19	Nette-Schieferpfad	S. 192
20	Virne-Burgweg	S. 202

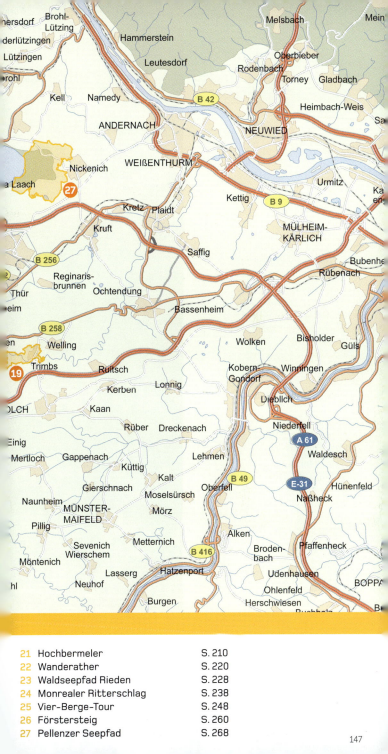

21	Hochbermeler	S. 210
22	Wanderather	S. 220
23	Waldseepfad Rieden	S. 228
24	Monrealer Ritterschlag	S. 238
25	Vier-Berge-Tour	S. 248
26	Förstersteig	S. 260
27	Pellenzer Seepfad	S. 268

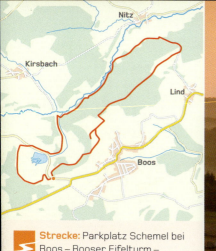

Strecke: Parkplatz Schemel bei Boos – Booser Eifelturm – Nitzbachtal – Booser Weiher

- **Länge:** 9.4 km
- **Gesamt:** 2 Std. 45 Min.
- **Höchster Punkt:** 571 m
- **Steigung/Gefälle:** 161 m
- **Anspruch:** ★ ↗
- **Kalorien:** ♀ 606 ♂ 711

- **Tour-Download:** TPX7T13
  www.wander-touren.com

- **Tourist-Info:**
  Touristik-Büro Vordereifel
  Kelberger Str. 26
  56727 Mayen
  ☎ 02651/800959
  ⏱ www.vordereifel.de
  ⏱ www.traumpfade.info

scan to go

QR-Code mit dem internetfähigen Smartphone einscannen und Startpunkt direkt anzeigen lassen.

Tour 14

Am Lava-Aufschluss. · Booser Eifelturm. · Blick vom Eifelturm.

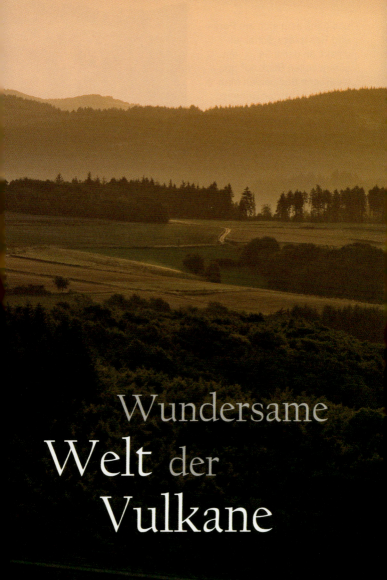

Wundersame Welt der Vulkane

Friedliche Abendstimmung bei Boos.

Booser Doppelmaartour

Unterwegs im Feuerland: Was heute so unscheinbar als Fischteich daherkommt, war vor 35 000 Jahren Schauplatz dramatischer Ereignisse. Heißes Magma feuerspeiender Vulkane traf auf große Mengen Wasser. Es kam zur Riesenexplosion und zur Geburt eines Doppelmaares. Heute erschließt ein Traumpfad die feurige Vergangenheit.

Grünes Naturidyll statt Lavaglut.

Los geht es gleich am Park- und Rastplatz Schemel direkt an der L 94 (1) mit einem tollen Blick auf das westliche der beiden Maare. Idyllisch liegt der Booser Fischteich im Westmaar im Tal. Am Horizont zeichnet sich die Silhouette der Nürburg ab, und wer genau hinschaut, wird auch die Tribüne des berühmten Nürburgrings ausmachen können. Doch uns zieht es heute zu den Spuren des Feuerlands, das die Eifel vor gut 35 000 Jahren gewesen ist. Von wegen Ruhe, Natur und Fischteich – damals ging es hier heiß her! Mehrere Vulkane spien Feuer und Asche, giftiger Rauch hing in der Luft, und Lavabomben sausten umher. Keine Gegend zum Wandern. Zum Glück ist das heute Vergangenheit, doch die Doppelmaartour ermöglicht uns, Spuren und Relikte der vulkanischen Aktivitäten zu erkennen. So brechen wir vom Parkplatz auf, geleitet vom markanten Logo, und folgen dem Wanderweg zunächst am Waldrand entlang. Schon nach 150 m erklären uns erste Info-Tafeln die Lage des Doppelmaares. Nach einer kurzen Passage durch den lichten Wald, öffnet sich der Blick auf das weniger deutlich zu erkennende Ostmaar, weitere sechs aufwendig gestaltete Tafeln erläutern den Vulkanismus. Es gehört schon Fantasie dazu, sich angesichts der herrlichen Umgebung ein wahres Höllenszenario vorzustellen.

Doch uns bleibt nicht viel Zeit zum Grübeln, denn nach einer Bank ist zunächst einmal Kondition gefragt: Der Traumpfad biegt scharf rechts bergan ab, und wir müssen die steile Flanke des Schneebergs bezwingen. Oben angekommen, wenden wir uns nach links und passieren eine Schutzhütte. Am Waldrand entlang wandern wir nach Nordosten und genießen die schöne Aussicht nach Südosten. Hecken und Gebüsche begleiten uns, bis es nach einer Kurve bei Kilometer 1.2 links zum Lavabombenaufschluss abgeht. Der kurze Abstecher ist sehr lohnenswert, erkennt doch jeder Laie in der freiliegenden Felswand (2) horizontal abgelagerte Schichten, in die große Felsbrocken, die Lavabomben, hineingestürzt sind. Wir setzen die Tour fort und gelangen über einen kurzen Wiesenpfad zurück zum Hauptweg. Doch 200 m

Sehenswertes

▶ Die Gemeinde Boos bietet Wanderern neben den vulkanischen Themenwegen Krater-Rundweg und Doppelmaartour auch den neuen Stumpfarmweg an. Der 15 km Rundkurs beginnt in Boos am Jugendzentrum und führt über den Booser Eifelturm zu markanten Punkten im Leben des Eifeler Schinderhannes, wie der Wilderer und mehrfache Mörder Johann Mayer auch genannt wurde. Weitere Infos unter Wandern auf der Seite www.boos-eifel.de

Lava-Aufschluss: Tagebuch einer Katastrophe.

später ist bereits der nächste Abstecher angesagt: Der Booser Eifelturm lädt zum Erstürmen ein. Klar, dass wir es uns nicht entgehen lassen, den modernen Holzturm (3) zu erklimmen und von oben einen sensationell schönen Rundblick zu genießen! Danach klettern wir wieder nach unten und folgen dem Wanderweg nun über offenes Feld. An einer Bank (4) wird uns nach **1.8 km** ein weiterer phänomenaler Ausblick Richtung Boos präsentiert.

100 m später biegen wir links ab und steuern den gegenüberliegenden Wald an. Dort geht es auf weichem Waldweg an der ersten Kreuzung nach rechts mit leichtem Gefälle weiter. Wir frönen nun dem herrlichen Mischwald, in dem sich unweit einer markanten Wegkreuzung mit Bildstock und Bank auch Hügelgräber verbergen. Allerdings ist von denen fast nichts mehr zu erkennen, und so folgen wir dem nun breiten Waldweg Richtung Nordost. Nach **3.3 km** verlassen wir den Wald wieder, weite, offene Felder breiten sich vor uns aus. Wir queren diese freie Fläche bei gutem Blick in die Umgebung und nähern uns dem vor uns liegenden Wäldchen. Dort, am Rand des Hölgertbergs, treffen wir auf einen querenden Teerweg sowie auf eine Bank (5). Jetzt biegen wir links ab, wandern kurzzeitig auf dem Teerweg, bis dieser auf der nächsten Anhöhe in einen befestigten Forstweg übergeht.

Booser Doppelmaartour

▶ Wie wird unser Wetter? Woher kommt der Regenbogen? Warum gewittert es jetzt? Vielen spannenden Fragen rund ums Thema Wetter können nicht nur Kinder in der Wetterwarte Barweiler nachgehen. In Kleingruppen bis maximal 10 Personen bieten Mitarbeiter der Wetterwarte wochentags Führungen durch die Messstation an und erklären, wie Wettervorhersagen entstehen. Eine telefonische Voranmeldung ist erforderlich.
✆ 02691/931385 ⊙ Führungen: werktags 10–15 Uhr

Hier verzweigt sich der Weg auch mehrfach, und wir müssen aufpassen, den Einstieg zum schmalen Pfad nach halb rechts nicht zu verpassen. Der Pfad läuft zunächst nur wenige Meter unterhalb und parallel zur breiten, geschotterten Forststraße. Erhöhte Aufmerksamkeit wegen Stolperfallen ist auf diesen ersten Metern angebracht. Allmählich wird die Entfernung größer, und der Pfad führt uns, nun auch wieder schön eingewachsen, talwärts. Nach **4.8 km** befinden wir uns am Waldrand und laufen am Rand einer eingezäunten Weidewiese entlang. Der stoppelige Wiesenweg wird bald von einem etwas bequemeren Feldweg abgelöst, und so können wir unbeschwert den Ausblick auf das idyllische Nitzbachtal auskosten. Schließlich geht der Feldweg sogar in einen mit feinem, gut begehbaren Bimsschotter belegten Forstweg über, der uns direkt neben, aber etwa 50 m oberhalb des Nitzbachs entlangführt. Immer wieder erhaschen wir den Blick auf das plätschernde Nass des in Schlangenlinien verlaufenden Bachs. So gelangen wir nach **6.6 km** an den Waldrand und laufen auf einem Feldweg zu einer üppig grünen Wiese.

Abkühlung im Nitzbach.

Sehenswertes

▶ **Maare** sind meist kreisrunde Einsturzbecken vulkanischen Ursprungs. Die Geburt eines Maars erfolgt bei einer sogenannten phreatomagmatischen Explosion. Eine solche Explosion kommt immer dann zustande, wenn glutflüssige, gut 1 000 Grad Celsius heiße Lava schlagartig mit größeren Mengen an Wasser in Berührung kommt. Wie in einer geschüttelten Sektflasche kommt es zu einer sehr energiereichen Explosion, die am Ende einen, in der Regel kreisrunden Krater hinterlässt. Genau die-

Der Booser Eifelturm.

200 m später biegen wir mitten in der Wiese links in das sanft aufsteigende Nebental ab (6). Sehr abwechslungsreich geht es nun stetig bergan, Hecken, kleine Wäldchen und brachliegende Wiesen sorgen für immer neue Landschaftseindrücke. Nach kurzer Waldpassage stößt von links auch wieder die Kraterrundtour zu uns. Unterwegs gibt es Bänke und Erklärungstafeln, die Wissenswertes zur Region vermitteln. Auf der anderen Talseite sehen wir auch den Anfang unserer Tour, und hoch über dem Wald ragt der Eifelturm auf.

Nach **7.6 km** haben wir auf Höhe von zwei Tafeln zu heimischen Kröten die L 94 erreicht. Ein Wiesenweg führt uns zunächst noch 250 m parallel zur Straße bergan, bevor wir sie an übersichtlicher Stelle queren (7). Nun steht zum Abschluss der Tour noch die Umrundung des Westmaars an. Stets mit tollem Blick auf den See wandern wir durch Weiden und Wiesen, dann durch tollen Buchenwald um das Maar herum. Nach kurzem Schlenker um eine Pferdeweide queren wir auf Höhe des Parkplatzes Schemel (1) erneut die L 94 und beenden die Rundwanderung am Booser Doppelmaar nach ereignisreichen und kurzweiligen neun Kilometern.

Booser Doppelmaartour

ser Vorgang ist auch in der Eifel, beispielsweise während der letzten vulkanischen Aktivitätsphase vor rund 10 000 Jahren, mehrfach abgelaufen. Zum Teil sind diese Maare heute mit Wasser gefüllt, wie das Westmaar bei Boos oder der Laacher See. Verlandet ein Maar, so spricht man von einem Trockenmaar. Da die Eifel nicht zu den grundwasserreichen Gebieten zählt, finden sich die Eifelmaare meistens in kleinen Tälern.

www.vulkanpark.com

▶ **Strecke:**
Parkplatz Schemel bei Boos – Booser Eifelturm – Nitzbachtal – Booser Weiher

▶ **An-/Abreise:**
Über die B 410 bis Boos. Weiter auf der L 94 zum Wanderparkplatz der Vulkanparkstation „Booser Doppelmaar".

▶ **Parken:**
L 94 Vulkanparkstation   *N50° 18' 33.2'' • E7° 00' 02.1''*

▶ **ÖPNV:**
Zielhaltestelle: Boos Kindergarten
Linien: 334 (Mo-Sa) Mayen Ost Bf. – Monreal Bf. – Boos
         343 (Mo-Sa) Mayen Ost Bf. – Boos – Kelberg

▶ **TAXI:**
Christa Bungard ☏ 02657/236 (8 Pers.)

▶ **Einkehr:**
Unterwegs gibt es keine Einkehrmöglichkeiten, nur in Boos und Umgebung. Infos: ⓘ www.vordereifel.de oder Touristik Büro ☏ 02651/800959.

▶ **Übernachten:**
- Gasthof zur Quelle, Hauptstr. 27, 56729 Boos ☏ 02656/541
  ⓘ www.eifel-gasthaus.de
- Pension Zur Scheune, Hauptstr. 10, 56729 Lind ☏ 02656/8179
  ⓘ www.eifelscheune.de

▶ **Strecken- und Aussichtspunkte:**
P1	Park- und Rastplatz Schemel	*Ost 357628 Nord 5574941*
P2	Lavabombenaufschluss	*Ost 358390 Nord 5575572*
P3	Booser Eifelturm	*Ost 358309 Nord 5575594*
P4	Aussicht auf Boos	*Ost 358458 Nord 5575792*
P5	Bank am Hölgertberg	*Ost 359917 Nord 5576985*
P6	Abzweig im Nitzbachtal	*Ost 357728 Nord 5575976*
P7	Querung L 94	*Ost 357273 Nord 5575478*

Tour 14   Auf einen Blick

Unterwegs zum Nitzbachtal.

Eifelblick zur Nürburg.

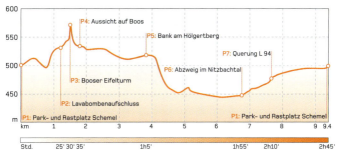

Streckenprofil

▶ Die Tour ist ganzjährig wanderbar.
▶ Da nur wenige Höhenmeter zu absolvieren sind, ist die Booser Doppelmaartour eine ideale Einsteigertour und zudem auch sehr gut für Familien geeignet.

Strecke: Ettringen Hochsimmerhalle – Ettringer Bellberg – Kraterwall – Kletterparadies

- **Länge:** 6.6 km
- **Gesamt:** 2 Std.
- **Höchster Punkt:** 424 m
- **Steigung/Gefälle:** 261 m
- **Anspruch:** ★ ↗
- **Kalorien:** ♀ 515 ♂ 604

- **Tour-Download:** TPX3T17
  www.wander-touren.com

- **Tourist-Info:**
  Touristik-Büro Vordereifel
  Kelberger Str. 26
  56727 Mayen
  ☎ 02651/800959
  ⊕ www.vordereifel.de
  ⊕ www.traumpfade.info

QR-Code mit dem internetfähigen Smartphone einscannen und Startpunkt direkt anzeigen lassen.

Tour 15

Felsiger Grund. | Geheimnisvoll: Lavahöhlen. | Aussichtsreich: Bellber

Laufen im Lavastrom

Zum Glück schon abgekühlt: Basaltfelsen.

Vulkanpfad

Der Vulkanpfad bei Ettringen macht seinem Namen alle Ehre. Die Ersteigung und Passage des Kraterwalls am Ettringer Bellberg vermittelt Vulkanismus hautnah. Spektakulär und abenteuerlich ist aber auch die Wanderung durch das Kottenheimer Winfeld, wo riesige Basaltsäulen und Felsen nicht nur Kletterer begeistern.

Schon beim Start an der Hochsimmerhalle am Rand von Ettringen (1) werden wir mit dem Thema des Weges konfrontiert: Eine Lore mit Basaltbrocken an der Halle und auf der anderen Straßenseite das Gelände des riesigen Steinbruchs geben deutliche Hinweise auf den einst heißen Untergrund.

Wir wenden uns von der Hochsimmerhalle zunächst nach rechts entlang der K 20, biegen aber bald nach links In der Wiesen und nach 50 m erneut links Am Layenpfad ab. Durch das ruhige, kaum frequentierte Wohngebiet wandern wir stetig bergan und orientieren uns an den Wegweisern des Vulkanpfads sowie den Hinweisen auf den Bellberg. So gelangen wir nach einigen Richtungswechseln mit Am Bellerberg zum Ortsende, wo ein Feldweg beginnt. Allerdings laufen wir nur wenige Meter auf diesem Feldweg, denn bei erster Gelegenheit zweigen wir links auf einen steil ansteigenden Wiesenpfad ab. Dieser bringt uns stramm auf der Flanke des Berges zum Gipfel. Nach 900 m stehen wir etwas atemlos, aber von der Aussicht restlos in den Bann geschlagen, auf dem Ettringer

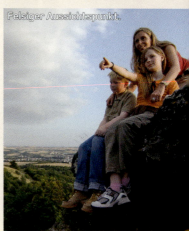

Felsiger Aussichtspunkt.

Sehenswertes

▶ Nur einen Katzensprung von Ettringen entfernt liegt das berühmte Kloster Maria Laach malerisch am See. Neben der mächtigen, aus vulkanischem Gestein erbauten Basilika aus dem 11. Jahrhundert lohnt ein Besuch der Klostergärtnerei, die noch heute von den Mönchen der Abtei betrieben wird. Wer sich die Beine vertreten will, kann den Laacher See umrunden. An einigen Stellen tritt hier CO_2 aus und zeugt von der noch nicht ganz erloschenen vulkanischen Aktivität im Untergrund. ⓘ www.maria-laach.de

Aussichtsreicher Aufstieg zum Ettringer Bellberg.

Bellberg (2). Tief unter uns gähnt das Loch des riesigen Tagebaus, gegenüber sehen wir den steil aufragenden Kraterrand, den wir später erklimmen werden. Vor allem aber genießen wir den Panoramablick, der sich uns in alle Richtungen eröffnet und von dem wir uns nur sehr schwer losreißen können.

Auf großartigem Kammpfad dürfen wir dann unsere Wanderung fortsetzen, dabei den Blick nach Mayen und zur Ettringer Lay schweifen lassen und uns an der unmittelbaren, vielfältigen und unter Naturschutz stehenden Flora erfreuen. Viel zu schnell liegt dieser atemberaubend schöne Abschnitt hinter uns, doch der Vulkanpfad hält noch viele, ebenso spektakuläre Höhepunkte für uns bereit. Zunächst erwartet uns nach dem Eintauchen in die dichten Hecken und niedrigen Bäume ein steiler, Trittsicherheit erfordernder Abstieg auf neu hergerichtetem Treppenpfad. Hier

Vulkanpfad

Kloster Maria Laach.

sind festes Schuhwerk und Wanderstöcke mehr als hilfreich. Doch nach **1.5 km** ist der Abstieg in den ehemaligen Krater beendet, und wir dürfen dem Waldweg nach links ins freie Feld folgen. Dort angelangt, macht der Weg eine scharfe Kehre nach rechts abwärts, wieder geht es durch dichtes Buschwerk, bis wir erneut auf offenes Feld hinaustreten können. Auf angenehmem Feldweg bewältigen wir die Passage durch die Äcker und schwenken bei **Kilometer 2.2** vor dem zweiten Heckenriegel nach links Richtung Wald. Dort folgen wir dem Waldrand noch ein kleines Stück, bis wir links abbiegen dürfen. Nun beginnt der erneute Aufstieg zum Kraterrand. Erst gemächlich, dann auf einem reich mit Informationstafeln bestückten Treppenpfad erklimmen wir die Flanke des ehemaligen Vulkans. Schließlich stehen wir vor dem senkrecht aufragenden Kraterwall und sind hingerissen: Lianen gleich hängen Efeuranken herab und geben der Szenerie eine verwunschene Atmosphäre. Während der „Siewe Stuwe Weg" nach rechts verläuft, halten wir uns an den Vulkanpfad und biegen nach links ab. Mehrere Höhlen oder Stollen sind in den Kraterwall **(3)** gegraben, ohne Taschenlampe sieht es duster aus. Doch unser Pfad führt uns nicht in die Unterwelt, sondern folgt dem Wall außen herum. Am Ende gibt es einen scharfen Knick nach rechts, und die Krabbelei bergan beginnt erneut. Doch nur noch wenige Höhenmeter trennen uns von einem schönen Rastplatz mit sagenhaftem Premiumausblick!

Anschließend überwinden wir die letzte Steigung zum Kraterrand, von dem aus wir wie aus der Vogelperspektive in den Steinbruch unter uns spähen können. Doch aufgepasst: Die Zäune am Rand der Hangkante dienen der eigenen Sicherheit und sollten keinesfalls ignoriert werden!

Nach einem letzten Blick in den eindrucksvollen Kraterschlund **(4)** wenden wir uns nach **3.3 km** rechts mit einem steilen Pfad abwärts. Wieder beeindruckt uns der äußere Kraterwall als wir auf dem „Siewe Stuwe Weg" an Höhe verlieren. Schließlich endet der Pfad und ein breiter Weg führt uns zur K 20, die wir am Wanderparkplatz Kottenheimer Winfeld queren **(5)**. Direkt neben der Ruine eines alten Gebäudes taucht der Vulkanpfad in den lichten, von Birken dominierten Wald. Schon knapp 150 m nach der Straße, bei **Kilometer 3.7**, biegen wir an zwei markanten

Kleine Entdecker.

Kletterparadies Kottenheimer Winfeld.

Vulkanpfad

Mitten im Lavastrom.

Wissenswertes am Wegesrand im Kottenheimer Winfeld.

Basaltbrocken links auf einen schmalen Weg ab. Nun beginnt das Abenteuer! Urplötzlich eröffnet sich vor uns ein Labyrinth aus Basaltfelsen. Wir wandern mitten durch das weitläufige Lavafeld bei Kottenheim **(6)** und kommen aus dem Staunen kaum mehr heraus. Mächtige Basaltsäulen bilden ganze Wände, dann ziehen wieder einzelne Felsgruppen unsere Aufmerksamkeit auf sich. Viele Felsen sind unauffällig markiert, denn hier befinden wir uns zugleich in einem Kletterparadies. Allerdings sollte man den Felsen nur mit der richtigen Ausrüstung und ausreichend Erfahrung zu Leibe rücken, Leichtsinn endet schnell tödlich!

Das orange Traumpfad-Logo führt uns sicher durch das Felsenwirrwarr, Tafeln erklären interessante Details von der Geologie bis zur Mühlsteingewinnung. Zahlreiche Richtungswechsel sind zu überwinden, doch stets leitet das Logo zuverlässig. Schließlich treffen wir nach **4.5 km** auf einen breiten Wanderweg. Hier wenden wir uns nach rechts und laufen abwärts zu einer weiteren Wegkreuzung. Wir bleiben dem breiten Waldweg treu und wandern mit einer Kehre nach links. Wir verlieren weiter an Höhe, ignorieren zwei querende Wege und biegen erst nach **4.8 km** links auf einen weichen Waldpfad ab. Dieser bringt uns wenig später

Sehenswertes

▶ Das Kottenheimer Winfeld gehört zu den über 20 Projekten des Vulkanparks im Landkreis Mayen-Koblenz. Wer mehr über den Eifelvulkanismus und die Gesteinsabbau-Geschichte erfahren möchte, dem werden neben den Natur-, Kultur- und Industriedenkmälern die musealen Einrichtungen des Vulkanparks empfohlen: Das Vulkanpark Informationszentrum Plaidt/Saffig nimmt mit faszinierendem Filmmaterial und Computeranimationen den Zuschauer mit auf eine Zeitreise durch die hei-

Blick vom Vulkan.

zu einer Felsgruppe nebst Rastplatz mitten im Wald (7). Nun geht es kurz auf dem breiten Waldweg nach rechts, dann dürfen wir bereits wieder links auf einem Pfad weiterlaufen. Hochgewachsene Buchen umgeben uns, und der prächtige Mischwald fügt den bisher erlebten Landschaftsformen eine weitere hinzu. Nach **6 km** verlassen wir den Wald, schwenken nach rechts und queren den nahen Talgrund. Auf der anderen Seite erwartet uns am Hartborn Brunnen kühles Nass (8).

Anschließend folgen wir dem Waldweg nach links, gewinnen langsam an Höhe und erreichen nach weiteren 500 m erneut den Waldrand. Über uns sehen wir bereits die Hochsimmerhalle. Wir müssen lediglich noch einen Schlenker nach links machen und so die letzten Höhenmeter bewältigen, dann endet diese großartige Vulkantour, für die man sich in jedem Fall ausreichend Zeit nehmen sollte, nach **6.6 km** wieder am Ausgangspunkt (1).

Vulkanpfad

ße Entstehungsgeschichte der Eifel. Das Römerbergwerk Meurin bei Kruft lädt dazu ein, in das größte römische Untertage-Tuffbergwerk nördlich der Alpen einzutauchen. Eine einzigartige Erlebniswelt rund um das Thema Vulkanismus bietet der Lava-Dome in Mendig. Der Lava-Dome ist auch Ausgangspunkt für eine Führung durch die bekannten Lavakeller, 30 Meter tief unter der Stadt Mendig. ☉ Die Landschaftsdenkmäler des Vulkanparks sind jederzeit frei zugänglich. ⓘ www.vulkanpark.com
☎ 01801/885526

▶ **Strecke:**
Ettringen Hochsimmerhalle – Ettringer Bellberg – Kraterwall – Kletterparadies

▶ **An-/Abreise:**
Über die B 262 nach Mayen und weiter auf der B 258 nach Hausen. Dort auf die K 20 und der Straße bis zum Ortsrand von Ettringen folgen.

▶ **Parken:**
Hochsimmerhalle   N50° 21' 21.9'' • E7° 13' 52.0''

▶ **ÖPNV:**
- Zielhaltestelle: Ettringen Volksbank
  Linien: 312 „VulkanBus" (täglich) Mayen Ost Bf. – Mendig Bf.
  320 (Mo.–Fr.) Mayen Ost Bf. – Mendig Bf.
- Zielhaltestelle: Kottenheim Bahnhof
  Linien: RB 92 „Pellenz-Eifel-Bahn" (täglich) Andernach – Kaisersesch

▶ **TAXI:**
Josef Schäfer ⓒ 02651/43115

▶ **Einkehr:**
- Restaurant Eifelperle, Hauptstraße 15, 56729 Ettringen
  ⓒ 02651/6222 ⓞ Di. Ruhetag ⓟ www.restaurant-eifelperle.de
- Weitere Einkehrmöglichkeiten in Mayen und Mendig

▶ **Übernachten:**
- Pension Weber, Alte Schulstraße 34–36, 56729 Ettringen ⓒ 02651/3958
- Vulkanpark Jugendherberge, Am Knüppchen 5, 56727 Mayen
  ⓒ 02651/2355 ⓟ www.diejugendherbergen.de
- Weitere Übernachtungsmöglichkeiten in Mayen und Mendig

▶ **Strecken- und Aussichtspunkte:**
P1	Hochsimmerhalle Ettringen	Ost 374167 Nord 5579716
P2	Gipfel Ettringer Bellberg	Ost 373946 Nord 5579024
P3	Kraterwall	Ost 374582 Nord 5578884
P4	Beginn Abstieg	Ost 374582 Nord 5579157
P5	Querung der K 21	Ost 374622 Nord 5579661
P6	Kottenheimer Winfeld, Kletterparadies	Ost 374834 Nord 5579810
P7	Rastplatz im Wald	Ost 37533 Nord 5579730
P8	Hartborn Brunnen	Ost 374873 Nord 5579991

Tour 15 Auf einen Blick

Aussicht am Kraterwall.

Lavahöhle am Kraterwall.

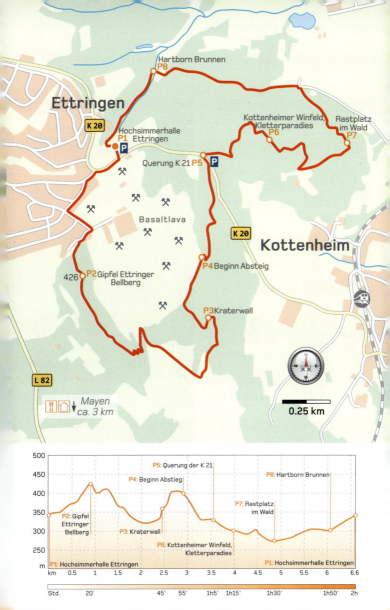

Streckenprofil

▶ Im Winter kann der Pfad am Krater schwer zu begehen sein. Besser geeignet sind Frühling, Sommer und Herbst.
▶ Durch die kurze Distanz und die wenigen zu absolvierenden Höhenmeter eignet sich der Vulkanpfad trotz einer strammen Steigung besonders gut für Familien oder Anfänger.

Strecke: Wacholderhütte – Wabelsberg – Büschberg – Abzweig Bergheidenweg – Nettetal

- **Länge:** 8.7 km
- **Gesamt:** 2 Std. 40 Min.
- **Höchster Punkt:** 582 m
- **Steigung/Gefälle:** 271 m
- **Anspruch:** ★ ★
- **Kalorien:** ♀ 640 ♂ 751

- **Tour-Download:** TPX2T18
  www.wander-touren.com

- **Tourist-Info:**
  Touristik-Büro Vordereifel
  Kelberger Str. 26
  56727 Mayen
  ☏ 02651/800959
  www.vordereifel.de
  www.traumpfade.info

scan to go

QR-Code mit dem internetfähigen Smartphone einscannen und Startpunkt direkt anzeigen lassen.

Tour 16

Duftend: Wacholderbeeren. | Ausblick am Wabelsberg. | Natürliche Heidepflege

Abstieg ins Nitzbachtal.

Wacholderweg

Der Wacholderweg verspricht eine abwechslungsreiche Tour durch offene Heide und dichten Wald. Hautnah erleben wir die Bandbreite der Eifeler Landschaft. Herrliche Wege durch urwüchsige Natur, sagenhafte Ausblicke, stille verwunschene Täler und Waldpassagen: Wanderer, was willst du mehr?

Wir starten am Parkplatz an der Wacholderhütte am Ortsrand von Langscheid [1]. Landschaftlich ist die Tour zweigeteilt: Jeweils etwa die Hälfte der Strecke führt über offene Heideflächen und durch herrlichen Mischwald. Wir entscheiden uns zuerst für die Heide und wenden uns daher an der Kreuzung vor der Wacholderhütte nach Südwesten. Sanft führt uns der Naturweg einige Meter aufwärts, wo bereits nach 150 m eine Bank nebst Infotafel zum Verweilen animiert. Die Tafel gibt Einblick in das Renaturierungsprojekt der Wacholderheide. Von der Bank genießen wir einen tollen Blick über Langscheid nach Langenfeld. Diese Panoramasicht begleitet uns auch die nächsten 400 m, wobei wir dem Wiesenweg am Rand des Naturschutzgebietes Wabelsberg [2] folgen.

Nach **0.5 km** mündet unser Weg auf einen Teerweg, dem wir uns nach rechts zuwenden. Neue Ausblicke Richtung Norden eröffnen sich. Die Teerpassage ist nur kurz, denn an einer Sitzgruppe dürfen wir links auf einen Wiesenweg abbiegen. Dieser leitet uns am Waldrand entlang und gibt wieder ausgiebig Gelegenheit, den Blick in die Ferne schweifen zu lassen.

An einer Wiese schwenken wir nach rechts und laufen abwärts zum querenden Teerweg. Ein großer steinerner Wegweiser gibt die Richtung vor, eine weitere Sitzgruppe [3] bietet sich zur Pause an. Auch diesmal ist die Teerstrecke nur sehr kurz. Wir wandern 100 m nach links, dann biegen wir nach rechts. Auf dem höhenparallelen Weg erreichen wir schnell wieder die grandiose Wacholderheide! Mannshohe Wacholder, dichte Hecken, zarte Gräser und leuchtende Blumenvielfalt erfreuen uns nicht nur im Sommer. Dazwischen

Fernblick am Wabelsberg.

Sehenswertes

▶ Ein echtes Kleinod der Natur sind die in Europa mittlerweile einzigartigen **Wacholderheiden** in der Eifel. Im Gegensatz zu den Heiden in Norddeutschland besiedelt die Heidevegetation in der Eifel ausschließlich unwirtliche Bergkuppen. Umfangreiche Renaturierungsprogramme sorgen für den Erhalt der charakteristischen und ursprünglichen Flora und Fauna. Nähere Infos unter: www.vordereifel.de oder unter 02651/800959 www.wacholderheiden.de

ragen windschiefe Kiefern oder uralte Eichen auf, die der Szenerie einen urwüchsigen Charakter verleihen. Natur pur!

Gemächlich erklimmen wir mit einem Schlenker den Büschberg nach **2.3 km**, wo uns ein schön gestalteter Rastplatz (4) mit Bänken und Feuerstelle zur Rast einlädt. Eine tolle Aussicht auf Arft rundet den Logenplatz ab. Vom höchsten Punkt der Rundtour geht es nun sanft abwärts, die Aussicht ist sagenhaft, und die umgebende Heidevegetation begeistert uns. Nach **2.7 km** treffen wir an einer großen Doppelkreuzung ein. Zunächst schwenken wir auf den Teerweg nach rechts, um uns dann auf geschottertem Grund direkt an einem Kreuz erneut nach rechts zu wenden. Der breite Weg führt mitten über eine große Wiese, die im Winter zum Rodeln animiert. Noch einmal genießen wir die offene Heidelandschaft, dann beginnt der zweite, vom Wald geprägte Teil der Wanderung.

Unser Weg führt gemächlich abwärts in den Mischwald. Nach **3.3 km** passieren wir den nach links abbiegenden Verbindungsweg zum benachbarten Bergheidenweg (5). In großen

Wacholderweg

Willkommene Rastbank.

Beweidung hält die Heide offen.

Unterwegs zum Büschberg.

Serpentinen wandern wir auf dem Forstweg tiefer in den Wald und verlieren kontinuierlich an Höhe. Nach **4.2 km** gelangen wir an einen Taleinschnitt, an dem sich unser Weg gabelt (6). Wir entscheiden uns für den romantischen Naturweg und laufen kurz nach rechts, um sofort nach Querung des noch kaum erkennbaren Bachs wieder links abzubiegen. Der umwucherte Waldweg führt uns durch den urwüchsigen Auenwald oberhalb des Bachs. Da wir uns auf einem Quellhorizont bewegen, gilt es ab und an auch feuchte Wegstellen zu bewältigen. Nach **5.1 km** treffen wir im Nettetal (7) ein. Hier kann man links der Zufahrt zu den Netterhöfen folgen, um auf den Bergheidenweg zu gelangen. Wir wollen aber unsere Rundtour auf dem Wacholderweg fortsetzen und halten uns daher rechts auf dem ansteigenden Forstweg.

Bald öffnet sich der hochgewachsene Mischwald, und wir können über eine große Waldwiese die Sicht auf das Nettetal genießen. Am Ende der Wiese biegen wir dann scharf links auf einen weichen Grasweg ab, der uns zunächst am Rand eines Tannenwäldchens leicht abwärts führt. Dann befinden wir uns wieder

Sehenswertes

▶ Der geologischen Geschichte der Region spielerisch auf die Spur kommen – im Geo-Spiel-Garten in Kempenich-Engeln ist das kinderleicht. Das großzügige Areal nimmt die Besucher auf eine geologische Zeitreise mit. Vom devonischen Flachmeer und von den Dinosauriern der Trias und Kreide gelangt man schließlich zu den im Tertiär aktiven Eifelvulkanen. Auch die keltische und römische Besiedlungsphase sowie die Verwendung der vulkanischen Rohstoffe vom Mittelalter bis in die Moder-

komplett im Wald und nähern uns einem Taleinschnitt, den wir mit scharfer Linkskehre umrunden (8). Direkt danach heißt es aufpassen: Denn hier verlassen wir den breiten Waldweg und erklimmen auf schmalem Pfad den mit hohen Buchen bestandenen Hang.

Nach dieser Flankenpassage treffen wir auf einen schönen Waldweg, dem wir nach links leicht abwärts folgen. So berühren wir nach **7 km** noch einmal fast den Grund des Nettetals. Durch das üppige Grün hören wir das Rauschen des Flüsschens und erhaschen kurze Blicke auf das Nass. An der folgenden Weggabelung halten wir uns rechts und nehmen den Endaufstieg zum Wabelsberg in Angriff. Einige Richtungswechsel meistern wir genauso wie die gemächliche Steigung problemlos. An einem Holzlagerplatz biegen wir schließlich ein letztes Mal scharf links ab. Wenig später lichtet sich der Wald, und vor uns öffnet sich das Panorama Richtung Langscheid und Langenfeld. Nach **8.7 km** treffen wir voller neuer Eindrücke wieder am Parkplatz an der Wacholderhütte ein (1).

Wacholderweg

ne werden anschaulich erklärt. Nach dem Rundgang kann man sich in der Vulkan-Stube stärken. Der Geo-Spiel-Garten liegt übrigens an der Endstation des Vulkan-Expreß, kann also auch mit der Brohltal-Bahn erreicht werden. Weitere Infos: www.brohltal.de

▶ **Strecke:**
Wacholderhütte – Wabelsberg – Büschberg – Abzweig Bergheidenweg – Nettetal

▶ **An-/Abreise:**
Über die B 412 bis Abzweig der L 10 Richtung Arft. Mit der L 10 und der K 14 gelangt man nach Langscheid. Dort Beschilderung Wacholderhütte folgen.

▶ **Parken:**
Neuer Weg 16 (Wacholderhütte)   *N50° 22' 58.0'' • E7° 06' 30.2''*

▶ **ÖPNV:**
Zielhaltestelle: Netterhöfe Abzw.
Linien: 814 (täglich) Mayen Ost Bf. – Kempenich – Ahrweiler Bf.

▶ **TAXI:**
Taxi-Scherer ✆ 02691/2448 (ca. 30 Min. Anfahrt, bis zu 8 Pers.)

▶ **Einkehr:**
Am Start- und Zielpunkt kann man in der Wabelsberger Wacholderhütte einkehren: ✆ 02655/1577 ⊘ Mo. Ruhetag

▶ **Übernachten:**
- Hotel Schlömer, Zum Nettetal 9, 56729 Langscheid (auch Einkehr) ✆ 02655/95970
- Ferienhaus Marianne, Helleweg 19, 56729 Langscheid ✆ 02655/3852 ⓘ www.ferienwohnungen-haus-marianne.de
- Weitere Einkehr- und Übernachtungsmöglichkeiten unter ⓘ www.vordereifel.de

▶ **Strecken- und Aussichtspunkte:**

P1	Wacholderhütte Langscheid	*Ost 365544 Nord 5582890*
P2	Wabelsberg	*Ost 365086 Nord 5582787*
P3	Rastplatz am Wacholderweg	*Ost 364554 Nord 5583310*
P4	Rastplatz Büschberg	*Ost 364174 Nord 5583432*
P5	Verbindung zum Bergheidenweg	*Ost 363445 Nord 5583748*
P6	Weggabelung am Bach	*Ost 363535 Nord 5583992*
P7	Nettetal	*Ost 364406 Nord 5584253*
P8	Kehre im Wald	*Ost 364768 Nord 5584122*

Tour 16   Auf einen Blick

Kontrastprogramm im Nitzbachtal. | Wacholderhütte Langscheid.

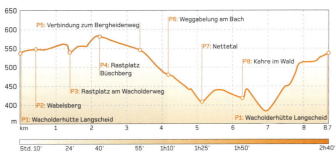

Streckenprofil

▶ Der Wacholderweg kann ganzjährig begangen werden. Aufgrund der Höhenlage ist im Winter allerdings mit Schnee zu rechnen. Wacholder-Blütezeit: April bis Juni.
▶ Diese leichte Wanderung ist für Familien und Anfänger bestens geeignet. Auch für eine Kurztour nach Feierabend bietet sich der Wacholderweg an.

Strecke: Parkplatz Heilquelle bei Volkesfeld – Riethelkreuz – Wacholderhütte – Falkleyblick

- **Länge:** 10 km
- **Gesamt:** 3 Std.
- **Höchster Punkt:** 531 m
- **Steigung/Gefälle:** 262 m
- **Anspruch:** ★ ★
- **Kalorien:** ♀ 701 ♂ 823

- **Tour-Download:** T2X6TX3
  www.wander-touren.com

- **Tourist-Info:**
  Tourist-Info der VG Mendig
  Rathaus, Marktplatz 3
  56743 Mendig
  ☏ 02652/9800-0
  🌐 www.ferienregion-mendig.de
  🌐 www.traumpfade.info

scan & go

QR-Code mit dem internetfähigen Smartphone einscannen und Startpunkt direkt anzeigen lassen.

Tour 17

Rast an der Schutzhütte. · Heilendes Wasser. · Auf dem Noorkopf.

Nah am Himmel – auf dem Heidehimmel Volkesfeld.

Heidehimmel Volkesfeld

Ein himmlisches Wandervergnügen erwartet uns zwischen grandiosen Fernblicken und duftenden Wacholderheiden. Auf Wiesenwegen und Waldpfaden erobern wir die Landschaft rund um Volkesfeld, genießen verträumte Momente unter knorrigen Kiefern. Und am Ende erfrischt uns eine echte Heilquelle.

Sprudelnde Heilquelle.

Am großzügigen Wanderparkplatz „Heilquelle" (1) an der L 83 im Nettetal beginnen wir die Wanderung auf dem „Heidehimmel Volkesfeld". Wir queren die Straße und folgen dem asphaltierten Wirtschaftsweg nach links. Nach nur **100 m** erreichen wir das Portal (2) des Traumpfads. Wir verlassen den Asphalt, einige Holzstufen bringen uns zu einer Schutzhütte, an der wir ins Abenteuer „Heidehimmel" starten. Weitere robuste Holzstufen führen uns auf einem Pfad in den Mischwald hinein. Die Steigung ist nur leicht, und schon wenig später endet der Pfad an einem breiten Waldweg.

Wir wenden uns nach rechts und wandern auf dem weichen Waldboden weiter. Die erste Attraktion lässt nicht lange auf sich warten: In einer Kurve locken zwei Bänke zum Verweilen – und mit einem ersten Blick über das Nettetal. Dann genießen wir den kühlen Schatten der Tannenwedel und folgen dem Waldweg leicht abwärts nach Volkesfeld. Über den Sauerbrunnenweg gelangen wir in den kleinen Ort und treffen neben einem munter sprudelnden Brunnen auf die Kreuzung mit der Nettestraße. Hier halten wir uns links aufwärts. Der Gehweg verengt sich, doch wir queren hier sowieso die Straße und laufen auf der anderen Seite auf einem befestigten Weg bergan. Am Rand einer umzäunten Wiese stellen wir uns der ersten konditionellen Herausforderung: Die Volkesfelder Wacholderheiden wollen erobert werden. Dazu erklimmen wir nun auf deutlich ansteigendem Pfad den frisch ausgeputzten Hang. Das Ziel haben wir klar vor Augen, denn hoch reckt sich das Riethelkreuz in den Himmel. Nach **1.1 km** haben wir es geschafft und stehen in luftiger Höhe über Volkesfeld am Riethelkreuz (3). Im ersten Moment wissen wir gar nicht, was

Sehenswertes

▶ In der Umgebung von Volkesfeld kann man tiefe Einblicke in die ursprünglichen Wacholderheiden der Eifel gewinnen, die einst in dieser Region weit verbreitet waren. Besonders eindrucksvoll sind die Heiden beim Riethelkreuz.

zuerst bewundert werden soll: die großartige Aussicht oder die urwüchsige Wacholderheide. Doch wir nehmen uns einfach Zeit, beides auf uns wirken zu lassen und in vollen (Atem-)Zügen zu genießen.

Über den sanft abfallenden Höhenrücken setzen wir die Tour (traumhafte Panoramasicht!) fort und erreichen „Am Riethel" das Neubaugebiet von Volkesfeld. Wir biegen nach links ab – und an der Kreuzung mit „Seeblick" laufen wir halb rechts bergan. Auf Höhe des letzten Hauses überschreiten wir eine unscheinbare grüne Linie auf dem Asphalt: Dabei handelt es sich um die Startlinie der jährlich im August stattfindenden internationalen Bobbycar-Rennen, die sogar in die Wertung der Bobbycar-Weltmeisterschaft eingehen …

Aufstieg zum Noorkopf.

Wir treffen auf einen Querweg und biegen links ab. Nun wandern wir – mit herrlichen Ausblicken Richtung Riethelkreuz – oberhalb des Neubaugebiets entlang. Allmählich ändert der Weg seine Richtung, und wir durchqueren ein kleines Wäldchen, bevor sich wieder weite Wiesen vor uns öffnen. Eine Bank bietet Aussicht und Rastgelegenheit. Nach **2.5 km** treffen wir auf einen asphaltierten Wirtschaftsweg und wenden uns nach links. Der Asphalt endet, und wir spüren wieder weiches Gras unter den Schuhsohlen. Links schweift unser Blick noch einmal zur Heide am Riethelkreuz. Wiesen, die in naher Zukunft auch wieder mit Streuobstbäumen bepflanzt werden sollen, begleiten uns zu den nächsten Häusern. Schotter löst das Gras ab, und wir gewinnen leicht an Höhe. An einem Wasserpumpenhaus biegen wir schließlich rechts auf einen Asphaltweg, der uns rasch zur Querung der K 63 bringt.

Heidehimmel Volkesfeld

Naturidyll am Riethelkreuz.

Bevor wir aber auf der anderen Seite links dem Feldweg folgen, müssen wir verweilen und das fantastische Panorama auf uns wirken lassen.

Begeistert setzen wir die Wanderung auf grasigem Untergrund fort. Der Weg macht eine Kurve – und wer hier im Sommer vorbeikommt, der wird sich an der üppigen Farbenpracht einer herrlichen Wildwiese erfreuen, die Anwohner liebevoll pflegen. Wir passieren das letzte Haus und sehen vor uns eine Kreuzung zweier Wirtschaftswege. Doch wir sind auf einem Traumpfad unterwegs, und daher bleibt uns der Asphalt erspart. Stattdessen biegen wir an der Hecke vor der Kreuzung rechts auf einen reaktivierten Wiesenpfad ab. Von Hecken begleitet, erreichen wir so mit federnden Schritten einen Feldweg und wenden uns rechts in die freie Offenlandschaft.

Mit herrlichem Weitblick wandern wir durch die Felder und Wiesen und erreichen nach **3.9 km** einen einladenden Rastplatz (4). Hier trifft auch der Zuweg vom Parkplatz „Waberner Brücke" auf den Traumpfad. Was folgt, ist schlicht grandios: Wir biegen links auf einen ansteigenden Grasweg ab, der von Ginster und Wacholder gesäumt wird. Jeder Schritt bringt uns weiter in die Naturidylle der Waberner Heide. Bald verlassen wir den breiten

Rastplatz am Abzweig nach Wabern.

Luftige Weite in duftiger Heide.

Feldweg nach rechts und steigen auf schmalem Wiesenpfad noch weiter bergan. Wir gehen auf Tuchfühlung mit den stacheligen Wacholdern, atmen das würzige Aroma ein und fühlen uns wie im siebten Himmel. Mitten in der Vulkaneifel erleben wir südliches Flair wie im Sommerurlaub.

Ein Höhepunkt des Aufstiegs ist die Waberner Wacholderhütte (5), die uns nach **4.6 km** zur Rast mitten im Naturparadies einlädt und uns zusätzlich auch noch mit grandiosen Panoramablicken verwöhnt. Der Augenschmaus wird noch gesteigert durch die angenehme Stille, die uns eine echte Auszeit vom Alltagsstress ermöglicht. Auch nach der Hütte begeistert uns die Heide – und lässt uns Schritt für Schritt weiterträumen ...
Nach **5.2 km** steht ein Szenenwechsel an. Wir biegen halb links auf einen Pfad ab, Büsche schmiegen sich eng um uns, und wir sind mittendrin in der Natur. Die markanten Traumpfad-Logos führen in ein Wäldchen, wo wir mit einem Linksschwenk weiter an Höhe verlieren. Auch nach dem Waldstück setzt sich der Abstieg rechts außen am Waldrand entlang fort. Wir erreichen eine Kreuzung und laufen geradeaus in ein Laubwaldgebiet. Nun rauschen wieder Blätter über uns, doch so richtig hochgewachsen sind die Bäume hier alle nicht. Das wird am nächsten Höhepunkt besonders deutlich: Der Falkleyblick (6) präsentiert, eingerahmt

Heidehimmel Volkesfeld

Disteln am Wegesrand.

von niedrigen Krüppeleichen, von exponierter Klippe aus einen weiteren Traumblick ins Nettetal. Bei der entspannenden Rast auf der Traumpfadliege können wir übrigens ein weiteres lohnendes Ziel in Augenschein nehmen: Genau gegenüber startet an der Wacholderhütte in Langscheid der Traumpfad „Wacholderweg"

Die folgende Waldpassage auf bequemen Waldwegen gibt uns Gelegenheit, die Eindrücke zu verarbeiten. Nach **6.4 km** treffen wir auf freiem Feld auf einen breiten Wirtschaftsweg, dem wir kurz nach rechts folgen. Doch schon knapp 80 Meter später biegen wir rechts auf einen abschüssigen Wiesenweg ab. Mit etwas Glück kann man in dieser Gegend übrigens auf ungewöhnliche Vierbeiner treffen: Hier tummelt sich gerne eine Herde frei laufender Kamerunschafe, die eigentlich nicht zu den typischen Waldbewohnern der Vulkaneifel zählen. Doch die harmlosen braunen Tiere, die mehr an Ziegen als an Schafe erinnern, fühlen sich ausgesprochen wohl. Noch eine weitere – und in der Eifel durchaus heimische Tierart – zeigt sich mit etwas Glück: Große Gruppen wilder Mufflons begeben sich auf den Waldwiesen und Feldern gerne auf Futtersuche.

Doch selbst wenn sich die Vierbeiner nicht blicken lassen – der „Heidehimmel Volkesfeld" glänzt immer wieder mit herrlicher Abwechslung. Eine davon bietet sich, kurz nachdem wir bei **Kilometer 7.6** auf einen querenden Asphaltweg gestoßen sind: Hier biegt der Traumpfad eigentlich nach rechts abwärts ab. Doch wir wollen uns den Abstecher zum nahen Noorkopf nicht entgehen lassen. Die pilzförmige Schutzhütte haben wir bereits mehrfach von Weitem gesehen, nun gönnen wir uns den halben Kilometer Umweg und statten dem Berg einen Besuch ab. Dazu laufen wir – der Zuwegemarkierung folgend – noch etwas auf dem Asphaltweg abwärts und biegen dann rechts auf einen Grasweg ab. Der führt uns im Bogen langsam ansteigend hinauf auf den Noorkopf (7).

Der Abstecher lohnt sich, denn die 270-Grad-Aussicht vom Berg ist sagenhaft. Anschließend kehren wir auf gleicher Strecke zurück bis zum Abzweig des Traumpfads. Wieder auf der regulären Trasse, geht es am Rand eines Feldes deutlich abwärts. Bald treffen wir auf einen eben verlaufenden Feldweg und schwenken

Sehenswertes

▶ Wer Volkesfeld besucht, darf auf gar keinen Fall den Besuch beim „Sauren Buhr", wie die 1968 gefasste Heilwasserquelle auch genannt wird, verpassen. Aus einer Tiefe von 35 Metern sprudelt das erfrischende Nass an die Oberfläche. Der Säuerling ist reich an Calcium, Magnesium und Eisen sowie vielen weiteren Mineralstoffen, die das Wasser beim Aufstieg aus dem Boden löst. Eigentlich erfüllt der Sauerbrunnen die Anforderungen einer staatlich anerkannten Heilwasserquelle, aller-

nach links. Nach **8.5 km** lädt uns die neue Florianshütte (8) zur Rast ein und bietet neben betörender Stille noch einmal schöne Blicke Richtung Nettetal.

Erfrischt setzen wir die Wanderung auf dem Feldweg fort und treffen bald an einer Wegkreuzung ein. Rechts erkennen wir den Feuerplatz der traditionellen Martinsfeuer. Wir halten uns am Waldrand rechts, passieren eine Bank und folgen dem Waldweg unter das schattige Blätterdach. An der nächsten Weggabelung orientieren wir uns rechts und wandern nun gemütlich mit großem Bogen abwärts. Nach **9.5 km** biegen wir, fast schon im Talgrund angelangt, scharf links ab. Nun erhaschen wir rechts erste Blicke auf die Talwiesen. Kaum haben wir einen Querweg ignoriert, stehen wir an der letzten Attraktion des Weges: Rechts sprudelt munter die Heilquelle (9) des „Sauren Buhr". Eindrucksvoll hat sich der Boden um den Ausfluss der Quelle tief orangerot gefärbt, was für den hohen Eisengehalt des Heilwassers spricht. Für eine längere Rast am gesunden Nass steht eine Schutzhütte parat.

Nach der Erfrischung wandern wir auf dem nun asphaltierten Weg geradeaus weiter, passieren wenig später das Portal des Traumpfades (2) und treffen schließlich nach Querung der L 83 bei **Tageskilometer 10** wieder am Parkplatz (1) ein.

Pilzhütte am Noorkopf.

Heidehimmel Volkesfeld

dings wurde auf eine offizielle Anerkennung verzichtet, um den ungehinderten freien Zugang zur Quelle auch weiterhin zu ermöglichen. Das Mineralwasser soll bei Magen-, Darm- und Gallenbeschwerden helfen. Doch auch für gesunde Menschen ist ein kühler Trunk aus der Quelle eine willkommene Erfrischung – nicht nur nach der Wandertour. Die benachbarte Schutzhütte lädt zur gemütlichen Rast an der Quelle ein.

▶ **Strecke:**
Parkplatz Heilquelle bei Volkesfeld – Riethelkreuz – Wacholderhütte – Falkleyblick

▶ **An-/Abreise:**
Mit dem Pkw erreicht man Volkesfeld am besten auf der L 83 durch das Nettetal. Von der B 412 nutzt man die L 83 über Weibern bis Volkesfeld.

▶ **Parken:**
- Wanderparkplatz „Heilquelle" (L 83)   N50° 23' 02.3'' • E7° 08' 45.5''
- Volkesfeld Ortsmitte   N50° 23' 23.0'' • E7° 09' 00.4''
- Wanderparkplatz Waberner Brücke   N50° 23' 41.8'' • E7° 08' 08.7''

▶ **ÖPNV:**
Zielhaltestelle: Volkesfeld
Linien: 814 (täglich) Mayen Ost Bf. – Kempenich – Ahrweiler Bf.

▶ **TAXI:**
Taxi Bell ☎ 02652/935935

▶ **Einkehr:**
- Landgasthaus Silberdistel, Kirchstraße 77, 56745 Rieden
  ☎ 02655/941991 🕐 www.landgasthaus-silberdistel.de
  🕒 Mo. & Di. Ruhetag
- Restaurant und Hotel Eifeler Seehütte, Am Waldsee, 56745 Rieden
  ☎ 02655/3696 🕐 www.seehuette.de 🕒 kein Ruhetag

▶ **Übernachten:**
- Hotel, Restaurant und Café Forsthaus, Nettestraße 12,
  56745 Riedener Mühlen ☎ 02655/95990
- Weitere Einkehr-/Übernachtungsmöglichkeiten:
  🕐 www.ferienregion-mendig.de

▶ **Strecken- und Aussichtspunkte:**

P1	Wanderparkplatz Heilquelle	Ost 368192 Nord 5582968
P2	Portal Traumpfad	Ost 368106 Nord 5583023
P3	Riethelkreuz	Ost 368547 Nord 5583346
P4	Rastplatz am Zuweg	Ost 367608 Nord 5583970
P5	Waberner Wacholderhütte	Ost 367279 Nord 5583597
P6	Falkleyblick	Ost 366528 Nord 5582857
P7	Aussicht Noorkopf	Ost 367684 Nord 5583582
P8	Florianshütte	Ost 367701 Nord 5583391
P9	Heilquelle	Ost 368040 Nord 5583048

Tour 17   Auf einen Blick

Wacholder am Wegesrand.

Fast mediterran: Kiefern und Heide.

Streckenprofil

▶ Der Weg stellt keine hohen Anforderungen und ist ganzjährig gut begehbar.
▶ Diese leichte Wanderung eignet sich besonders für Familien und Anfänger.

 Strecke: Parkplatz Wintersportanlage Arft – Heidbüchel – Nettetal – Selbachtal

- **Länge:** 10.2 km
- **Gesamt:** 3 Std.
- **Höchster Punkt:** 655 m
- **Steigung/Gefälle:** 298 m
- **Anspruch:** ★ ★
- **Kalorien:** ♀ 730 ♂ 856

- **Tour-Download:** TPX8T12
  www.wander-touren.com

- **Tourist-Info:**
  Touristik-Büro Vordereifel
  Kelberger Str. 26
  56727 Mayen
  ✆ 02651/800959
  www.vordereifel.de
  www.traumpfade.info

scan to go
QR-Code mit dem internetfähigen Smartphone einscannen und Startpunkt direkt anzeigen lassen.

Tour 18

Tierische Begegnung.   Heideträume.   Entspannung pur.

Urlaubsstimmung unter Kiefern und Wacholder.

Bergheidenweg

Mittelmeer-Gefühle mitten in der Eifel: Der Bergheidenweg versetzt uns in fast mediterrane Umgebung und verzaubert uns mit Heidelandschaft und Eifelwald im Nettetal. Eine fantastische Mischung auf den Höhen der Vordereifel.

Wir starten direkt neben der L 10 am Parkplatz der Wintersportanlage (1) bei Arft. Eine hölzerne Schutzhütte lassen wir gleich zu Beginn links oberhalb liegen und wenden uns auf dem weichen Naturweg nach Nordosten. Wir wandern durch eine aufgelockerte Heidelandschaft, knorrige Kiefern und erste Wacholder zeugen vom speziellen Charakter dieser Landschaft. Kurz folgen wir der Flanke des Raßbergs, bevor wir nach 200 m rechts abbiegen und über die Wiese zu einem querenden Schotterweg laufen. Dort geht es nach links, das nächste Nahziel, den Heidbüchel, haben wir bereits vor Augen. Noch ein weiterer Schlenker nach links und wir streben direkt auf das Naturschutzgebiet des knapp 600 m hohen Heidbüchels zu.

Der Bergheidenweg bringt uns auf tollem Weg direkt durch das Schutzgebiet nach **1.2 km** bis auf den Gipfel (2). Wir sind begeistert von dem mediterranen Flair, das die üppigen Wacholderbüsche verströmen. Erika, Heidegras und die typische Sandflora schlagen uns schnell in ihren Bann. Vom Heidbüchel aus genießen wir den Blick nach Norden und Nordwesten, bevor unser Weg uns abwärts zurück in den Wald führt.

Nach **1.7 km** gelangen wir an eine Wegkreuzung (3) und halten uns geradeaus. Rechts biegt hier der Verbindungsweg zum benachbarten Wacholderweg ab, den wir aber an einem anderen Tag ablaufen möchten. Wir wandern auf dem Waldweg nun leicht abwärts, bis wir den Waldrand erreichen. Hier biegen wir

Sehenswertes

▶ In Weibern lohnt im Steinmetzbahnhof das Tuffsteinmuseum einen Abstecher. Neben einer großen Gesteinssammlung zur Geologie der Eifel wird auch die kulturgeschichtliche Bedeutung des Rohstoffs gezeigt. Infos: 02636/19433 www.weibern.de Nur auf Anfrage geöffnet.

Offenlandschaft im Dr. Heinrich Menke Park.

an einer großen Wiese nach rechts und folgen dem Waldrand bis zu einem Querweg. Jetzt laufen wir links bergab durch die herrlichen Brachwiesen, die uns besonders im Frühsommer mit toller Blütenpracht erfreuen. Gleichzeitig schweift unser Blick über die ungestörte Naturlandschaft der Eifel. Immer geradeaus folgen wir dem bald enger werdenden Wiesenweg, der uns stetig abwärts ins Nettetal führt. Einige Weiden bleiben links liegen, bis wir schließlich nach **2.5 km** auf nur noch 435 m Höhe knapp oberhalb der Netterhöfe nach links auf einen hangparallelen Wiesenweg abbiegen. Nach einer weiteren Wiesenpassage tauchen wir kurz in den Wald ein, passieren ein Wasserhäuschen und treffen schließlich im Nettetal ein. Wir biegen nach dem letzten Haus der Netterhöfe nach links (4) und queren fast unbemerkt die noch

Bergheidenweg

▶ Auch im Winter hat die Region um Arft einiges zu bieten. Besonderer Anziehungspunkt ist die Wintersportanlage. Neben einer Abfahrtspiste mit Flutlicht gibt es einen Kinderhang und 2 Lifte. Schnee-Telefon: 02655/3539. Bei ausreichend Schnee ist die Anlage Mo.-Fr. von 14–16.30 Uhr, Sa., So. von 10.30–16.30 Uhr in Betrieb. Flutlicht gibt es Mo., Mi., Fr. von 18.30–21.30 Uhr. Weitere Infos beim Wintersportverein Mayen e.V.: www.wsv-mayen.de

schmale Nette. Idyllisch breitet sich nun das Nettetal vor uns aus! Am Waldrand wandern wir nordwärts, der Wiesenweg ist von feuchtliebenden Pflanzen gesäumt.

Bei **Kilometer 3.3** können wir mit der Nette auf Tuchfühlung gehen: Je nach Gusto, Schuhwerk und Wasserstand überwinden wir den munteren Bach per Holzsteg oder direkt an der Furt (5). Nur 150 m später mündet der Selbach ein, und wir verabschieden uns von der Nette. Mit einem Linksschwenk folgen wir nun dem urigen, dicht bewaldeten Tal des Selbachs aufwärts. Eindrucksvolle Felsen begrüßen uns, doch bald schon bewegen wir uns in vielfältigem Mischwald stetig bergan. Das Plätschern des Bachs wird schwächer, denn wir entfernen uns nach einer Kehre zunehmend vom Wasser und steigen zur freien Hochfläche der Wüstung Selbach.

Nach **5.2 km** haben wir die offene Landschaft erreicht. Ein überwältigendes Panorama erwartet uns. Eine solide Schutzhütte (6) bietet 350 m später genau zum richtigen Zeitpunkt Gelegenheit zur Rast und zum Genießen der wunderbaren Aussicht.

Danach laufen wir auf dem zunächst geteerten Weg nach Südwesten, bald geht der Belag in Schotter über.

Sehenswertes

▶ Wahrzeichen der Eifel und Mekka für alle Motorsportfans ist das Areal an der **Nürburg**, deren charakteristischer Turm sich seit dem 12. Jahrhundert weithin sichtbar über die Eifel erhebt. 1689 wurde die Nürburg in den Wirren des Dreißigjährigen Krieges durch die Franzosen zerstört und danach als Steinbruch ausgebeutet. Umfangreiche Restaurierungen sorgen seit 1954 für den fast vollständigen Erhalt der Grundmauern und des Turms.

Nach Erreichen der Anhöhe folgen wir einem Wiesenpfad hinab zur L 10, die wir in einer Senke queren [7]. Drüben geht es am Waldrand entlang bergan, bis wir uns am Ende einer Wiese nach rechts wenden. Nach zwei weiteren Richtungswechseln haben wir den Wald hinter uns gelassen und befinden uns wieder in einer herrlichen Heide. Vom Wind gekrümmte Kiefern und zerzauste Wacholder geben Zeugnis vom oft rauen Eifelklima. Doch an einem Sommertag liegt wieder der würzige Wacholderduft in der Luft, der uns vom Süden Europas träumen lässt.

Wir folgen dem Bergheidenweg durch das Schutzgebiet des Dr. Heinrich Menke Parks und erreichen nach **9.1 km** auch das Denkmal für den engagierten Naturschützer [8]. Atemberaubend schön ist der Ausblick, der sich uns von hier über die weiten Kuppen der Eifel bietet! Mühsam reißen wir uns von der Szenerie los und laufen, von Nadelwald flankiert, wieder zur L 10. Auf der anderen Straßenseite grüßt, in Stein gehauen, Konrad Adenauer [9].

Zum Abschluss unserer Rundtour laufen wir noch um den Raßberg und genießen ein letztes Mal die fantastische Heidelandschaft, bevor wir nach **10.2 km** wieder am Parkplatz [1] eintreffen.

Wanderglück am Heidebüchel.

Bergheidenweg

Die Nürburg.

Verträumtes Selbachtal.

▶ **Strecke:**
Parkplatz Wintersportanlage Arft – Heidbüchel – Nettetal – Selbachtal

▶ **An-/Abreise:**
Über die A 61 bis Abfahrt Wehr/Nürburgring, dann über die B 412 und die L 10 nach Arft – 1 km vor Arft, Parkplatz Raßberg/Wintersportanlage.

▶ **Parken:**
Am Raßberg/Wintersportanlage   *N50° 23' 16.2'' • E7° 03' 57.3''*

▶ **ÖPNV:**
- Zielhaltestelle: Arft Dorfstraße
  Linien: 340 „WacholderBus" (Mo.–Sa.) Mayen Ost Bf. – Arft
- Zielhaltestelle: Netterhöfe Abzw.
  Linien: 814 (täglich) Mayen Ost Bf. – Kempenich – Ahrweiler Bf.
- Zielhaltestelle: Jammelshofen Hohe Acht
  Linien: 808 (Mo.–Fr.) Adenau – Kempenich
  812 (Mo.–Fr.) Ahrbrück Bf. – Adenau

▶ **TAXI:**
Taxi-Scherer ☏ 02691/2448

▶ **Einkehr:**
Landgasthof Zum Anker, Mayener Str. 20, 56729 Langenfeld
☏ 02655/604 ⊙ Di. Ruhetag

▶ **Übernachten:**
- Ferienwohnung „Haus Eden", Im Ecker 25, 56729 Arft
  ☏ 02655/941186 ⊕ www.eifelferien.eu
- Pension Brigitte Schäfer, Auf Binsen Nück 18, 56729 Arft
  ☏ 02655/960400 ⊕ www.pension-brigitte-schaefer.de

▶ **Strecken- und Aussichtspunkte:**

P1	Parkplatz Wintersportanlage bei Arft	*Ost 362501 Nord 5583562*
P2	Heidbüchel	*Ost 363108 Nord 5584310*
P3	Verbindung zum Wacholderweg	*Ost 363589 Nord 5584254*
P4	Netterhöfe	*Ost 363980 Nord 5584627*
P5	Brücke über die Nette	*Ost 363807 Nord 5584776*
P6	Schutzhütte	*Ost 362456 Nord 5584925*
P7	1. Querung L 10	*Ost 361164 Nord 5584183*
P8	Heinrich Menke Denkmal	*Ost 361719 Nord 5583551*
P9	Adenauer Denkmal	*Ost 361982 Nord 5583720*

Tour 18   Auf einen Blick

Abendstimmung in der Heide.

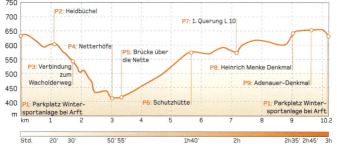

Streckenprofil

▶ Der Bergheidenweg kann ganzjährig begangen werden. Aufgrund der Höhenlage ist im Winter allerdings mit Schnee zu rechnen.
▶ Diese leichte Wanderung eignet sich besonders für Familien und Anfänger und bietet tolle Entspannung für gestresste Wanderer.

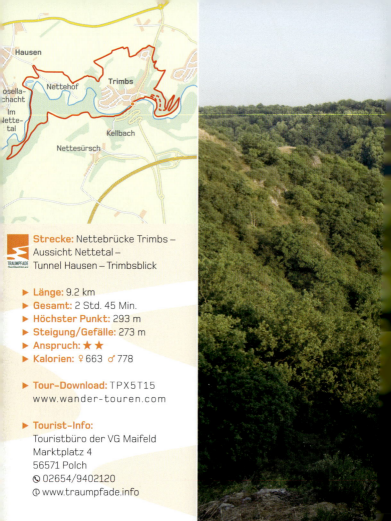

Strecke: Nettebrücke Trimbs – Aussicht Nettetal – Tunnel Hausen – Trimbsblick

- **Länge:** 9.2 km
- **Gesamt:** 2 Std. 45 Min.
- **Höchster Punkt:** 293 m
- **Steigung/Gefälle:** 273 m
- **Anspruch:** ★ ★
- **Kalorien:** ♀ 663 ♂ 778

- **Tour-Download:** TPX5T15
  www.wander-touren.com

- **Tourist-Info:**
  Touristbüro der VG Maifeld
  Marktplatz 4
  56571 Polch
  ☎ 02654/9402120
  ⏱ www.traumpfade.info

scan to go

QR-Code mit dem internetfähigen Smartphone einscannen und Startpunkt direkt anzeigen lassen.

Tour 19

Steinig: Nette-Schieferpfad. | Aussichtsreich: Hochplateau. | Abgetaucht: Tunnel Hausen

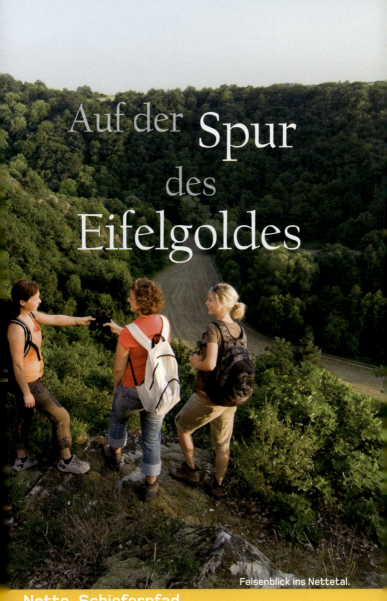

Auf der Spur des Eifelgoldes

Felsenblick ins Nettetal.

Nette-Schieferpfad

Quirlig und nass der eine, grau und hart der andere: Wasser und Fels sind die Hauptdarsteller der Naturbühnen entlang des Nette-Schieferpfads, der Wanderer auf einer hochkarätigen Route durch das Nettetal führt. Dieser Traumpfad kombiniert Wandergenuss mit Einblicken in eine spannende Erd- und Naturgeschichte.

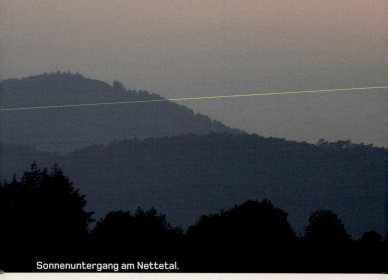

Sonnenuntergang am Nettetal.

Unser Abenteuer auf dem Nette Schieferpfad beginnen wir unter der Brücke der L 113 direkt an der Nette (1). Wir laufen über die alte Steinbrücke, und schon ist die erste Attraktion erreicht: Rechts befinden sich drei markante, blaugrau schimmernde Schiefersteine. Sie sind kunstvoll graviert und erinnern an die Bedeutung des begehrten Moselschiefers, den die Firma Rathscheck Schiefer bis heute aus zwei hochmodernen Bergwerken ans Tageslicht befördert.

Nachdem wir uns so auf das Thema des Tages eingestimmt haben, biegen wir rechts in „Auf dem Reusch" ab und folgen der Nette zum Ortsrand. Dort öffnet sich eine weite Wiese, und der Weg gabelt sich. Wir wählen den linken Weg und laufen am Fuß des Hangs entlang. Nach **400 m** müssen wir uns entscheiden (2): Wer gute Kondition hat und trittsicher ist, der kann hier links auf den direkten Pfad zur Hangkante abbiegen (Diese Variante ist insgesamt 900 m kürzer und trifft bei P3 wieder auf die Hauptroute). Wer es etwas gemächlicher angehen möchte, der folgt weiter der Hauptroute auf dem Talweg. Idyllisch schlängelt er sich durch das Tal. Die Nette strömt mal rauschend, mal leise murmelnd neben uns, und wir erfreuen uns an der Vielfalt der Landschaft, die mal mit Hecken, mal mit einer Wiese und dann

Sehenswertes

▶ Die Nette entspringt in Hohenleimbach und fließt durch die Vordereifel, das Maifeld und die Pellenz bis Weißenthurm, wo sie in den Rhein mündet. Der kleine Fluss ist Flusslandschaft des Jahres 2008/2009 und lohnendes Ziel für Ausflüge und Wanderungen.

wieder mit Auenwald aufwartet. Nach **1.1 km** beginnt für uns der Aufstieg. Wir wenden uns mit einer Spitzkehre nach links und kehren der Nette den Rücken zu. Auf herrlich weichem Grasweg wandern wir bergan. In der nächsten Kehre bietet ein Rastplatz Gelegenheit zum Innehalten, anschließend setzen wir den Aufstieg kontinuierlich, aber nicht steil fort. Bei **Kilometer 1.5** biegen wir erneut mit einer Spitzkehre nach links aufwärts ab und schon 250 m später vereinigen sich die beiden Wegvarianten wieder (3). Hier dürfen wir den gemeinsamen Abzweig nach rechts auf felsigen Pfad hinauf zum „Gipfel" nicht verpassen.

Auf der folgenden Passage über Magerwiesen mit Steinnelken und bemooste, schroffe Felsklippen kommt Abenteuerflair auf. Gekrönt werden unsere Mühen nach **1.9 km** auf einem flachen Sattel: Eine Doppelaussicht (4) macht uns die Entscheidung schwer, welche Fernsicht die schönere ist: Zum einen liegt tief unter uns das Nettetal mit Trimbs. Zum anderen dürfen wir uns aber auch die grandiose Aussicht auf Welling mit der markanten Kirche und auf die Felsen im Nettetal nicht entgehen lassen. Tief beeindruckt von so viel Ausblick, folgen wir dem Traumpfad kurzweilig nordwärts. Zunächst werden wir links noch von üppigen und sehr dichten Hecken begleitet, bald erstreckt sich aber

Nette-Schieferpfad

Flussbegehung.

Erfrischung für die Füße.

Felspassage am Schieferaufschluss.

auch auf dieser Seite offenes Feld. Nach **2.5 km** stoßen wir auf einen querenden Feldweg und halten uns links. Vor uns öffnet sich eine neue, spannende Perspektive auf die sehr abwechslungsreiche Umgebung. An der folgenden Weggabelung schwenken wir rechts auf den schmalen Erdweg zwischen Hecken und Feldrand. Wenig später ist erhöhte Aufmerksamkeit gefordert, denn hier biegt unser Pfad am Feldrand scharf nach links ab, um wenige Meter weiter wieder einen Rechtsbogen zu machen. Wir erreichen die L 113 am Rand des Neubaugebiets **(5)**, queren die Straße und laufen am Rand der Felder aufwärts. Bald findet sich die Möglichkeit, links auf einen breiten Grasweg abzubiegen, der uns nun oberhalb der Neubauten entlangführt. Nach **3.4 km** mündet der Grasweg auf einen Feldweg. Wir wandern nach rechts weiter und bleiben dem Feldweg über einige Richtungsänderungen hinweg treu.

Unterwegs genießen wir die Weite der uns umgebenden Felder und lassen den Blick in die Ferne schweifen. Links sehen wir das Moselschiefer-Bergwerk Margareta: Über einen einzigartigen Lkw-Tunnel in die Tiefe wird dort eine der wertvollsten Schiefersorten der Welt ans Tageslicht geholt und zur Weiterbearbeitung an den Mayener Katzenberg gebracht. Nahe einem kleinen Wäldchen biegen wir nach links und beginnen an Höhe zu verlieren. An einem unauffälligen kleinen Kreuz biegen wir rechts ab. Nur wenige Meter später kann man über einen Pfad links zum nur 20 m entfernten Aussichtsplateau (mit Rastbank) laufen. Zurück auf dem Traumpfad, frönen wir ganz dem Genuss des herrlichen Pfads. Sachte geht es dabei abwärts, immer wieder geben die Hecken den Blick ins Nettetal und zum Mosellaschacht frei.

Sehenswertes

▶ Wer glaubt, das Maifeld und die Vordereifel bestünden geologisch ausschließlich aus den Relikten der feuerspeienden Vulkane, der irrt gewaltig. Wirtschaftlich von großer Bedeutung sind bis heute die unterirdischen Schiefervorkommen bei Mayen. Die hervorragende Qualität des Moselschiefers macht das Naturprodukt weltweit zum begehrten Rohstoff für Hausdächer und Fassaden. Doch was ist Schiefer? Vor etwa 400 Millionen Jahren entstand aus feinen Meeresablagerungen soge-

Besonders traumhaft wird der Pfad nach **4.9 km**: Steil gestellte Schieferfelsen, deren feine Schichten auch dem Laien sofort auffallen, geben uns Einblick in die Erdgeschichte. Hier können wir im wahrsten Sinn des Wortes „begreifen", warum sich Schiefer so hervorragend spalten lässt und damit ein wichtiger und begehrter Naturrohstoff ist. Mitten in diesem Felsenparadies lädt eine Bank mit Blick auf den Nettehof zur Rast ein **(6)**. Wenige Meter später zeugt ein alter Stollenmund von der traditionsreichen Bergbautätigkeit zur Gewinnung des wertvollen Dachschiefers im Raum Mayen. Nahe einem aufgelassenen Steinbruch treffen wir auf einen Querweg und laufen weiter geradeaus, bis wir auf einen asphaltierten Wirtschaftsweg zum Nettehof stoßen. Wir biegen scharf nach links auf den Asphaltweg und verlassen diesen 250 m später bei **Kilometer 5.5** mit einer Wendung nach rechts. Wieder auf einem Naturweg angelangt, umrunden wir das Areal des Angelvereins Hausen. Rechts erhebt sich über uns die kleine Siedlung rund um den Mosellaschacht. An einer Wegkreuzung laufen wir nach links und finden uns im Auenwald der Nette wieder. Wenige Meter später geht es dann per Steg **(7)** über die hier fast kanalartig gefasste Nette. Am anderen Ufer wandern wir direkt am Fluss nach rechts. Zwar befinden wir uns hier in der Hochwasserzone, dafür ermöglicht die ufernahe Wegführung aber das unmittelbare Erleben der Flusslandschaft.

Erdgeschichte hautnah.

Schattenspiel.

Als unser Uferpfad auf einen Wanderweg trifft, geht es kurzweilig und ansteigend weiter. Durch das Laub können wir das Nettetal aus neuer Warte betrachten. Einen abwärts abzweigenden Pfad ignorieren wir und laufen weiter entlang der Hangflanke

Nette-Schieferpfad

nannter Tonstein. Dieser verfestigte sich im Laufe der Jahrmillionen zu einem massiven Steinpaket. Infolge der Gebirgsbildung war der Tonstein dann hohen Drücken ausgesetzt und wurde so zu Schiefer umgewandelt. Die beiden Moselschiefer-Bergwerke Margareta und Katzenberg können nicht besichtigt werden – aber lohnenswert ist ein Besuch des Deutschen Schieferbergwerks unter der Genovevaburg mitten in Mayen. Dort erfahren Besucher alles zum Schieferabbau. ⓘ www.schiefer.de

bergan. Wir folgen der Topografie der Hangflanke und lassen auch an der nächsten Weggabelung den rechts abbiegenden Pfad unbeachtet. Wenige Meter später treffen wir auf den asphaltierten Maifeld-Radwanderweg. Wer das Nettetal aus einer ungewohnten Perspektive betrachten möchte, kann hier einen Abstecher auf dem Radweg nach rechts einlegen: Nur 80 m entfernt, spannt sich das beeindruckende Viadukt „Hausen" über das enge Tal und bietet tolle Ein- und Ausblicke. Doch auch wer dem Traumpfad unmittelbar folgt, kommt sogleich in den Genuss eines besonderen Abenteuers: Wir stehen nämlich direkt vor dem mächtigen Portal des Tunnels „Hausen 2" (8). Der gut 250 m lange, beleuchtete Tunnel ist eine Rarität auf Wanderwegen – und entsprechend aufgekratzt kommen wir wieder ans Tageslicht. Dort erwartet uns sofort das nächste Viadukt mit tollem Blick nach Nordwesten, und gleich darauf stehen wir wieder vor einem Tunnelportal.

Diesmal gehen wir aber nicht hinein, denn der Traumpfad biegt nach **7.4 km** unmittelbar vor dem Tunnel „Hausen 1" nach links auf einen Waldpfad ab. Wir wandern zu einem breiteren Weg, der zunächst eine Rechtskurve macht. Dann gabelt sich der Weg und wir laufen links steil im Wald bergan. Nach **7.8 km** haben wir die maximale Höhe der Tour überwunden, laufen steil abwärts und biegen am Waldrand rechts ab. Einen wenig später querenden Weg ignorieren wir und folgen immer weiter dem Waldrand.

Wir passieren nach **8.5 km** einen Aussichtsplatz (9), von dem aus wir weite Strecken der Wanderung im Blickfeld haben. Im weiteren Verlauf können wir noch einmal ausgiebig das Moselschiefer-Bergwerk Margareta betrachten. Doch bei aller Aussicht dürfen wir es nicht verpassen, 200 m später scharf links auf einen unscheinbaren Pfad in den Wald abzubiegen. Der Pfad bringt uns zum Teil recht steil (Trittsicherheit – vor allem bei Nässe sind Stöcke hilfreich!) wieder auf das Niveau der Nette. Wir halten uns an einem Abzweig geradeaus, biegen dann rechts in ein Nebental ab, das wir nur wenige Meter später neben einer Quelle queren. Noch ein letzter kurzer Aufstieg, dann haben wir die L 113 erreicht und laufen neben der Leitplanke abwärts. Nach **9.2 km** treffen wir am Ende der unglaublich abwechslungsreichen und sehr reizvollen Wanderung wieder am Startpunkt an der Nettebrücke in Trimbs (1) ein.

Sehenswertes

▶ Zu den Erlebnisstationen des Vulkanparks gehört der Katzenberg vor den Toren Mayens. Am Katzenberg errichteten die Römer etwa 300 n. Chr. nach Zerstörung des Limes zur Abwehr der rebellischen Germanen eine große Wehranlage. Heute kann man die zum Schutz der Grabungen errichtete Römer-Warte jederzeit besichtigen. Beim Begehen des rekonstruierten Wehrgangs spürt man hautnah die Atmosphäre im damaligen Römerlager. ⓘ www.vulkanpark.com

Schiefer.
Ein schönes Stück Natur.

Kaum ein Werkstoff ist langlebiger und robuster. Und kaum ein Werkstoff ist so natürlich.

Schiefer. Seit den alten Römern begehrtes Material für Dach- und Fassadeneindeckungen. Und bis heute Inbegriff für natürlich gesundes Bauen und Wohnen.

Seine einzigartige Ästhetik verleiht jedem Haus natürlichen Charme.

Sie leben gern im Einklang mit der Natur? Dann werden Sie Schiefer lieben.

Rathscheck Schiefer und Dach-Systeme

St.-Barbara-Straße 3
D-56727 Mayen-Katzenberg

Telefon 02651/955-0
Telefax 02651/955-100

info@schiefer.de

www.schiefer.de

▶ **Strecke:**
Nettebrücke Trimbs – Aussicht Nettetal – Tunnel Hausen – Trimbsblick

▶ **An-/Abreise:**
Über die A 48 (Abfahrt Polch) und die L 113 gelangt man nach Trimbs.

▶ **Parken:**
- Trimbs, Dorfplatz (Auf dem Reusch)   *N50° 19' 23.2'' • E7° 17' 58.6''*
- Welling, Dorfplatz   *N50° 19' 48.9'' • E7° 19' 03.4''*

▶ **ÖPNV:**
- Zielhaltestelle: Trimbs Nettebrücke
  Linien: 337 (täglich) Mayen Ost Bf. – Hatzenport Bf.
- Zielhaltestelle: Straßburgerhof
  Linien: 350 (täglich) Koblenz Hbf – Mayen Ost Bf.

▶ **TAXI:**
Loch ✆ 02625/958030

▶ **Einkehr:**
- Gasthaus „Zur Nette", Ecke Hauptstraße/Auf der Reusch, 56753 Trimbs
- Weitere Einkehrmöglichkeiten unter: www.maifeld.de

▶ **Übernachten:**
- Hotel-Restaurant Zur Post, Mayener Str. 26, 56753 Welling
  www.catering-partyservice24.de ✆ 02654/6311
- Weitere Unterkunftsmöglichkeiten unter: www.maifeld.de

▶ **Strecken- und Aussichtspunkte:**

P1	Nettebrücke Trimbs	*Ost 378944 Nord 5575895*
P2	Abzweig Direktroute	*Ost 379271 Nord 5575912*
P3	Vereinigung beider Routen	*Ost 379394 Nord 5575830*
P4	Doppelaussicht	*Ost 379385 Nord 5575933*
P5	Querung L 113	*Ost 379221 Nord 5576637*
P6	Schieferaufschluss	*Ost 379917 Nord 5576326*
P7	Steg über die Nette	*Ost 377588 Nord 5576096*
P8	Moselschiefer-Radweg	*Ost 377252 Nord 5575180*
P9	Aussicht auf Trimbs	*Ost 378346 Nord 5575798*

Tour 19   Auf einen Blick

Ausblick vom Bahnviadukt.

Rast im Schiefer.

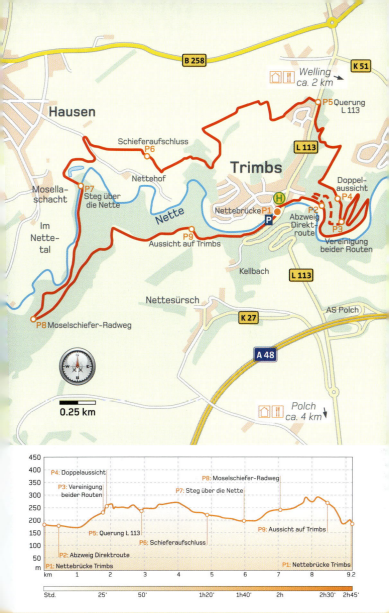

Streckenprofil

▶ Im Winter können die teils steilen Felsenpfade wetterbedingt schwer begehbar sein. Die besten Zeiten für eine Tour auf dem Nette-Schieferpfad: Sommer und Herbst.
▶ Diese Wanderung eignet sich trotz einiger Steilan- und -abstiege auch noch für normal trainierte Anfänger und Familien mit etwas wandererfahrenen Kindern.

Strecke: Dorfgemeinschafts-haus Virneburg – Ruine Virneburg – Nitzbachtal – Brauberg

- **Länge:** 10 km
- **Gesamt:** 2 Std. 50 Min.
- **Höchster Punkt:** 521 m
- **Steigung/Gefälle:** 327 m
- **Anspruch:** ★ ★
- **Kalorien:** ♀ 728 ♂ 854

- **Tour-Download:** TPX4T16
  www.wander-touren.com

- **Tourist-Info:**
  Touristik-Büro Vordereifel
  Kelberger Str. 26
  56727 Mayen
  ☏ 02651/800959
  ⊕ www.vordereifel.de
  ⊕ www.traumpfade.info

scan to go
QR-Code mit dem internetfähigen Smartphone einscannen und Startpunkt direkt anzeigen lassen.

Tour 20

Burgtor. — Auf dem Schafberg. — Durch die Heide.

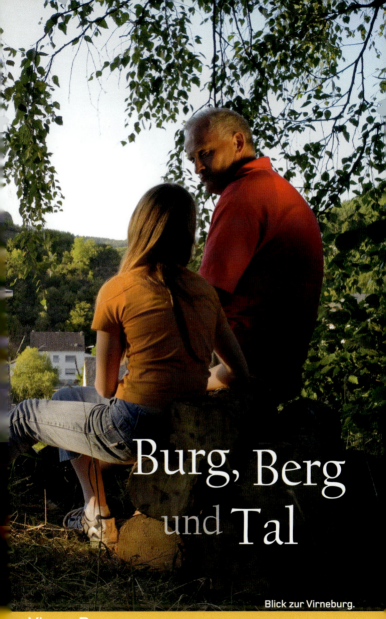

Blick zur Virneburg.

Virne-Burgweg

Hoch über dem Nitzbach erhebt sich die eindrucksvolle Ruine der Virneburg – ein sprichwörtlicher Höhepunkt dieser Rundtour. Neben alten Gemäuern erwartet uns heute auch eine vielfältige Natur – mit herrlichem Wald und tollen Heiden. Traumhafte Pfadpassagen krönen diese Wanderung auf dem Weg des Jahres 2008.

Weitläufige Burganlage: die Virneburg.

Auf Ritterspuren.

Am Parkplatz neben der Gemeindehalle in Virneburg (1) beginnen wir die Rundwanderung auf dem Virne-Burgweg. Zunächst laufen wir über den Fußweg hinab zum Nitzbach, den wir neben dem Dorfteich überqueren. Durch die engen Gassen des kleinen Ortes gelangen wir zum Wiesenpfad, der uns bergan zur kleinen Kapelle und zur Ruine der Virneburg (2) führt. Die eindrucksvollen Gemäuer der aus dem 13. Jahrhundert stammenden Burg zeugen noch heute von der machtvollen Stellung der Grafen von Virneburg. Wir bewundern von der hoch über der Gemeinde thronenden Burgruine aus die Siedlung, die uns, in das satte Grün des umgebenden Waldes eingebettet, zu Füßen liegt.

Ein Wiesenweg führt uns aus der Burg heraus abwärts zurück ins Dorf, wo wir die B 258 queren. Sogleich wenden wir uns links neben einem Haus auf schmalem Pfad bergan und treffen nach **900 m** auf den nach rechts führenden Vulkanweg. Wir folgen dem abwechslungsreichen Naturweg. Im Tal unter uns murmelt munter der Nitzbach. Langsam geht es abwärts, bis wir uns an einem Parkplatz (3) neben der Nitzbachbrücke auf Niveau des Bachs befinden. Wir laufen geradeaus weiter und verlassen erst nach **2 km** das Haupttal, indem wir links in ein Seitental abbiegen.

Auf naturbelassenem Waldweg laufen wir nun stetig bergan, passieren einen Fischteich und erreichen nach weiteren 600 m

Sehenswertes

▶ In Monreal erhebt sich über dem Städtchen die **Ruine der Löwenburg**. Ursprünglich gründeten die Virneburger die Burg zum Schutz der Stadt, die für ihre Stoffe bekannt war. Während des Dreißigjährigen Krieges wurde die Löwenburg 1689 von den Franzosen zerstört. Bis heute erhalten sind der markante Bergfried, Reste der Kapelle sowie die Vorburg. Die Ruine ist frei zugänglich. ▶ S. 238

Aussicht auf alte Mauern.

am Scheitelpunkt der Talumrundung eine Wegkreuzung. Hier wenden wir uns nach links und ersteigen den Hochwald. Gut 40 Höhenmeter weiter oben quert ein Waldweg, wir wenden uns nach links. An der folgenden Wegkreuzung bei **Kilometer 3.1** wenden wir uns nach rechts, ebenso nach weiteren 200 m. Nun wandern wir auf herrlichem Waldweg nahe dem Waldrand entlang nach Osten.

Es geht nur noch unmerklich aufwärts. Schließlich verlassen wir den Wald und laufen links am Waldrand entlang. Zunächst erahnen wir die weite Aussicht nur, nach einem neuerlichen Richtungsschwenk nach rechts aufwärts offenbart sich uns aber die Panoramasicht in voller Pracht! Wir befinden uns nun am Schafberg, wo eine Bank **(4)** zum Verschnaufen einlädt. Die Flora am Schafberg steht mit ihrer Heidevegetation, den duftenden Kiefern, niedrigen Eichen und Wacholdern in strengem Gegensatz zum bisherigen Mischwald. Wir genießen diesen Wechsel und die ursprüngliche Natur in vollen Zügen. Anschließend wandern wir zur B 258, die wir auf Höhe einer kleinen Kapelle am Waldparkplatz neben dem Sportfeld queren **(5)**. Wir laufen geradeaus weiter und finden uns nach **5.2 km** mitten in der grandiosen Landschaft der Blumenrather Heide wieder. In diesem Schutzgebiet gedeiht die typische Wacholderheide der Eifel. Weidetiere halten die Flächen offen.

Virne-Burgweg

Lichtspiele in der Blumenrather Heide. | Sonnenrast am Schafberg.

Wir folgen dem breiten Weg zwischen Wald und Heide, bis wir scharf nach links abbiegen. Wer möchte, kann zuvor einen Abstecher zur nahen Schutzhütte (200 m geradeaus) machen. Geradewegs durch die Wacholderflächen wandern wir nun westwärts und bewundern das sich uns bietende Panorama. Am Horizont zeichnet sich die Silhouette der Nürburg ab. Nach **6.6 km** treffen wir an der Schutzhütte Virneburg (6) ein.

Nun beginnt eine tolle Passage! Direkt rechts neben der Hütte startet der Bergpfad, der uns eng und gewunden an der Hangkante entlang durch den lichten Wald führt. Tolle Ausblicke wie die Schöne Aussicht (7) und exponierte Abschnitte machen diesen Teil der Wanderung zu einem echten Abenteuer. Bei **Kilometer 7.3** mündet der Pfad nach links auf einen Waldweg. Beeindruckende Felsformationen erwarten uns beim weiteren, gemächlichen Abstieg ins Tal. Dort treffen wir schließlich auf einen Teerweg, der uns links zur nahen Brücke über den Nitzbach bringt. Nur 100 m später biegen wir erst scharf rechts und gleich wieder scharf links ab. Jetzt wandern wir auf weichem Grasweg bergan. Offene Wiesenflächen und kleine Gehölze begleiten uns beim Aufstieg, der zu einem traumhaften Ausblick auf

Sehenswertes

▶ Die noch heute mächtige und eindrucksvolle Ruine der Virneburg beherrscht die kleine Gemeinde bereits seit dem 11. Jahrhundert. Ursprünglich im Besitz der Pfalzgrafen, ging die Lehenshoheit im 14. Jahrhundert an die Grafen von Sayn über. Gegenseitige Besitzansprüche zwischen den Grafen von Virneburg und den Grafen von Sayn dauerten bis ins 16. Jahrhundert. Die Burg wurde 1689, wie viele Burgen zwischen Eifel und Rhein, beim Einmarsch der französischen Truppen zerstört.

Ausblick ins Nitzbachtal.

die Virneburg führt. Nach **8.7 km** biegen wir links ab und bewegen uns wieder abwärts Richtung Virneburg. Der Weg verläuft durch dichte Hecken und Gehölze. Recht unvermittelt tauchen nach 350 m die ersten Häuser der Gemeinde auf.

Nur kurz währt unsere Stippvisite im Dorf, denn wir wenden uns bereits am Ortsbeginn nach rechts, um uns nach Querung des Tals gleich bei erster Gelegenheit wieder rechts zurück in die Natur zu wenden. Wir folgen dem Wiesenweg leicht bergan, passieren ein Privatgrundstück und dürfen die erste Abzweigung nach links nicht verpassen. Nun laufen wir höhenparallel endgültig zurück nach Virneburg. Nach einer letzten Waldpassage wird uns der Sinn dieses Abstechers klar: An einer Sitzgruppe (8) stehen wir auf Augenhöhe mit der auf der anderen Talseite aufstrebenden Burgruine, ein majestätischer Anblick!

Unser Weg führt uns nun noch an einer alten Steinbruchwand vorbei. Nach **9.8 km** haben wir den Ort wieder erreicht und biegen am Spielplatz nach links abwärts. Ein schmaler Fußweg bringt uns so nach **10 km** direkt zurück zum Startpunkt an der Gemeindehalle (1).

Virne-Burgweg

Der Traumpfad Virne-Burgweg wurde als Deutschlands schönster Wanderweg 2008 ausgezeichnet.

Einfach spitze: der Virne-Burgweg.

▶ **Strecke:**
Dorfgemeinschaftshaus Virneburg – Ruine Virneburg – Nitzbachtal – Brauberg

▶ **An-/Abreise:**
Über die B 258 ins Zentrum von Virneburg. Die Wanderung beginnt am Dorfgemeinschaftshaus in Virneburg.

▶ **Parken:**
- Dorfgemeinschaftshaus (Auf der Au 6)   *N50° 20' 29.6'' • E7° 04' 31.5''*
- Blumenrather Heide (B 258)   *N50° 20' 14.5'' • E7° 05' 37.1''*

▶ **ÖPNV:**
Zielhaltestelle: Virneburg Brücke
Linien: 344 (Mo.–Sa.) Mayen Ost Bf. – Herresbach
528 (Schultage) Adenau – Baar (Hst. Mühlenberg)

▶ **TAXI:**
Heinz ✆ 02651/700999

▶ **Einkehr:**
- Bäckerei/Café/Restaurant Zur Burg, Hauptstraße 37, 56729 Virneburg ✆ 02656/723
- Café Bistro Restaurant Das Wohnzimmer mit Galerie, Hauptstr. 33, 56729 Virneburg ✆ 02656/951626 ⊙ Di. Ruhetag

▶ **Übernachten:**
- In Virneburg gibt es private Übernachtungsmöglichkeiten.
  ⓘ www.virneburg-eifel.de/touristik.htm
- Hotel Wasserspiel, Im Weiherhölzchen 7–9, 56727 Mayen-Kürrenberg ✆ 02651/3081
- Reiter- und Ferienhof „Zum Hochscheid", Hauptstraße 86, 56727 Mayen-Kürrenberg ✆ 02651/76109 ⓘ www.zumhochscheid.de

▶ **Strecken- und Aussichtspunkte:**

P1	Dorfgemeinschaftshaus Virneburg	*Ost 363156 Nord 5578417*
P2	Ruine Virneburg	*Ost 363320 Nord 5578537*
P3	Parkplatz an Brücke	*Ost 363054 Nord 5578052*
P4	Aussichtsbank Schafberg	*Ost 363546 Nord 5577532*
P5	Querung B 258	*Ost 364324 Nord 5577872*
P6	Schutzhütte Virneburg	*Ost 363707 Nord 5578582*
P7	Schöne Aussicht	*Ost 363666 Nord 5578830*
P8	Rastplatz mit Aussicht	*Ost 363040 Nord 5578399*

Tour 20   Auf einen Blick

Annäherung an Virneburg.

Wandern mit Weitblick.

Streckenprofil

▶ Die besten Jahreszeiten für den Virne-Burgweg sind der Sommer und vor allem der Herbst, denn dann erstrahlt die Heide in voller Pracht.
▶ Diese Wanderung eignet sich trotz einiger Steilan- und -abstiege auch für normal trainierte Anfänger und Familien mit Kindern.

Strecke: Sportplatz Bermel – Schälskopf – Köhlerhütte – Aussicht Hochbermel

- **Länge:** 10.2 km
- **Gesamt:** 3 Std.
- **Höchster Punkt:** 555 m
- **Steigung/Gefälle:** 344 m
- **Anspruch:** ★ ★
- **Kalorien:** ♀ 756 ♂ 887

- **Tour-Download:** T2X8TX1
  www.wander-touren.com

- **Tourist-Info:**
  Touristik-Büro Vordereifel
  Kelberger Straße 26
  56727 Mayen
  02651/800959
  www.vordereifel.de
  www.traumpfade.info

scan to go

QR-Code mit dem internetfähigen Smartphone einscannen und Startpunkt direkt anzeigen lassen.

Tour 21

Auf dem Hochplateau. | Blütenpracht am Traumpfad. | Mitten im Grünen.

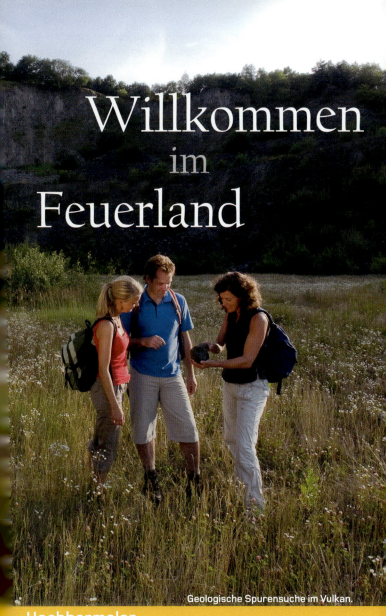

Willkommen im Feuerland

Geologische Spurensuche im Vulkan.

Hochbermeler

Mitten durch die sanften Höhen der inzwischen friedlichen Vulkaneifel führt uns der Hochbermeler über traumhafte Pfade, vorbei an rauschenden Bächen und durch verschwiegene Wälder. Fantastische Panoramablicke lassen die Wanderherzen höherschlagen.

Unser Ausflug ins „Feuerland" beginnt am Sportplatz in Bermel (**1**). Über einen Zuweg erreichen wir nach nur **200 m** den Traumpfad Hochbermeler (**2**), den wir im Uhrzeigersinn erkunden wollen. Also biegen wir nun links auf einen breiten Waldweg ab, der bald auf einen der Steinbruchszuwege trifft. Noch laufen wir unbeirrt geradeaus weiter. Erst einige Meter später dürfen wir den Abzweig nach links in das brachliegende, von Gräsern und Büschen in Beschlag genommene Areal einer weiteren Abbausohle nicht übersehen.

Ein enger Pfad führt uns über den holprigen Untergrund, Trittsicherheit ist hier notwendig! Doch wir werden für diese etwas mühsame Passage reich belohnt, denn an der Hangkante angelangt, sind wir sofort begeistert von der Panoramaaussicht auf Bermel (**3**) und Umgebung. Auch der anschließende Pfadabschnitt beeindruckt uns sehr – das ist echtes „Traumpfad-Wandern".

Beeindruckende Kraterwand.

Viel zu schnell erreichen wir wieder den breiten Weg und schwenken nach links. Doch noch einmal gewährt uns der Hochbermeler einen Einblick in die feurige Vergangenheit: Rechts zweigt nach **0.9 km** ein Zuweg in den ehemaligen Steinbruch ab, und dort stehen wir der himmelhohen Wand des Feuerbergs Hochbermel unmittelbar gegenüber.

Zurück auf dem Hauptweg, queren wir wenig später die Zufahrt zu den Buchenhöfen. Wir wandern fast geradeaus weiter und versinken im rauschenden Wald. Zwei Richtungswechsel meistern wir spielend, und nach **1.6 km**

Sehenswertes

▶ Nicht nur zur Anreise in die Region eignet sich die **Eifelquerbahn**. Auch eine Ausflugsfahrt auf der Strecke zwischen Andernach und Gerolstein ist ein tolles Erlebnis. Infos: ⏲ www.eifelquerbahn.de

Felsenklippe am Hochbermel.

passieren wir auf unserem abschüssigen Waldweg das erste Gebäude im Wald. Danach geht es nach rechts, und wir gelangen zum Waldrand oberhalb von Fensterseifen.

Nun folgen wir dem Asphaltweg nach links, passieren eine kleine Kapelle und treffen in Fensterseifen (4) ein. Wir laufen durch den kleinen Ort und wechseln nach **1.8 km** zurück in die Natur. Zügig bringt uns der Feldweg durch Wiesen in den Wald. Nach der ersten Anhöhe verändert sich die Vegetation, hochgewachsene Buchen dominieren hier das Szenario. Unter unseren Schuhen raschelt das Laub des letzten Jahres und macht uns überdeutlich, dass ansonsten hier nichts herrscht als herrliche Ruhe. Der Anstieg wird etwas steiler, der Buchenhallenwald wird von gedrungenen Laubbäumen – darunter viele Eichen – abgelöst. Am Rande einer Tannenschonung biegen wir leicht rechts ab, und nach **2.7 km** verlassen wir den Wald, um am Rand eines Feldes zunächst nach links, dann aber bei erster Gelegenheit rechts über die offene Fläche zu laufen. Dabei kommen wir in den Genuss eines grandiosen Ausblicks, denn unser Blick schweift rechts zum kegelförmigen Gipfel des Hochbermel. Dort werden wir am Ende der Tour auch noch vorbeikommen.

Hochbermeler

Abwechslungsreiche Tour zwischen Feld und Wald.

Am Waldrand wenden wir uns nach links und wandern nun mit sanfter Steigung in das nächste Waldstück. Dort steht ein kleiner Abstecher zum Schälskopf (5) an, einem mit Basaltbrocken übersäten „Berggipfel" mitten im Wald. Die fast schwarzen, sehr harten Gesteinsbrocken sind ein weiterer Kontakt zur feurigen Vergangenheit der Umgebung und erinnern uns daran, dass es in der Vulkaneifel einst sehr heiß herging.

Wir kehren zum breiten Forstweg zurück und laufen nun mit einigen Schlenkern langsam abwärts, bis wir

Grandiose Fernsichten.

schließlich wieder offenes Feld erreichen. Vor uns breitet sich die Hochfläche „Heunen" aus und ermöglicht fast grenzloses Fern-Sehen. Nach **3.7 km** biegen wir rechts auf einen Grasweg ab (6), geradeaus führt der Wirtschaftsweg zum benachbarten Traumpfad bei Monreal (▶ S. 238).

Wir wandern – beschwingt von großartigen Aussichten – über die offene Landschaft talwärts und queren in einem Wäldchen einen kleinen Bach. Klar, dass es nun wieder etwas bergan geht, aber schon nach wenigen Metern Aufstieg begeistert uns erneut die Weite des Hochplateaus.

Nach **4.5 km** treffen wir auf einen Asphaltweg und halten uns links. Schon nach wenigen Metern dürfen wir rechts auf einen Feldweg wechseln und mitten durch die Felder laufen. Einen Querweg ignorieren wir, erst am Wald biegen wir links ab. Mit einigen Schlenkern wandern wir abwärts auf raschelndem Waldpfad durch den mittelhohen Jungwald. Schließlich treffen wir in Sichtweite des Heunenhofs im Thürelzbachtal ein, dessen herrliche Natur uns sofort in den Bann schlägt. Nur gelegent-

Sehenswertes

▶ Wer die Wanderstiefel mal stehen lassen möchte, dem bietet der Eifel-Schiefer-Radweg eine gute Gelegenheit, die abwechslungsreiche Vordereifel mit dem Drahtesel zu erkunden. Der anspruchsvolle Radweg beginnt und endet in Monreal. ⓘ www.vordereifel.de

lich wird die Idylle vom eindringlichen Pfeifen der Züge auf der Pellenz-Eifel-Strecke unterbrochen.

Wir wenden uns nach rechts und laufen nun kurzweilig durch die Talaue. Vom Wasser selbst bekommen wir noch nicht viel mit. Das ändert sich allerdings, als wir vor einer Brücke rechts auf einen weichen Waldweg abbiegen und nun dem Kimpelbachtal aufwärts folgen. Auch an der nächsten Weggabelung bleiben wir dem Talgrund treu und erfreuen uns an der fast unberührten Natur. Sträucher und Jungbäume säumen den Weg, und links gluckert der kleine Bach, meist verdeckt durch üppige Grasbüschel. Schließlich weitet sich das Tal, und wir erkennen, dass sich rechts ein Seitental öffnet. Wir queren den Bach und wenden uns auf der anderen Seite am Waldrand nach **6.3 km** rechts in das Seitental. Zunächst noch mit freiem Blick auf den Wiesengrund, später durch hochgewachsenen Mischwald, führt uns der Traumpfad stetig bergan.

Sehr abwechslungsreich präsentiert sich der Wald, dicke Sternmoospolster verbergen Steine und Wurzeln in der Böschung. Nach einem Windbrucharreal übernehmen einmal mehr die him-

Hochbermeler

Erholsame Weite auf dem Hochplateau.

melhohen Buchen das Regiment. Dann fällt uns, etwas oberhalb im Hang, ein Gemäuer auf. Der Traumpfad führt uns direkt dorthin – und das Bauwerk entpuppt sich als uralter Unterstand. Einst diente die sogenannte „Köhlerhütte" [7] den Köhlern als Zuflucht – und Schutzhütte.

Von der Köhlerhütte kehren wir schnurstracks zum breiten Weg zurück, queren diesen und wandern nun auf tollem Pfad. Wir kommen dem Bach dabei sehr nahe und dürfen ihn schließlich mithilfe von Trittsteinen queren. Am Nordufer wandern wir auf weichem Waldweg weiter aufwärts und zollen dem Wasserlauf Respekt, dessen Bett sich immer mehr zum tief eingeschnittenen Canyon wandelt. Welch immense Kräfte Wasser entwickeln kann, gerät oft zu schnell in Vergessenheit.

Allmählich weicht der Wald auf der linken Seite zurück, der Canyon flacht ab, und nach **7.4 km** finden wir uns auf einem von Buschwerk begleiteten Wiesenweg wieder. Bald bleiben auch die letzten Hecken zurück, und vor uns öffnet sich ein neues Panorama der Extraklasse: Geradeaus blicken wir auf Kalenborn mit seinen Windrädern, ansonsten breitet sich in alle Richtungen die typische Vulkaneifellandschaft vor uns aus. Wir treffen auf einen Asphaltweg und laufen rechts bergan. Schon nach 100 Metern wählen wir aber einen geradeaus führenden Feldweg und wandern nun oberhalb der Weide nach Nordosten. Achtung: Am Ende der Weide dürfen wir den scharfen Knick nach links nicht verpassen, der uns über ein Feld und durch einige Hecken zu einem querenden Waldweg bringt – und zu einer der schönsten Passagen dieses Traumpfades.

Auf weichem Boden wandern wir zunächst durch einen dichten, dunkelgrünen Tannenwald, der uns fast in besinnliche Stimmung versetzt. Wir kommen uns vor wie im Märchenland. Mit etwas Glück kann man Fuchs und Hase begegnen. Die Nadelbäume weichen zurück, und im Laubwald biegen wir nun mehrfach ab: erst links, dann rechts, dann wieder links auf einen breiten Weg. Dieser führt uns zu einer markanten Kreuzung am Waldrand, wir laufen hier rechts auf breitem Forstweg aufwärts. Aber schon wenig später nutzen wir rechts einen Stichweg und treffen schnell auf einen weiteren Waldweg nach rechts. Nun bewegen

Sehenswertes

▶ Mit dem Traumpfad umrunden wir den eindrucksvollen Vulkan bei Bermel, erhalten Einblicke in den Krater – und doch sollten wir dem Inneren des Feuerbergs auch heute nicht zu nahe kommen. Grund ist freilich nicht mehr die Gefahr glühender Lava, sondern der Status des Hochbermel als geschütztes Naturrefugium. Nach jahrelangem Basaltabbau konnte sich die Natur am Hochbermel und am benachbarten Kleinbermel von den Eingriffen des Menschen erholen. Aufwendig wurden Relikte

wir uns bereits an der Flanke des Hochbermel. Doch erst an der nächsten Weggabelung wird es anstrengend, denn wir halten uns links, nun stramm bergan. Aber lange dauert der Konditionstest nicht, 20 Höhenmeter später schicken uns die Logos links auf einen fast eben verlaufenden Weg.

Naturidylle im Elzbachtal.

Wir wandern nun knapp unterhalb des Gipfels entlang und stellen uns vor, welches Inferno der heute so harmlos wirkende Berg einst entfachte. Aber mittlerweile ist der Boden kalt, Feuer, Aschewolken und Schwefeldämpfe haben sich längst verzogen. Der Weg gabelt sich, – und wir bleiben dem obersten Weg treu, laufen nun direkt zur beeindruckenden Abbruchkante des ehemaligen Basaltsteinbruchs. Zu weit sollte man sich nicht vorwagen, denn die Sohle des Tagebaus liegt viele Meter tiefer. Vom sicheren Standpunkt aus genießen wir die großartige Aussicht vom Rand des Hochbermel (8). Nach der kurzen Pause folgen wir dem Pfad abwärts zu einem breiteren Waldweg. Wir verlieren weitere Höhenmeter und treffen nach **10 km** auf einen Querweg. Hier schließt sich der Kreis unserer Vulkanwanderung. Wir wenden uns dem bekannten Zuweg zu und treffen 200 m später wieder am Sportplatz in Bermel ein (1).

Hochbermeler

der wirtschaftlichen Nutzung entfernt, Halden abgetragen und der ursprüngliche Zustand des Geländes so gut wie möglich wiederhergestellt. Diese Bemühungen haben mittlerweile Früchte getragen. Es hat sich ein artenreiches Biotop mit seltenen Tierarten etabliert. Neben Amphibien, die in den Tümpeln und Gewässern ideale Laichplätze finden, bieten die Kraterwände verschiedenen Vogelarten geschützten Lebensraum.

▶ **Strecke:**
Sportplatz Bermel – Schälskopf – Köhlerhütte – Aussicht Hochbermel

▶ **An-/Abreise:**
Von Mayen erreicht man über die B 258 und die L 98 Monreal. Dort wechselt man auf die L 96 Richtung Bermel. In Bermel kann man am Sportplatz parken und gelangt per Zuweg zum Traumpfad.

▶ **Parken:**
Sportplatz   N50° 20' 14.5'' • E7° 05' 20.0''

▶ **ÖPNV:**
Zielhaltestelle: Fensterseifen Abzw.
Linien: 334 (Mo.–Sa.) Mayen Ost Bf. – Monreal Bf. – Ulmen Bf.

▶ **TAXI:**
Taxi Fiedler ☎ 02651/3030

▶ **Einkehr:**
- Haus Löwenburg, Bahnhofstr. 1, 56729 Monreal ☎ 02651/71701
  ⓘ www.haus-loewenburg-monreal.de (auch Übernachtung möglich)
- Café Plüsch, Obertorstraße 14, 56729 Monreal ☎ 02651/5851
  ⊙ Mi. Ruhetag; 2 DZ für Übernachtungen
- Restaurant „Stellwerk", Bahnhofstr. 58, 56729 Monreal
  ☎ 02651/77767 ⓘ www.stellwerk-monreal.de ⊙ Mo. Ruhetag

▶ **Übernachten:**
- Pension Eifelblick, Hochstr. 21, 56729 Bermel ☎ 02657/402
- Weitere Einkehr-/Übernachtungsmöglichkeiten: ⓘ www.vordereifel.de

▶ **Strecken- und Aussichtspunkte:**

P1	Parkplatz Sportplatz Bermel	Ost 363837 Nord 5571462
P2	Treffen auf Traumpfad	Ost 364023 Nord 5571484
P3	Aussicht Bermel	Ost 364177 Nord 5571752
P4	Ortsmitte Fensterseifen	Ost 364896 Nord 5572084
P5	Schälskopf	Ost 365616 Nord 5572192
P6	Abzweig Verbindungsweg Monreal	Ost 366056 Nord 5572117
P7	Köhlerhütte	Ost 364954 Nord 5570626
P8	Aussicht Hochbermel	Ost 364216 Nord 5571528

Tour 21   Auf einen Blick

Ruhe und Entspannung am Rande des Vulkans.

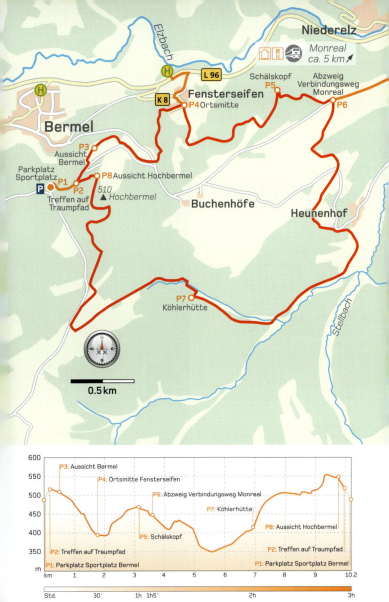

Streckenprofil

▶ Der Hochbermeler kann ganzjährig begangen werden. Die beste Zeit für eine Tour liegt zwischen Frühling und Herbst.

▶ Diese Wanderung eignet sich trotz einiger Steilan- und -abstiege auch für normal trainierte Anfänger und Familien mit etwas wandererfahrenen Kindern.

 Strecke: Kirche Wanderath – Welschenbach – Achterbachtal – Kapelle St. Jost – Virneburgblick

- **Länge:** 12.6 km
- **Gesamt:** 3 Std. 45 Min.
- **Höchster Punkt:** 538 m
- **Steigung/Gefälle:** 303 m
- **Anspruch:** ★ ★
- **Kalorien:** ♀ 866 ♂ 1016

- **Tour-Download:** TPX1T19
  www.wander-touren.com

- **Tourist-Info:**
  Touristik-Büro Vordereifel
  Kelberger Straße 26
  56727 Mayen
  ☎ 02651/800959
  ⌖ www.vordereifel.de
  ⌖ www.traumpfade.info

scan to go

QR-Code mit dem internetfähigen Smartphone einscannen und Startpunkt direkt anzeigen lassen.

Tour 22

Farnblick.   Kraftakt.   Kapelle St. Jost.

Auf heiligen Wegen

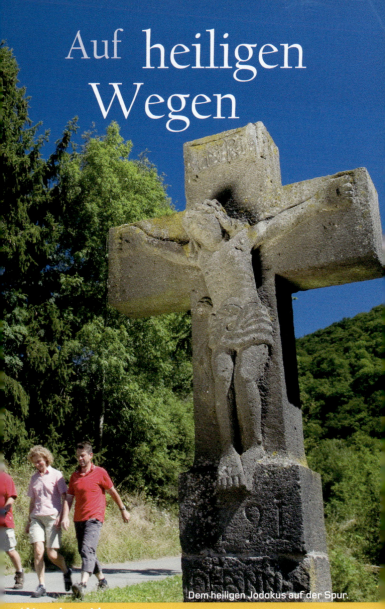

Dem heiligen Jodokus auf der Spur.

Wanderather

Ginster und Wacholder, Hochwald und Felsen, ein plätschernder Bach und großartige Panoramablicke – wer auf den Spuren der Jodokuspilger durch die Eifel bei Wanderath wandert, wird nicht nur innere Ruhe finden, sondern auch tolle Naturerfahrungen machen können.

Mitten in Wanderath, direkt an der Kirche [1], starten wir zu dieser Rundwanderung. Wir queren die K 11 und laufen über die Blumenstraße zum Ortsrand. Dort beginnt ein Wiesenweg, der uns leicht bergan mit einer Linkskurve zu einem Teerweg am Waldrand bringt. Wir wenden uns nach rechts und genießen den Blick über Wanderath und die Umgebung. Nach **600 m** wandern wir durch wogende Felder und Wiesen – die letzten Häuser und der Wald am Eichelsnick bleiben zurück. Exotisch zottelige Lamas schauen uns interessiert nach, und wir sind von der fantastischen Aussicht um uns herum überwältigt.

Der Wiesenweg neigt sich langsam abwärts und schon erkennen wir das nächste Zwischenziel: Welschenbach. Nach **1.7 km** stoßen wir auf die K 11, folgen ihr zur Kreuzung mit der K 13, wo wir rechts Richtung Zentrum von Welschenbach laufen. Unser Aufenthalt im kleinen Dorf währt nur kurz, denn kaum sind wir bei den Häusern rechts bergan abgebogen [2], wenden wir uns links dem Wald zu. Wir gewinnen an Höhe und halten uns an einer markanten Kreuzung links. Wenig später verlassen wir den Wald und laufen durch freies Land: Weite Grasflächen, üppige Hecken, im Frühling leuchtend gelbe Ginsterbüsche und bizarre Wacholder prägen die Landschaft. Der weiche Grasweg rundet diese traumhafte Passage ab. So schön kann Wandern in der Eifel sein!

Erfrischung im Achterbach.

An einer verwitterten Holzbank gabelt sich nach **2.8 km** der Weg, und wir wenden uns nach rechts [3]. Nachdem wir die grandiose Aussicht genossen haben, dürfen wir wieder durch ein Spalier von Ginstern wandern, langsam senkt sich der Weg ab. Wir passieren eine Schutzhütte und queren gleich darauf einen Schotterweg. Halb rechts setzen wir unsere Tour fort und

Sehenswertes

▶ Einblick wie Erlebnis verspricht ein Ausflug in die Ettringer Lay bei Mayen: Dort geht es zu Fuß mitten durch einen Lavastrom. Besonders beliebt sind die Basaltfelsen bei Kletterfreunden. Vor allem an Wochenenden hängen Geübte hier in den Seilen, um vom Fuß des Lavastroms die steilen Klippen zu erklimmen.

An der Schwarzen Madonna.

laufen durch ein kleines Tannenwäldchen abwärts. So gelangen wir zu einigen Viehweiden und biegen links zum Achterbachtal ab. Nach **3.6 km** treffen wir auf einen Splittweg, dem wir nach rechts folgen (4). In sattem Grün präsentieren sich die Wiesen im Talgrund. Wer hier im Frühsommer wandert, wird mit leuchtender Blütenpracht begrüßt.

Langsam verengt sich das Tal, bis wir den Bach queren und uns in niedrigem Wald wiederfinden. Der Achterbach begleitet uns zu einem Brunnen bei der Schwarzen Madonna (5), wo wir das Gewässer erneut queren. An einer Felswand ist hier nicht nur ein Rastplatz eingerichtet, auch eine Madonnenfigur wird liebevoll verehrt. Ein Gedenkstein weist auf die Route der Jodokuspilger hin.

Ein breiter Waldweg führt uns weiter durch das schattige und kühle Achterbachtal, Fischteiche lassen wir linker Hand unbeachtet liegen. Nach **6.2 km** erreichen wir eine Kreuzung, deren

Wanderather

▶ Im neu eröffneten Besucherbergwerk Bendisberg lebt der einstige Blei- und Zinkerzbergbau wieder auf. Führungen finden wahlweise auf 1 bis maximal 3 Stollen ganzjährig statt. Mo. Ruhetag; Anmeldung erforderlich: 02655/962996 www.grube-bendisberg.de
Gaststätte: Bergmannshütte 02655/962997 Di.–Fr. ab 14 Uhr, Sa. & So. durchgehend, Mo. Ruhetag

Mitte eine mächtige Eiche ziert. Hier lohnt es sich, einen Abstecher nach links zur nahen St. Jost Kapelle (6) zu unternehmen. In der nur 300 m entfernten Kapelle sind wunderschöne alte Fresken zu sehen.

Zurück an der Wegkreuzung, halten wir uns diesmal links und folgen dem Jodokuspilgerweg durch das Nitzbachtal. Unter uns rauscht der stattliche Bach, während am Wegesrand interessante Felsformationen zu bestaunen sind. Nach **7.8 km** trennen wir uns vom Nitzbach und vom Pilgerweg: Beide biegen nach links ab, während wir geradeaus einem Seitental folgen. Der Weg verengt sich und wird von urwüchsigen Farnen und Ranken flankiert. Wir behalten die Richtung bei und gewinnen langsam an Höhe, bis wir an einem alten Steinbruch (7) scharf nach links abbiegen. Nach Querung des kleinen Bachs laufen wir zunächst eben nach Südosten, nach einer Kehre dann aber nordwestlich bergan. Über einige Serpentinen gewinnen wir deutlich an

Sehenswertes

▶ Um das Jahr 640 soll ein bretonischer Prinz auf das Erbe verzichtet haben, um seiner Berufung zum Priester zu folgen. Dieser Prinz war der spätere Heilige Jodokus, der zunächst eine Einsiedelei im heutigen St-Josse-sur-Mer gründete. Noch heute werden Reliquien des frommen Mannes in diesem berühmten Wallfahrtsort verehrt. In Deutschland war Jodokus zusammen mit Jakobus dem Älteren lange einer der am meisten verehrten Heiligen. Einer der kleineren Wallfahrtsorte, in denen bis heu-

Freie Flur bei Welschenbach.

Höhe und erreichen so nach **9.7 km** die erste Wiese. Es folgt eine weitere Waldpassage mit Richtungswechseln, bevor wir nach einem jungen Tannenwald rechts steil über eine Wildwiese aufsteigen. Noch einmal wird die Wiesenlandschaft von einem kurzen Waldstück unterbrochen, bevor wir endgültig zum Naturschutzgebiet der Hohen Warte gelangen. Die Hohe Warte ist von einem niedrigen Wäldchen und der eifeltypischen Wacholderheide besiedelt. Unser Weg führt im weiten Rechtsbogen um den Berg und bietet gleich zu Beginn an einer Bank (8) eine tolle Aussicht Richtung Virneburg.

Nach erfolgreicher Umrundung des Berges, die uns vielfach Gelegenheit zum Bewundern des grandiosen Panoramas gibt, laufen wir geradewegs nach Westen. Vor uns sehen wir bereits Freilingen und Wanderath. Am Horizont können wir den markanten Turm der Nürburg erkennen. Zuerst auf einem Wiesen-, später auf einem Feldweg gelangen wir zur K 12 (9) und queren nach **11.3 km** die wenig befahrene Straße.

Wir laufen geradeaus zum Waldrand und steigen einige Meter hinab zum Talgrund. Dort treffen wir auf einen Teerweg und wenden uns nach rechts aufwärts. Bald biegt der Teerweg ab, und wir setzen die Wanderung geradeaus auf weichem Grasweg fort.

Nur einen Kilometer später treffen wir am Ortsrand von Wanderath ein und wandern erst rechts, dann links zur Kirche (1). Hier endet nach **12.6 km** diese sehr abwechslungsreiche Rundwanderung.

Wanderather

te des heiligen Jodokus gedacht wird, ist die Kapelle St. Jost, die nur etwa 300 m neben der Wanderroute liegt. Besonders sehenswert sind der kunstvolle Altar und die Wandfresken der kleinen Kapelle im Nitztal.

Kapelle St. Jost.

▶ **Strecke:**
Kirche Wanderath – Welschenbach – Achterbachtal – Kapelle St. Jost – Virneburgblick

▶ **An-/Abreise:**
Über die B 258 von Mayen nach Virneburg. Von dort die K 12 und die K 11 nach Wanderath.

▶ **Parken:**
- Baar-Wanderath; Birkenweg 1   *N50° 21' 13.6'' • E7° 02' 59.9''*
- St. Jost-Wallfahrtskapelle   *N50° 21' 25.2'' • E7° 05' 56.5''*

▶ **ÖPNV:**
Zielhaltestelle: Oberbaar
Linien: 344 (Mo.–Sa.) Mayen Ost Bf. – Herresbach
        528 (Schultage) Adenau – Baar

▶ **TAXI:**
Heinz ✆ 02651/700999

▶ **Einkehr:**
- Gaststätte Feuerstuhl, Hauptstraße 18, 56729 Wanderath
  ✆ 02656/9520709 ⊙ Mo. Ruhetag ⊕ www.gaststätte-feuerstuhl.de
- Landgasthaus Bendisberg, In der Eisenkaul 1, 56729 Langenfeld-St. Jost ✆ 02655/3303 ⊙ Mo. Ruhetag, Di.–Fr. 14 Uhr, Sa., So. 11 Uhr

▶ **Übernachten:**
- Landhotel Oberbaar, Adenauer Str. 6, 56729 Baar ✆ 02656/950412
- Waldhotel am Nürburgring, a Buchholz 16, 56729 Baar-Wanderath
  ✆ 02656/9526567 ⊕ www.waldhotel-am-nuerburgring.de
- Weitere Übernachtungsmöglichkeiten unter ⊕ www.vordereifel.de
  oder beim Touristik-Büro ✆ 02651/800959

▶ **Strecken- und Aussichtspunkte:**

P1	Ortsmitte Wanderath	*Ost 361246 Nord 5579760*
P2	Welschenbach	*Ost 362274 Nord 5580761*
P3	Aussicht am Ginsterberg	*Ost 362788 Nord 5581174*
P4	Achterbachtal	*Ost 363239 Nord 5581277*
P5	Schwarze Madonna	*Ost 364332 Nord 5580858*
P6	Kapelle St. Jost	*Ost 364714 Nord 5580049*
P7	Abzweig am Steinbruch	*Ost 363141 Nord 5579845*
P8	Bank, Aussicht Virneburg	*Ost 362898 Nord 5579592*
P9	Querung K 12	*Ost 361953 Nord 5579530*

Tour 22   Auf einen Blick

Aussicht ins Nitzbachtal.

Streckenprofil

▶ Der Wanderather kann ganzjährig begangen werden. Aufgrund der Höhenlage ist im Winter mit Schnee zu rechnen.
▶ Diese Wanderung verlangt normale Kondition und etwas Ausdauer.

Strecke: Parkplatz Waldsee – Rieden – Gänsehalsturm – Maifeldblick – Hütte Udelsheck

- **Länge:** 14.2 km
- **Gesamt:** 4 Std. 15 Min.
- **Höchster Punkt:** 567 m
- **Steigung/Gefälle:** 382 m
- **Anspruch:** ★ ★ ↗
- **Kalorien:** ♀1004 ♂1178

- **Tour-Download:** T2X3TX6
  www.wander-touren.com

- **Tourist-Info:**
  Tourist-Info der VG Mendig
  Rathaus, Marktplatz 3
  56743 Mendig
  ☏ 02652/9800-0
  www.ferienregion-mendig.de
  www.traumpfade.info

scan to go

QR-Code mit dem internetfähigen Smartphone einscannen und Startpunkt direkt anzeigen lassen.

Tour 23

Wasserspaß am Waldsee. | Wasserstufe am Waldsee. | Bestens geführt.

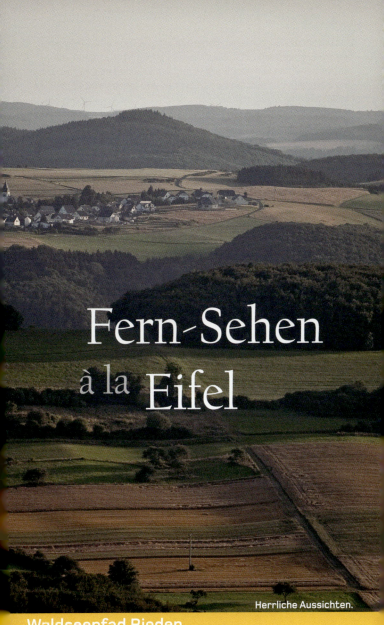

Herrliche Aussichten.

Waldseepfad Rieden

Der Waldseepfad – eine Wellness-Tour für alle Sinne: Im tiefen Wald die Blätter rauschen hören, den Duft der Fichten einatmen, kühles Nass fühlen, grandiose Aussichten genießen. Höhepunkt des Rundwegs ist die Besteigung des Gänsehals-Aussichtsturms. Von der Plattform haben Besucher ein 360-Grad-Panorama.

Unterhalb der Staumauer beginnen wir die Tour auf dem Waldseepfad Rieden am offiziellen Wanderparkplatz [1]. Über die Zufahrt treffen wir rasch am eigentlich Startportal [2] am Ufer des Sees ein. Wir nutzen den Uferpfad und lassen den Blick über die glänzende Wasseroberfläche des Sees gleiten, von der anderen Seeseite grüßt die Seehütte. Der bequeme Fußweg führt uns zügig zum oberen See, dessen Algenbewuchs gewollt ist: Es handelt sich um spezielle Algen, die zur biologischen Klärung des Wassers eingesetzt werden und für unbeschwerten Badespaß im eigentlichen See sorgen. Über einen Steg queren wir den Rehbach und wenden uns nach rechts dem Ort Rieden zu.

Von Wiesen und dem rauschenden Wasser des Bachs begleitet, treffen wir nach **900 m** am Rand der Bebauung ein. Unmittelbar am Sauerbrunnen [3] wenden wir uns nach links. Natürlich erst nachdem wir den kuriosen Brunnen genauer beäugt haben. Denn er spendet zwar herrlich kühles, klares „Säuerlingswasser", legt dabei aber mitunter lange Atempausen ein. So ist es ein verblüffendes Spiel zu erraten, wann das Mineralwasser wieder aus dem Rohr sprudelt. Vergnügt folgen wir anschließend dem Traumpfad, der schon bald die Straße verlässt und rechts auf einen Fußweg abbiegt. Weiterhin begleitet uns rechts der Rehbach, eine Kneippanlage lädt zur nächsten erfrischenden Unterbrechung ein. Schließlich endet die idyllische Talpassage an einer Querstraße.

Geradeaus bindet ein Zuweg den nahen Parkplatz am Bürgerhaus an, wir aber biegen nun rechts ab und laufen, leicht ansteigend, zum Ende der Bebauung. Nach einer Scheune halten wir uns an einer Kreuzung links und freuen uns über weichen Wiesengrund. In der nächsten Kurve bietet eine Bank Ausblick und Rastgelegenheit. Schließlich endet der Naturweg an der Straße „In der Aspel". Wir halten uns links abwärts Richtung Ortskern. Unten im Tal angelangt, biegen wir nach links und laufen auf der Dorfstraße etwa 60 Meter, bevor wir dem Ort endgültig den Rücken kehren und rechts zum Hang abbiegen. Dort erwartet uns ein neu angelegter Fußpfad, der uns mit einigen Stufen rasch den bewaldeten Hang emporbringt. Nach **2.4 km** mündet der Pfad am Parkplatz neben dem Schützenhaus, und nur wenige Schritte weiter nach links bietet sich ein schöner Ausblick [4] über Rieden und das Rehbachtal.

Sehenswertes

▶ Ein traumhaftes Panorama bietet der Gänsehalsturm. Der Sendeturm aus den 80er-Jahren ist durchgehend geöffnet und kann kostenfrei bestiegen werden.

Grünes Ufer am Waldsee Rieden.

Jetzt ist es Zeit, endgültig in die Natur abzutauchen. Dazu nutzen wir den rechts abbiegenden Waldweg, der, sanft ansteigend, unter das grüne Blätterdach führt. Kurzweilig präsentiert sich der Wald, der mal von Laubbäumen dominiert wird, mal von dichter gewachsenen dunklen Fichten und Tannen geprägt ist. Wir wandern kontinuierlich entlang der Flanke des Schorenbergs und genießen die Stille des Waldes. An einer Weggabelung nehmen wir den rechten Weg und finden uns bald im majestätischen Buchenhallenwald wieder. Auf einem Pfad erklimmen wir die letzten Meter bis zum Waldrand, wo wir nach **3.9 km** eintreffen.

Sogleich zieht der hoch über dem Wald aufragende Turm auf dem Gänsehals unsere Aufmerksamkeit auf sich: Da werden wir in Kürze hinaufsteigen! Zuvor dürfen wir aber gemütlich um das weite Wiesenareal herumwandern, das kernigen schottischen Hochlandrindern als Weide dient. Wir folgen stets dem Weidezaun und erreichen so bald die gegenüberliegende Wiesenseite. Dort senkt sich der Weg zunächst ab, bis wir bei **Tageskilometer 4.7** unmittelbar vor dem bewaldeten Hang des Gänsehalses stehen. Wir wenden uns auf weichem Wiesenweg nach links,

Waldseepfad Rieden

Ungestörter Fernblick.

Hoch hinaus: Gänsehalsturm.

passieren einen Hochsitz und laufen bis zum Ende der Wiese. Im kühlen Wald werden unsere Kräfte herausgefordert, denn es gilt den steilen Hang über Serpentinen zu erobern. Durch dichten Wald streben wir aufwärts und atmen auf, als wir gut 70 Höhenmeter weiter oben aus dem Wald treten. Vor uns erstreckt sich ein offenes Feld. Wir wenden uns nach rechts und umrunden das Feld. Bald flankieren rechter Hand Nadelbäume den Weg.

Bei erster Gelegenheit biegen wir rechts ab und fühlen uns wie im Märchen: Der traumhaft weiche Nadelboden federt unsere Schritte ab, und die sanften Wedel der Bäume verleihen diesem Abschnitt eine fast zauberhafte Atmosphäre. Viel zu schnell weichen auf der rechten Seite die Bäume üppigen Hecken. Über die Zweige hinweg ergeben sich tolle Ausblicke in die Umgebung.

Am Ende dieser Passage biegen wir scharf links bergan, queren ein Wäldchen und treffen an einem asphaltierten Wirtschaftsweg ein. Wir laufen aber schnurstracks geradeaus in den Wald und finden dort einen Pfad, der sich durch den mittelhohen Mischwald weiter Richtung Gipfel windet. Dort erhebt sich

Sehenswertes

▶ Zwischen den Riedener Mühlen und dem eigentlichen Ort Rieden lädt der aufgestaute Waldsee zum Entspannen ein. Ob beim Spazierengehen, Schwimmen, Paddeln oder Surfen – Erholung ist garantiert. Riedener Waldsee, 56745 Rieden ⓘ www.rieden.de

Tolle Aussicht am Maifeldblick.

der mächtige Sendeturm. Nach **6.8 km** ist es dann so weit: Wir stehen am Fuß des Turmes (5). Der ist übrigens immer offen, und bei gutem Wetter sollte man den Aufstieg nicht auslassen.

Der Traumpfad führt uns vom Turm leicht abwärts und mit einigen Schlenkern durch den Mischwald. Wir passieren einen kleinen Gesteinsaufschluss und lassen den alten Turm rechts liegen. Schließlich treffen wir auf den asphaltierten Wirtschaftsweg und folgen ihm abwärts. Die Vegetation weicht zurück und gibt einen grandiosen Blick in die Umgebung frei. Kurz vor einem Wäldchen biegen wir links auf einen Waldweg ab, der uns nach wenigen Metern zur Gänsehalshütte (6) bringt. Hier muss man einfach Verweilen, denn die Panoramaaussicht, die bei klarem Wetter bis weit ins Neuwieder Becken reicht, ist sensationell. Zudem bietet die Hütte nach fast der halben Tagesstrecke eine gute Gelegenheit zur Rast. Gestärkt folgen wir den Traumpfad Logos abwärts und treffen nach **7.4 km** am Parkplatz Gänsehals auf einen weiteren Traumpfad: die Vier-Berge-Tour (▶ S. 248). Gemeinsam wenden wir uns rechts bergan und erreichen eine markante Kreuzung mit eisernem Wegweiser. Zusammen biegen wir links ab und wandern auf breitem Forstweg abwärts. Erst an einer Wiese wechseln wir nach rechts und steigen am Waldrand wieder bergan. Der weiche Wiesenweg bringt uns zum oberen Waldrand, wo wir einen weiteren tollen Ausblick ins Maifeld (7) genießen können. Hier nehmen wir Abschied von der Vier-Berge-Tour, die links Richtung Sulzbusch weiterführt. Wir aber laufen geradeaus und tauschen die offene Wiese wieder gegen schön-schummrige Waldumgebung ein.

Waldseepfad Rieden

Abkühlung im See.

Schon bald erreichen wir die nächste Attraktion. Wir verlassen den breiten Waldweg und laufen rechts auf einem Pfad tiefer unters Blätterdach. Mitten im Wald fallen uns gewaltige Felsbrocken auf, die hier ein kleines Felsenmeer bilden. Der Waldseepfad windet sich durch die Felsen und verleiht diesem Abschnitt ein wenig Abenteuerflair. Nach dieser Einlage endet der Pfad bei **Kilometer 8.5** an einer Waldkreuzung.

Entspannung am Nass.

Wir wandern nun gemütlich geradeaus durch den Mischwald und freuen uns am Rascheln der Blätter unter unseren Füßen. Einen abzweigenden Weg ignorieren wir und genießen wieder die Stille des Waldes. Schließlich endet unser Weg an einem querenden Forstweg.

Wir biegen rechts ab und erhaschen über eine kleine Waldwiese hinweg einen kurzen Fernblick. Dann schließt sich der Wald wieder um uns. Die nächste Kreuzung wartet mit einem kleinen Steinkreuz auf. Wir wenden uns hier nach links und folgen dem langsam absteigenden Waldweg sehr kurzweilig abwärts. Schöne Blicke bereichern diese Passage, die uns nach **9.9 km** an den Waldrand bringt. Kurz halten wir inne, um die herrliche Aussicht über die offenen Felder zu genießen.

Danach folgen wir dem Weg abwärts, bis wir am unteren Wiesenrand nach links schwenken. Abzweigende Wege ignorieren wir, durchqueren ein kleines Wäldchen und stoßen nach **10.6 km** auf einen Querweg. Hier wenden wir uns nach links bergan und wandern auf dem Wirtschaftsweg am Rande einer umzäunten

Sehenswertes

▶ Der **Natur-Erlebnispfad Steinrausch** bei Kempenich verspricht 1.7 km Abenteuer und Spannung für Groß und Klein. Der kurzweilige Rundkurs führt vom Parkplatz aus in den Hochwald, wo unter rauschenden Baumwipfeln moosbewachsene Basalte an die feurige Vergangenheit der Region erinnern. Der Erlebniswald Steinrausch bietet eine bunte Mischung aus Information und Action. Mal verrät eine der neun Informationstafeln Wissenswertes zu Flora, Fauna oder Geologie, mal sorgt eine der acht

Wiese aufwärts. Unterhalb einer Privathütte halten wir uns leicht rechts und spüren wieder weichen Naturboden unter den Sohlen. Weiden säumen den Weg, bevor wir einmal mehr den Wald betreten. Doch diesmal ist das Baumintermezzo recht kurz, denn schon bei Kilometer 11 weichen die Bäume etwas zurück und machen einer Wiese Platz.

Schließlich räumen rechter Hand die Bäume ganz das Feld – und so können wir erneut eine schöne Aussicht Richtung Rieden genießen. Zwischen sattgrünem Nadelwald links und weiten Feldern rechts wandern wir fast eben nach Westen. Direkt an einem kleinen Wäldchen biegen wir links ab und erklimmen vollends die Anhöhe. Oben begeistert uns eine tolle Panoramaaussicht (8) über das Nettetal und nach Kirchwald.

Wir folgen einem Feldweg nach rechts und kosten dabei den Blick weiter aus. Nach 12.2 km trifft der Feldweg auf einen asphaltierten Wirtschaftsweg. Wir laufen rechts weiter und erspähen schon bald voraus das nächste Zwischenziel. Bereits 200 Meter später kommen wir an der neuen Schutzhütte Udelsheck bei einer gemütlichen Pause in den Genuss einer weiteren herrlichen Aussicht (9).

Unmittelbar nach der Hütte biegen wir scharf links auf einen Grasweg ab. Dieser bringt uns gemächlich abwärts zu einem Waldareal. Dort laufen wir geradeaus außen entlang. Nach 13.1 km münden von links zwei weitere Feldwege, wir lassen uns nicht beirren und wandern geradeaus weiter. Langsam verdrängen Hecken, später dann Niederwald die offenen Felder und Wiesen.

Wir passieren eine weitere Schutzhütte und stoßen, wie ein Wegstein verkündet, „Auf dem Perich" auf einen querenden Asphaltweg. Wir wenden uns nach rechts und laufen nun auf festem Untergrund bergab. Ein Gehege bleibt links liegen, vor uns sehen wir bereits die neue Ferienhaussiedlung am Waldsee. An den Häusern biegen wir links ab und treffen nach 14.1 km wieder am Portal des Traumpfades (2) ein. Nach weiteren 100 Metern beenden wir die abwechslungsreiche Wandertour auf dem Waldseepfad wieder am Parkplatz (1) unterhalb des Staudamms.

Waldseepfad Rieden

Mitmachstationen für Spannung. Anfahrt: B 412 von Kempenich Richtung Nürburg. Dann rechts abbiegen und der Beschilderung folgen. Infos: Tourist-Information Brohltal, Kapellenstr. 12, 56651 Niederzissen
② 02636/19433 ① www.brohltal-tourismus.de
Für Gruppen werden auch fachkundige Führungen angeboten.

▶ **Strecke:**
Parkplatz Waldsee – Rieden – Gänsehalsturm – Maifeldblick – Udelsheck

▶ **An-/Abreise:**
A 61 bis zur Abfahrt Wehr. Weiter über die B 412 bis zur Abzweigung nach Weibern und Rieden. Über die L 114, die K 64 und die K 19 erreicht man den Waldsee in Rieden.

▶ **Parken:**
- Waldsee Rieden — N50° 22' 20.8'' • E7° 09' 44.3''
- Am Sauerbrunnen, Rieden — N50° 23' 36.0'' • E7° 10' 11.1''
- Bürgerhaus, Rieden (Kirchstraße) — N50° 23' 35.7'' • E7° 10' 38.7''
- Am Schützenhaus, Rieden — N50° 23' 33.1'' • E7° 10' 58.0''
- Wanderparkplatz Gänsehals — N50° 23' 32.5'' • E7° 12' 35.8''

▶ **ÖPNV:**
Zielhaltestelle: Rieden Stausee
Linien: 814 (täglich) Mayen Ost Bf. – Kempenich – Ahrweiler Bf.

▶ **TAXI:**
Taxi Bell ☏ 02652/935935

▶ **Einkehr:**
- Restaurant & Café Riedener Mühle, Riedener Mühle 6, 56745 Rieden ☏ 02655/962244 ⊘ Di. & Mi. Ruhetage
- Landgasthaus Silberdistel, Kirchstr. 77, 56745 Rieden ☏ 02655/941991 ⊘ Mo. & Di. Ruhetage

▶ **Übernachten:**
- Restaurant und Hotel Eifeler Seehütte, Am Waldsee, 56745 Rieden ☏ 02655/3696 ⊕ www.seehuette.de
- Hotel, Restaurant und Café Forsthaus, Nettestraße 12, 56745 Riedener Mühlen ☏ 02655/95990 ⊕ www.hotel-forsthaus.com
- Weitere Einkehr-/Übernachtungsmöglichkeiten: ⊕ www.ferienregion-mendig.de

▶ **Strecken- und Aussichtspunkte:**

P1	Parkplatz Waldsee Rieden	Ost 369368 Nord 5583511
P2	Portal Traumpfad	Ost 369482 Nord 5583530
P3	Sauerbrunnen Rieden	Ost 369908 Nord 5583967
P4	Ausblick am Schützenhaus	Ost 370807 Nord 5583882
P5	Gänsehalsturm	Ost 372386 Nord 5584356
P6	Gänsehalshütte	Ost 372731 Nord 5583917
P7	Maifeldblick	Ost 372486 Nord 5583373
P8	Ausblick nach Kirchwald	Ost 370399 Nord 5583012
P9	Ausblick & Hütte Udelsheck	Ost 370176 Nord 5583197

Tour 23 Auf einen Blick

Fernblick zum Waldsee.

Streckenprofil

▶ Der Waldseepfad kann ganzjährig begangen werden. Am schönsten präsentieren sich die Wälder im Frühjahr und Herbst.
▶ Die An- und Abstiege erfordern Kondition, und auf den pfadigen Abschnitten ist Trittsicherheit notwendig. Die Tour ist daher für geübte Wanderer zu empfehlen.

Strecke: Bahnhof Monreal – Elzbachtal – Juckelsberg – Abzweig Philippsburg – Löwenburg

- **Länge:** 15.3 km (mit Zuweg)
- **Gesamt:** 4 Std. 30 Min.
- **Höchster Punkt:** 465 m
- **Steigung/Gefälle:** 463 m
- **Anspruch:** ★ ★ ★
- **Kalorien:** ♀ 1104 ♂ 1295

- **Tour-Download:** T2X7TX2
  www.wander-touren.com

- **Tourist-Info:**
  Touristik-Büro Vordereifel
  Kelberger Straße 26
  56727 Mayen
  ☎ 02651/800959
  www.vordereifel.de
  www.traumpfade.info

scan to go

QR-Code mit dem internetfähigen Smartphone einscannen und Startpunkt direkt anzeigen lassen.

Tour 24

Fachwerkidyll Monreal.   Luftiger Pfad.   Rast in der Burg.

Romantisch: Löwenburg und Monreal.

Monrealer Ritterschlag

Die beiden trutzigen Mittelalterburgen hoch über Monreal dominieren die Szenerie – doch dorthin führt uns der Traumpfad erst am Ende einer grandiosen Naturtour. Abwechslung wird großgeschrieben: Feinste Fernsichten, herrliche Wälder und lauschige Täler begleiten uns auf einer Zeitreise ins Mittelalter.

Mit seinen schmalen Gassen bietet Monreal wenig freie Parkfläche – und so beginnen wir die Tour am Bahnhof (1) und folgen der Markierung des Zuweges an der Elz entlang ins malerische Städtchen. Nach den ersten **450 m** erreichen wir die Hauptstraße und wandern links weiter ins pittoreske Ortszentrum. Hier beginnt nach insgesamt **600 m** Zuwegung an der Portaltafel (2) die Tour auf dem eigentlichen Traumpfad.

Nun vertrauen wir uns den markanten Traumpfad-Logos an, die uns perfekt durch das Gewirr der engen Gassen führen. Wir fühlen uns ins Mittelalter zurückversetzt, an jeder Ecke wetteifern aufwendig restaurierte Fachwerkhäuser um unsere Aufmerksamkeit. Tiefrote Balken setzen Farbakzente gegen die strahlend weißen Putzflächen. Das historische Kopfsteinpflaster rundet die Szene ab und sorgt für das i-Tüpfelchen in puncto Zeitreise. Vor der eindrucksvollen Johannesbrücke mit den Löwenköpfen biegen wir rechts ab, passieren den Marktplatz und den Malerwinkel und queren mit der Unteren Schlossbrücke wieder einmal die Elz.

Wir wandern mit der Untertorstraße leicht aufwärts, biegen dann nach rechts und lassen langsam den historischen Ortskern hinter uns. Nach **0.9 km** wenden wir uns nach rechts abwärts und dürfen an der Elz auf einem engen Splittpfad zwischen Fluss und Kanal unter der Brücke der L 98 hindurchlaufen. Auf Höhe des Friedhofs wenden wir uns nach rechts, biegen an einem Spielplatz auf eine Wiese ab und laufen nun auf weichem Gras elzabwärts.

Noch einmal gelangen wir in ein Wohngebiet und biegen links in die Braunsheck ab. Bei nächster Gelegenheit geht es dann rechts durch die Walkmühle endgültig zum Ortsrand. An einem Wendehammer wandern wir zunächst links, dann aber gleich wieder rechts, umgehen das Areal einer Grillhütte an der Rückseite und stehen schließlich am Beginn eines Waldpfads. Nach **1.8 km** tauchen wir ab in die Natur und nehmen den ersten Anstieg in Angriff.

Der Pfad steigt gemächlich an und gibt ausreichend Gelegenheit, uns mit der neuen Umgebung vertraut zu machen. Hoch und

Sehenswertes

▶ Lust auf eine romantische Laternenführung durch das abendliche Monreal oder auf eine Burgführung mit Rittermahl? Jörg Geisbüsch bietet unterschiedliche Erlebnisführungen durch Dorf und Burg an. Weitere Infos: Jörg Geisbüsch, Obertorstr. 18, 56729 Monreal ✆ 02651/492300
🕓 www.am-olle.de

Pittoreskes Monreal mit Nepomukbrücke.

Monrealer Ritterschlag

Ruhepause im Ort.

Trutziger Wächter: Löwenburg.

schlank streben die Laubbäume empor, und vom Pfad aus erhaschen wir ab und an Blicke ins Tal und zu den Burgen. Ein wenig aufpassen müssen wir auch, denn neben dem Pfad fällt der Hang steil hinab zur Elz.

Bald verlassen wir den Wald und sehen vor uns offene Felder. Wir wandern geradeaus, und erst am nächsten Querweg wenden wir uns scharf nach rechts abwärts. Fast hohlwegartig gelangen wir zurück ins Tal und biegen rechts zum nahen Schnürenhof (3) ab – ein durchaus geschmackvoller Abstecher: Uschis Hofladen bietet leckere Produkte aus eigener Landwirtschaft an.

Wir folgen dem asphaltierten Weg über die Elz, und erst nach kurzem Anstieg dürfen wir den festen Belag nach links verlassen. Nach **3.5 km** entscheiden wir uns an einer Weggabelung für den linken Waldweg und wandern nun oberhalb des Elzbachs, der mitten durch die verträumte Talidylle plätschert. Nach einem Kilometer voller Talträume schickt uns die Markierung scharf rechts bergan. Richtig toll wird es aber erst nach der nächsten Kreuzung: Bei **Kilometer 4.4** laufen wir geradeaus durch einen uralten, mittlerweile reaktivierten Hohlweg, der direkt aus Wilhelm Tell stammen könnte. Durch die hohe Waldgasse laufen wir stramm aufwärts, bis wir nach gut 300 Metern rechts auf einen breiten, fast eben verlaufenden Forstweg wechseln. Bald steht bereits der nächste Richtungswechsel an: Erst rechts, gleich darauf wieder links wandern wir durch herrlichen und sehr abwechslungsreichen Wald. Auch dieser Weg wandelt sich bald zum Hohlweg und mündet nach kurzem Abstieg auf einen querenden Wirtschaftsweg. Nun halten wir uns links, gewinnen etwas an Höhe und bemerken, dass der Wald um uns lichter wird. Tatsächlich begleiten uns bald nur mehr Hecken und niedere Gehölze, links erahnen wir bereits freie Wiesen.

Nach **5.5 km** erwartet uns dann ein ungewöhnliches kleines Abenteuer: Wir überwinden einen Zaun und bewegen uns nun mitten durch das Areal einer Jungviehweide. Das neugierige, aber meist sehr ängstliche Jungvieh beäugt uns – und mit etwas Geduld können wir auf unmittelbare Tuchfühlung mit den Vierbeinern gehen. Etwa 600 Meter später verlassen wir die Weide wieder und laufen auf bequemem Feldweg weiter hinaus in freie

Sehenswertes

▶ Monreal war einst **Zentrum der Tuchindustrie**. Bis zu 64 Webstühle sorgten bis zum Beginn der Industrialisierung für Wohlstand. Doch der massenhaften Fertigung von Stoffen in modernen Fabriken war diese Tuchherstellung nicht gewachsen, Monreal verlor ab Mitte des 19. Jahrhunderts zunehmend an Bedeutung und versank im Dornröschenschlaf. Heute ist es ein beliebtes Ausflugsziel, das seine Besucher auf eine Zeitreise ins Mittelalter führt. Weitere Infos unter: www.monreal-eifel.de

Umgebung. Was für herrliche Ausblicke ergeben sich nun vor allem nach Norden und Osten! Weit lassen wir den Blick schweifen über die Kuppen der Vulkaneifel: Farbenprächtig breiten sich vor uns Felder, Wiesen und Wald aus. Schließlich schlägt unser Traumpfad eine Kehre nach links, und vorbei an einem alten Steinkreuz (mit Ruhebank) erklimmen wir endgültig die Hochfläche. Bevor wir rechts zur nahen L 98 abbiegen, lädt am Juckelsberg nochmals eine Bank zum Verweilen und Ausschauhalten (4) ein. Dann queren wir die L 98 und laufen schnurstracks zum Waldrand. Dort geht es rechts am Feld entlang, bevor wir wieder ins üppige Grün abtauchen dürfen. Unter den Wedeln der Nadelbäume geht es bis zum nächsten Querweg, dem wir rechts entlang der Hangflanke folgen. Wir genießen die Ruhe des Waldes, die nur ab und an durch die eindringlichen Pfiffe der Bahn unterbrochen wird.

Philippsburg über Monreal.

Nach **8.8 km** erreichen wir den nächsten, atemberaubend schönen Ausblick (5): Von einer Bank schweift der Blick hinüber zum Hochbermel und ins Thürelztal. Nahezu unberührt liegt uns das stille Tal zu Füßen, und wir bekommen Lust, bei der nächsten Tour auf dem Hochbermeler (▶ S. 210) diese Idylle näher zu erkunden. Doch zunächst wandern wir geradeaus weiter, bis uns die markanten Logos links auf einem Pfad zur Hangkante schicken. Wir steigen zwischen den dünnen Stämmen der uralten Krüppeleichen in Serpentinen den steilen Hang hinab.

Monrealer Ritterschlag

Rast auf der Wiese.

Im Thürelztal angelangt, wenden wir uns rechts auf einen weichen Waldweg, der uns oberhalb des eigentlichen Bachs nach Norden führt. Ginster säumen den Weg und sorgen im Frühsommer für Farbenpracht. Dann umschließen uns wieder die rauschenden Kronen der Laubbäume. Nach **10.3 km** biegen wir links auf einen schmalen Pfad ab. Zunächst folgen wir ihm über einen Felsriegel, dann geht es abwärts, und wir treffen auf dem Talweg ein. Durch eine Unterführung queren wir die Bahnstrecke, danach halten wir uns sofort links und gelangen mit dem Bahndamm über die Thürelz. Wir queren den asphaltierten Zugang zum Heunenhof, erklimmen die Böschung und laufen in weitem Linksbogen am Wiesenrand entlang. Am Waldrand treffen wir schließlich auf den Verbindungsweg zum Hochbermeler (6). Wir ignorieren diesen Abzweig und laufen zunächst auf weichem Waldweg geradeaus, bald aber auf engem Pfad bergan zum Kamm des bewaldeten Rückens.

Zwischen den Burgen.

Kurz bevor wir auf dem Felssporn über der L 96 angelangt sind, biegen wir links abwärts auf einen Pfad ab, der uns ins Tal führt. Wir queren eine Wiese und anschließend die Straße (7), wenden uns nach rechts und erklimmen den schroffen Felsriegel. Oben erwartet uns wieder eine traumhafte Pfadpassage durch den Niederwald entlang des Felsengrates, der sich zwischen Elz (links) und Thürelz (rechts) erhebt. Schließlich steigen wir nach rechts ab und queren bei der Augstmühle die Thürelz. Eine kurze Pfadpassage bringt uns zur nächsten Brücke, die bereits über die Elz führt, denn 200 Meter oberhalb mündet die Thürelz in die Elz.

Sehenswertes

▶ Das kleine Städtchen duckt sich ins enge Elztal und wird vom Bergsporn herab gleich von zwei Burgen bewacht: der Löwenburg und der benachbarten Philippsburg. Monreal bietet verwinkelte Gassen und pittoreske Fachwerkhäuschen, die mit den bunten Balken einen tollen Kontrast zu den dunklen Lavasteinen bilden, aus denen beispielsweise die drei Brücken des Ortes bestehen. Die berühmteste ist die mittlere, die Nepomukbrücke mit der Statue des hl. Johannes von Nepomuk und einer ein-

Nun haben wir den Sportplatz von Monreal (8) und damit den Beginn des Zugangsweges nach Monreal erreicht. Wem die ganze Tour zu lang ist, der kann hier nach rechts abkürzen, nimmt dabei aber in Kauf, die Löwenburg, den kulturellen Höhepunkt der Tour, zu verpassen. Also wenden wir uns nach links auf den breiten Radweg. Bei **Kilometer 12.2** beginnt dann der letzte wesentliche – und recht anstrengende Aufstieg. Eigentlich sieht der Hang gar nicht so hoch aus, doch während wir uns den Serpentinenpfad emporkämpfen, werden wir eines Besseren belehrt. Fast 100 Höhenmeter weiter oben ist es dann geschafft, und wir verlassen den Wald, laufen nun mit einigen Schlenkern über offenes Wiesenland und erhaschen erste Blicke zu den Burgen.

Noch einmal geht es sanft aufwärts, bis wir von der Wiese wieder in den Wald wechseln und nun pfadig weiterwandern. Unvermittelt öffnet sich an einem Felssporn die Waldkulisse und wir sind sofort in den Bann gezogen von der sagenhaften Aussicht (9) hinab auf Monreal, das Elztal und die Burgen! Wie eine Modelllandschaft liegt der Ortskern tief unten im Tal. Noch einmal tauchen wir in den Wald ab, erreichen eine Kreuzung, an der rechts der Zugangsweg zur Philippsburg (10) abzweigt. Wir streben ein letztes Mal bergan, biegen aber nur 50 Meter später rechts auf einen Pfad ab, der bald durch mannshohe Ginster ins Freie führt. Vor uns erheben sich nun die mächtigen Mauern der Löwenburg (11), die wir nach **13.9 km** erreichen.

Zwischen den uralten Mauern fühlen wir uns in die Zeit der Recken und Ritter, der Minnesänger und Burgfräulein versetzt. Vom hohen Turm aus haben wir das ganze Tal im Blick – und es fällt schwer, sich wieder loszureißen. Entlang den alten Mauern folgen wir bei sagenhaftem Blick auf Monreal dem Pfad abwärts. Mit einigen Schlenkern treffen wir schließlich im Ort ein. Wir laufen rechts zur Kirche und weiter zum Portal (2), wo sich der Kreis nach **14.7 km** schließt. Zurück zum Bahnhof (1) folgen wir dem Zugangsweg, den wir bereits vom Beginn her kennen. Zuvor laden die verwinkelten Gassen, die kleinen Ateliers und auch die Gastronomie zu einem Besuch ein, der diese grandiose Tour zwischen Mittelalter und Naturgenuss gelungen abrundet.

Monrealer Ritterschlag

zigartigen Löwenskulptur. Monreals Wurzeln gehen weit zurück ins Mittelalter. Bereits 1229 erwähnen Urkunden den Ort als „mons regalis" (Königsberg). Aus dieser Zeit stammt auch die trutzige Löwenburg.

Der Traumpfad Monrealer Ritterschlag wurde als Deutschlands schönster Wanderweg 2011 ausgezeichnet.

▶ **Strecke:**
Bahnhof Monreal – Elzbachtal – Juckelsberg – Abzweig Philippsburg – Löwenburg

▶ **An-/Abreise:**
Monreal erreicht man von Mayen über die B 258 und die L 98.

▶ **Parken:**
- Bahnhof   N50° 17' 47.1'' • E7° 09' 12.5''
- Sportplatz   N50° 17' 47.2'' • E7° 08' 51.6''

▶ **ÖPNV:**
Zielhaltestelle: Monreal Bahnhof
Linien: RB 92 „Pellenz-Eifel-Bahn" (täglich) Andernach – Kaisersesch
334 (Mo.–Sa.) Mayen Ost Bf. – Ulmen Bf.

▶ **TAXI:**
Taxi Fiedler ☎ 02651/3030

▶ **Einkehr:**
- Café Plüsch, Obertorstraße 14, 56729 Monreal ☎ 02651/5851
  Mi. Ruhetag; auch 2 DZ für Übernachtungen www.cafe-plüsch.de
- Arenz Am Malerwinkel, Marktplatz 4, 56729 Monreal
  ☎ 02651/4013005 Mo., Di. & Do. Ruhetage
  www.arenz-am-malerwinkel.de
- Restaurant „Stellwerk", Bahnhofstr. 58 56729 Monreal
  ☎ 02651/77767 www.stellwerk-monreal.de Mo. Ruhetag
- Weitere Einkehrmöglichkeiten: www.vordereifel.de

▶ **Übernachten:**
- Haus Löwenburg, Bahnhofstr. 1, 56729 Monreal ☎ 02651/71701
  www.haus-loewenburg-monreal.de (auch Restaurant)
- Weingalerie Artarus, Bahnhofstr. 56, 56729 Monreal ☎ 02651/901310
- Weitere Übernachtungsmöglichkeiten: www.vordereifel.de

▶ **Strecken- und Aussichtspunkte:**

P1	Bahnhof Monreal	Ost 368484 Nord 5573218
P2	Portal am Pfarrhaus	Ost 368811 Nord 5573645
P3	Schnürenhof	Ost 369543 Nord 5572904
P4	Ausblick am Juckelsberg	Ost 368682 Nord 5572152
P5	Ausblick zum Hochbermel	Ost 367622 Nord 5572098
P6	Abzweig Verbindungsweg	Ost 367558 Nord 5572841
P7	Querung der L 96	Ost 367490 Nord 5573048
P8	Sportplatz Monreal	Ost 368072 Nord 5573270
P9	Felsausblick auf Burgen & Monreal	Ost 368780 Nord 5573745
P10	Abzweig zur Philippsburg	Ost 368822 Nord 5573775
P11	Löwenburg	Ost 368977 Nord 5573639

Tour 24 — Auf einen Blick

Ausblick auf Monreal.

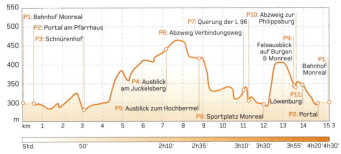

Streckenprofil

▶ Im Winter sind einige der teils sehr steilen Pfade witterungsbedingt schwer oder gar nicht zu begehen. Von Frühling bis Herbst bietet der Monrealer Ritterschlag aber tolle Erlebnisse.

▶ Der Weg verlangt gute Kondition und Trittsicherheit und ist nur für geübte Wanderer empfehlenswert.

 Strecke: Erlenmühle Obermendig – Rauhbuur – Abzweig Marxe Lay – Gänsehalshütte – Genovevahöhle

- **Länge:** 14.5 km
- **Gesamt:** 4 Std. 45 Min.
- **Höchster Punkt:** 541 m
- **Steigung/Gefälle:** 490 m
- **Anspruch:** ★ ★ ★
- **Kalorien:** ♀ 1102 ♂ 1294

- **Tour-Download:** T2X4TX5
  www.wander-touren.com

- **Tourist-Info:**
  Tourist-Info der VG Mendig
  Rathaus, Marktplatz 3
  56743 Mendig
  ☏ 02652/9800-0
  ⏱ www.ferienregion-mendig.de
  ⏱ www.traumpfade.info

 scan&go
QR-Code mit dem internetfähigen Smartphone einscannen und Startpunkt direkt anzeigen lassen.

Tour 25

Genovevahöhle. — Dicke Buche. — Ausblick Hochsteinflan

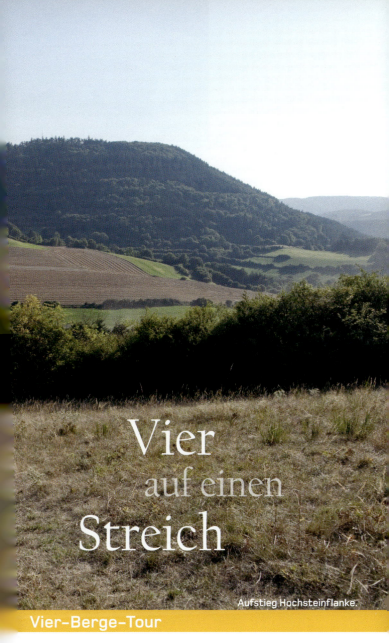

Vier auf einen Streich

Aufstieg Hochsteinflanke.

Vier-Berge-Tour

In dieser Tour ist alles drin: Idyllische Täler mit plätscherndem Nass, kühler Laubwald, beeindruckende Tuffsteinwände, genüssliche Wiesenpassagen zum Träumen und kühne Anstiege, die Kräfte fordern. Das alles wird gekrönt von sensationellen Panoramaaussichten. Ein Weg, den man gerne mehrmals geht.

Am Parkplatz „Erlenmühle" (1) am Ernteweg in Mendig beginnen wir die heutige Tour. Zunächst folgen wir dem Zuweg entlang des Kellbachs talaufwärts. Die Erlenmühle bleibt links liegen und an einer Weggabelung halten wir uns links. Gleich danach dürfen wir den befestigten Wirtschaftsweg gegen einen rechts parallel verlaufenden Pfad eintauschen. Nach **700 m** erreichen wir den Startpunkt des Traumpfads Vier-Berge-Tour am Erlenbrunnen (2).

Erlenbrunnen.

Neben der Schutzhütte führen uns die vertrauten orangen Logos auf einem Pfad in die Hangflanke. Der schmale Weg steigt gemächlich an und bringt uns auf Tuchfühlung mit dem mittelhoch gewachsenen Wald. Kurz nach Querung eines Waldwegs müssen wir uns nach **1.1 km** entscheiden: Wer trittsicher ist, der sollte sich hier den mit Zuweglogos markierten Abstecher zum Layfelsen nicht entgehen lassen. Während der Traumpfad selbst geradeaus dem Waldweg folgt, biegen wir also zum Abstecher rechts auf einen Pfad ab. Eng führt er uns zu einer mächtigen Tuffsteinwand, die hoch im Wald aufragt (Vorsicht: Nach starken Regenfällen besteht an der Wand Steinschlaggefahr!). Hier am „Rauhbuur" (3) wurden Tuffsteine für den Backofenbau gewonnen. Uns beeindrucken die feinen Schichtungen im Tuff – und einmal mehr wird uns bewusst, dass ein Vulkanausbruch nicht nur Verwüstung bringt, sondern auch wertvolle Rohstoffe zur Verfügung stellt.

In einem Bogen bringt uns der Pfad zurück zum eigentlichen Traumpfad, der wenige Meter später rechts abbiegt. Wir gewinnen etwas an Höhe und schwenken kurz vor dem Waldrand nach links. Nun streifen wir durch den lichten Niederwald, überschreiten eine Kuppe und folgen dem Traumpfad bald talwärts. Dazu wechseln wir hinaus auf freies Feld. Im Tal treffen wir auf einen asphaltierten Wirtschaftsweg und biegen links ab. Doch schon am nahen Wasserhäuschen dürfen wir wieder auf weichen Naturgrund wechseln. Am Rande einer Feuchtwiese laufen wir

Sehenswertes

▶ Unter dem Aussichtsfels des Hochsteins befindet sich die Genovevahöhle. Einst soll sich in der Höhle im Vulkangestein die Pfalzgräfin Genoveva mit ihrem Kind verborgen haben, nachdem der verräterische Golo sie verleumdet hatte. Der Sage nach teilte eine weiße Hirschkuh das Schicksal der zu Unrecht Vertriebenen und sorgte schlussendlich auch für eine glückliche Familienzusammenführung.

Talidylle beim Erlenbrunnen.

aufwärts und treffen nach **2.1 km** an der L 82 ein. Zunächst geht es links auf der Böschung weiter, dann queren wir die Straße und laufen zum nahen Parkplatz Schweinsgraben. Am Rande des Parkplatzes tauchen wir mit dem Traumpfad wieder in urwüchsige Waldatmosphäre ein. Unser Blick fällt auf trutzige Tuffsteinwände, die auch hier Rohstoffe für den Ofenbau lieferten. Alte Gräben überwinden wir mithilfe von zwei Stegen, hölzerne Stufen helfen Böschungen hinauf. Die zweite Brücke im Wald dient einem besonderen Zweck: Es wird kein Hohlweg überbrückt, sondern eine stark frequentierte Ameisenstraße vor der Zerstörung bewahrt. Die großen und unter Schutz stehenden, nützlichen Waldameisen bauen in diesem Areal beeindruckende Hügel und sind in der warmen Jahreszeit emsig in großer Zahl unterwegs. Wir queren eine Waldschneise und erreichen ein von Nadelbäumen dominiertes Waldstück. Hier schwenken wir nach links und steigen unter dem schattigen Dach der Tannenwedel gemächlich bergan. Nach **3.2 km** stehen wir schließlich am Abzweig **(4)** eines weiteren Abstechers: Links führen Zuweglogos hinab in die Marxe Lay, ein beeindruckendes Schluchtengebiet aus vulkanischem Gestein. Die Vier-Berge-Tour selbst setzt sich rechts

Vier-Berge-Tour

Genovevahöhle.

auf breitem Waldweg fort. Bald lösen hochgewachsene Buchen die Nadelbäume ab, und unter unseren Füßen raschelt das Laub bei jedem Schritt. Der Wald präsentiert sich abwechslungsreich, denn nach der nächsten Kurve übernehmen mittelhohe Eichen, später Mischwald die Regie. Bei **Kilometer 4.2** erwartet uns eine besondere Naturattraktion: der „A-Baum"! Direkt an der Abbiegung nach links strebt ein zweiwurzeliger Eichenbaum der Sonne entgegen. Die beiden nahtlos verwachsenen Stämme wurzeln in Form eines „A" und markieren diesen Richtungswechsel auf einmalige Art und Weise.

Nun wird es anstrengend, denn die Flanke des ersten Berges, des Gänsehalses, möchte erobert werden. Auf weichem Waldpfad gewinnen wir an Höhe und können bei kurzer Waldrandberührung mit tollem Blick zum Laacher See verschnaufen. Der Aufstieg setzt sich fort, bis wir auf 517 Meter Höhe den Parkplatz Gänsehals erreichen. Hier verläuft der Traumpfad geradeaus bergan auf einem Forstweg. Wir aber lassen uns zum nächsten Abstecher verführen: Wir laufen rechts aus dem Wald heraus und folgen den Hinweisschildern zur nur 100 Meter entfernten Schutzhütte Gänsehals. Hier schwelgen wir nach **4.8 km** in einer phänomenalen Aussicht **(5)** über die Vulkaneifel, zum Laacher See und bis weit ins Neuwieder Becken. Dieses traumhafte Panorama darf man einfach nicht verpassen! Wir sollten uns übrigens nicht wundern, dass an der Hütte Traumpfadlogos zu finden sind: Die gehören zum Waldseepfad (▶ S. 228), der sich hier mit der Vier-Berge-Tour verzahnt.

Nach ausreichend Fern-Sehen kehren wir zurück zum Parkplatz und nehmen dort die Spur der Vier-Berge-Tour wieder auf. Wir steigen gemeinsam mit dem Waldseepfad auf einem Waldweg bergan und treffen schließlich an einer markanten Kreuzung ein. Gemeinsam wenden wir uns nach links und folgen dem breiten Forstweg leicht abwärts. Dann öffnet sich rechter Hand eine Wiese, und wir steigen mit beiden Traumpfaden rechts bergan. Am oberen Wiesenrand verabschiedet sich der Waldseepfad **(6)**, der geradeaus führt. Wir aber lassen den zweiten Berg des Tages, den Schmitzkopf, endgültig hinter uns und laufen links am Waldrand entlang weiter. Üppige Hecken begleiten uns, dann ergeben sich wieder herrliche Ausblicke

Sehenswertes

▶ Abkühlung gefällig? Dann bietet das **Vulkanbad in Mendig** das Richtige! Eine Breitwasserrutsche und ein Sprungturm ergänzen das Angebot des Freibads, das immer in den Sommermonaten seine Tore öffnet. Vulkanbad Mendig, Laachgraben, 56743 Mendig ☎ 02652/52438 oder -980090

Baumgiganten.

Vier-Berge-Tour

Herrlicher Panoramablick.

über freies Feld. Wir treffen am Wald ein, biegen links ab, dürfen aber nach **6.8 km** rechts in den Wald wechseln. Auf weichen Waldwegen wandern wir abwechslungsreich und mit einigen Schlenkern abwärts, bis wir schließlich am Hasenborn die schützenden Bäume verlassen. Wir queren die offene Wiese und sehen vor uns den dritten Berg, den Sulzbusch. Doch auch hier begnügt sich die Vier-Berge-Tour mit der Umrundung unterhalb des Gipfels. Wir wenden uns nach rechts und folgen dem idyllischen Waldweg im Bogen um den Berg. Mit etwas Glück leisten uns dabei wilde Mufflons Gesellschaft. Nach **8.5 km** treffen wir an der

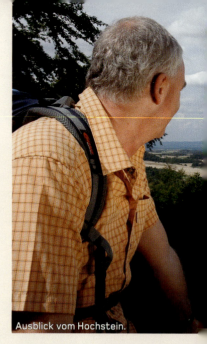

Ausblick vom Hochstein.

Schutzhütte St. Florian [7] ein und nehmen die Gelegenheit zur Rast gerne wahr. Von der Hütte aus genießen wir den sagenhaften Ausblick ins Nettetal und hinüber bis Kürrenberg, wo mit dem Förstersteig (▶ S. 260) ein weiterer Traumpfad herrliches Wandervergnügen verspricht. Gestärkt setzen wir die Wanderung fort, die uns nun zunächst wieder abwärts führt. Nach dem Hochwald setzt die bald erreichte Heckenlandschaft einen neuen Akzent, und wir können über die Hecken am Wegesrand bereits den vierten Berg der Tour ausmachen: den Hochstein. Aus der Entfernung sieht er ganz harmlos aus, doch wir werden noch eines Besseren belehrt werden.

Zuvor genießen wir den langsam abfallenden Feldweg, der uns nach **9.7 km** ins Tal bringt. Sogleich steigt der Feldweg wieder an, aber die Steigung hinauf zu einem querenden Wirtschaftsweg ist schnell überwunden. Wir laufen nach rechts und treffen bei **Kilometer 10.5** beim Moto-Cross-Gelände ein. Hier finden

Sehenswertes

▶ Einen geologischen Leckerbissen für Laien und Profis stellt die stets frei zugängliche, bei Geologen berühmte Wingertsbergwand bei Mendig dar. Nahe der Autobahn wurde die beeindruckende Wand im Zuge des Rohstoffabbaus angeschnitten und steht mittlerweile unter Schutz. Denn die Wand offenbart einmalige Einblicke in die Erdgeschichte: Schicht für Schicht erkennt auch der Laie die Ablagerungen der hef-

Aufstieg zum Gänsehals.

Walderlebnis.

dreimal im Jahr Wettkämpfe statt, bei denen man die waghalsigen Sprünge der Motorradfahrer aus nächster Nähe bestaunen kann. Am Ende des Areals queren wir die L 82 und stehen an kleinen Höhlen, die einst die Bewohner der Umgebung in den weichen Stein gegraben haben, um Schutz vor Fliegerangriffen zu finden.

Wir folgen dem grasigen Wiesenweg und sehen uns endgültig mit dem Hochstein konfrontiert. Was nun folgt, ist eine echte Herausforderung,

Vier-Berge-Tour

tigen Vulkanausbrüche, die einst das Land mit Feuer und Asche überzogen. Gerade mal 13.000 Jahre ist es her, dass der Laacher Seevulkan diese unfassbaren Massen an Asche und Bims ausgespuckt hat. Anschauliche Informationstafeln auf Basaltsäulen geben Aufschluss über die geologischen Zusammenhänge. ⓘ www.vulkanpark.com

denn steil erklimmt die Vier-Berge-Tour den Vulkankegel. Der Pfad verläuft hier mitten durch ein Naturschutzgebiet, weil die Magerrasen mittlerweile stark bedroht sind. Wir achten darauf, den Weg nicht zu verlassen, und krabbeln den Berg empor. Nach gut drei Viertel des Aufstiegs bietet dankenswerterweise eine Bank Gelegenheit zum Atemschöpfen ... Eine kurze Pause sollte man sich in jedem Fall gönnen, denn der Ausblick (8) von hier oben ist sensationell. Was die Mühen des Aufstiegs betrifft, so darf man sich aber nicht zu früh freuen, denn nach der Bank setzt sich der Anstieg im Wald noch einmal gut 30 Höhenmeter fort. Nach **11.4 km** ist es aber dann endgültig geschafft, und wir dürfen im Wald links auf einen breiten und vor allem ebenen Waldweg abbiegen.

Felsdurchgang am Rauhbuur.

Bald geht es sogar abwärts, und wir sehen vor uns Felsen über die Wipfel ragen. Über eine Leiter erklimmen wir den Fels und genießen die Aussicht vom Hochstein zum Laacher See in vollen Zügen. Danach folgen wir dem Pfad weiter abwärts und stehen vor der zweiten Attraktion dieses Berges, der Genovevahöhle (9), in der einst Gräfin Genoveva Zuflucht gefunden haben soll. Wir setzen die Wanderung weiter abwärts fort, wechseln dabei, immer gut markiert, von Pfaden auf breitere Wege und wieder auf enge Trails. Den Zuweg zum Parkplatz Hochstein lassen wir links liegen und folgen dem Weg pfadig hinab zur eindrucksvollen „Dicken Buche" (10), die inmitten schlanker Bäume den Wald dominiert.

Wenig später treffen wir auf einen Forstweg und genießen im weiteren Verlauf die ruhige Waldumgebung. Noch einmal wird es spannend, nachdem wir auf engem Serpentinenpfad, unter-

Sehenswertes

Ausblick nach Ettringen.

Picknick an der Schmitzkopfflanke.

stützt von Stufen, einen steilen Hang abgestiegen sind. Denn kaum laufen wir eine Etage tiefer wieder eben durch den Wald, ziehen nach **13.1 km** helle Tuffsteinwände unsere Aufmerksamkeit auf sich.

Schließlich lichtet sich der Wald, und wir treffen auf eine Mehrfachkreuzung. Hier biegen wir scharf links ab und laufen pfadig über eine Wiese mit Ausblick ins Kellbachtal. Die Behausung der „Ritter vom Hochstein" bleibt links liegen, und wir steigen vorsichtig weiter hinab zum Kellbach. Wir überqueren das Nass auf einem Steg, um anschließend die oft recht feuchte Wiese mithilfe von Trittsteinen zu passieren. Dann ist es so weit: Vor uns befindet sich das steinerne Rund des Erlenbrunnens, dessen kühles Mineralwasser herrlich erfrischt. Der Säuerling ist recht eisenhaltig, wovon die intensive rote Farbe des Beckens zeugt. Hier schließt sich nach **13.8 km** der Kreis der Vier-Berge-Tour (2). Um zurück zum Start zu gelangen, folgen wir wieder dem Zuweg durch den idyllischen Talgrund und beenden diese sehr abwechslungs- und aussichtsreiche Traumpfadtour nach **14.5 km** am Parkplatz Erlenmühle (1).

Vier-Berge-Tour

▶ **Strecke:**
Erlenmühle Obermendig – Rauhbuur – Abzweig Marxe Lay – Gänsehalshütte – Genovevahöhle

▶ **An-/Abreise:**
A 61, Abfahrt Mendig. Oder über die B 262. In der Ortsmitte auf die L 20 Richtung Bell abbbiegen.

▶ **Parken:**
- Erlenmühle, Mendig — N50° 22' 31.2'' • E7° 14' 26.7''
- Wanderparkplatz Schweinsgraben — N50° 22' 59.5'' • E7° 13' 15.3''
- Wanderparkplatz Gänsehals — N50° 23' 32.5'' • E7° 12' 35.8''
- Wanderparkplatz Hochstein — N50° 22' 26.7'' • E7° 12' 54.9''

▶ **ÖPNV:**
Zielhaltestelle: Roderhöfe
Linien: 312 „VulkanBus" (täglich) Mayen Ost Bf. – Mendig Bf.
320 (Mo.–Fr.) Mayen Ost Bf. – Mendig Bf.

▶ **TAXI:**
Taxi Bell ☏ 02652/935935

▶ **Einkehr:**
- Vulkan Brauhaus, Laacher-See-Str. 2, 56743 Mendig ☏ 02652/520330 ⏱ tgl. 11–23 Uhr (Küche: 11.30–22 Uhr) ⓘ www.vulkan-brauhaus.de
- Weitere Einkehrmöglichkeiten: ⓘ www.ferienregion-mendig.de

▶ **Übernachten:**
- Hotel Felsenkeller, Bahnstraße 35, 56743 Mendig ☏ 02652/97060 ⓘ www.hotel-felsenkeller.de ⏱ Do. Ruhetag (auch Restaurant)
- Hotel Restaurant Hansa, Laacher-See-Straße 11, 56743 Mendig ☏ 02652/97080 ⓘ www.mendighansahotel.de
- Seehotel Maria Laach, Am Laacher See, 56653 Maria Laach ☏ 02652/5840 ⓘ www.seehotel-maria-laach.de
- Weitere Übernachtungsmöglichkeiten: ⓘ www.ferienregion-mendig.de

▶ **Strecken- und Aussichtspunkte:**
P1	Parkplatz Erlenmühle, Mendig	Ost 374908 Nord 5581843
P2	Portal Traumpfad am Erlenbrunnen	Ost 374336 Nord 5582242
P3	Rauhbuur	Ost 374183 Nord 5582566
P4	Abzweig/Zuweg Marxe Lay	Ost 372795 Nord 5583055
P5	Aussicht & Hütte Gänsehals	Ost 372731 Nord 5583917
P6	Trennung Waldseepfad	Ost 372489 Nord 5583374
P7	Aussicht St. Florian Hütte	Ost 371611 Nord 5581666
P8	Panoramablick Hochsteinflanke	Ost 373284 Nord 5581247
P9	Genovevahöhle	Ost 373267 Nord 5581606
P10	Dicke Buche	Ost 373247 Nord 5581892

Tour 25   Auf einen Blick

Panoramablick Vulkaneifel.

Streckenprofil

▶ Im Winter sind einige der teils sehr steilen Pfade witterungsbedingt schwer oder gar nicht zu begehen. Die schönsten Eindrücke bekommt man zwischen Frühling und Herbst.

▶ Der Weg verlangt gute Kondition und Trittsicherheit und ist für geübte Wanderer empfehlenswert.

 Strecke: Parkplatz Leichenweg – Eiterbachtal – Luisenplatzhütte – Fünfkantstein – Nitzbachtal

- **Länge:** 16.9 km (mit Zuweg)
- **Gesamt:** 5 Std.
- **Höchster Punkt:** 528 m
- **Steigung/Gefälle:** 509 m
- **Anspruch:** ★ ★ ★ ⸺
- **Kalorien:** ♀ 1219 ♂ 1431

- **Tour-Download:** TPX6T14
  www.wander-touren.com

- **Tourist-Info:**
  Tourist-Information Stadt Mayen
  Altes Rathaus am Markt
  56727 Mayen
  ☏ 02651/903004
  🕘 www.mayen.de
  🕘 www.traumpfade.info

scan&go

QR-Code mit dem internetfähigen Smartphone einscannen und Startpunkt direkt anzeigen lassen.

Tour 26

Fachkundige Führung.   Felsen im Nitzbachtal.   Am Scheidkopf.

Auf urwüchsigen Pfaden

Blick auf Schloss Bürresheim.

Förstersteig

Wald und Wasser: Diese beiden Elemente beherrschen die Rundtour durch den Mayener Vorderwald. Auf knapp 17 km erwarten uns urwüchsige Pfadabschnitte und herausragende Ausblicke. So liegt uns Mayen zu Füßen, und wir genießen vom Nettetalblick das imposante Schloss Bürresheim.

Schlossblick beim Abstieg ins Nitzbachtal.

Wir beginnen diese Tour am Parkplatz „Am Leichenweg (1) an der B 254. Ein Zuweg bringt uns durch den Hochwald nach **750 m** zum Startportal des Förstersteigs am Oberen Ruppental (2). Wir folgen einem schönen Naturweg abwärts durch das Ruppental. Nach links erhaschen wir immer wieder Blicke auf den Wiesengrund, bis unser Waldweg nach **1.4 km** auf einen Forstweg mündet, dem wir nach links um die Waldwiese herum folgen. Nun begleitet uns der zunächst noch unscheinbare Eiterbach. An einer großen Waldkreuzung wechseln wir auf die linke Bachseite und laufen durch den herrlichen Mischwald abwärts. Einige Querwege ignorieren wir und treffen nach **2.5 km** am Eiterbachweiher (3) nebst Rastplatz und Schutzhütte ein. Nach kurzem Aufenthalt dürfen wir auf einem fantastischen Grasweg bergan wandern. Gemütlich schlängelt sich dieser aufwärts und wandelt sich bald zum Pfad! Nach **3.4 km** mündet er nach rechts auf einen breiteren Waldweg. Diesem folgen wir und treffen nach weiteren 150 m an der Luisenplatzhütte (4) ein. An diesem Logenplatz laden Schutzhütte und Sitzbänke zum Verweilen ein. Unser Blick schweift über das weite Umland von Mayen, und auch das schmucke Eifelstädtchen selbst liegt im Blickfeld. Bei gutem Wetter reicht die Panoramasicht sogar bis ins Rheintal.

Sehenswertes

▶ Direkt am Startparkplatz an der B 258 lockt der **Kletterwald Mayen** mit Nervenkitzel pur! Während der Sommersaison können sich Jung und Alt je nach Können und Mut auf unterschiedlich schwierigen Parcours vergnügen. Nähere Infos unter: ⓘ www.move-up-gmbh.de, Eifel Adventure Forest, Kletterwald Mayen, An der B 258, 56727 Mayen-Kürrenberg ☏ 02651/7041570

Blick zum Nitzbach.

Abendstimmung am Tempelchen.

Nach dem Genießen der Aussicht setzen wir die Wanderung auf dem Forstweg fort. Jetzt geht es abwärts, an der nächsten Kreuzung biegen wir halb rechts ab und folgen den hölzernen Wegweisern zum Altener Tempelchen. Dieses erreichen wir nach einigen Richtungswechseln über einen, in einer Spitzkehre geradeaus verlaufenden, Pfad. Nach **4.1 km** stehen wir an der Schutzhütte **(5)** und können die gegenüberliegende mächtige Felswand des Basaltsteinbruchs bewundern. Über einen schönen Waldpfad geht es zurück zur Spitzkehre. Hier halten wir uns rechts und verlieren im Folgenden langsam an Höhe. Weitere tolle Aussichten auf die gegenüberliegende Talseite mit ihren Basaltsteinbrüchen begleiten uns, bis wir uns im dichter gewordenen Wald links auf einen ansteigenden Pfad wenden. Auf diesem Abschnitt heißt es nun stramm bergan wandern und einige Richtungswechsel überstehen. Doch gut geleitet durch das Logo, treffen wir nach **6.8 km** am Fünfkantstein **(6)** und der gleichnamigen Schutzhütte ein. An dieser großen Kreuzung stoßen nicht nur zahlreiche Wege aufeinander, sondern auch fünf historische Territorien,

Förstersteig

▶ Vielfältig und abenteuerlich ist ein Besuch im Deutschen Schieferbergwerk in der Genovevaburg in Mayen. Allein die simulierte Lohrenfahrt verspricht Abenteuer pur, und spätestens beim Rundgang durch die Stollen bricht das Entdeckerfieber aus. Nicht nur für Kinder ist der Besuch des Schieferbergwerks und des angegliederten Museums ein unvergessliches Erlebnis! Genovevaburg, 56727 Mayen ⊙ Di.–Fr. u. feiertags 10–17 Uhr, Sa., So. 10–18 Uhr ⊙ 02651/498508 ⊙ www.mayenzeit.de

die hier ihren gemeinsamen Berührungspunkt haben. Wir halten uns vom Stein aus rechts und biegen nach wenigen Metern erneut rechts auf einen alten Hohlweg ab. Leicht bergan queren wir einen weiteren Weg, laufen über die Waldkuppe und folgen dem Pfad abwärts durch den Hochwald. Nach 250 m erreichen wir einen breiten, aber schönen Waldweg, auf den wir links abbiegen. Nur unwesentlich geht es bis zum Abzweig zum Nettetalblick bergab. Kaum haben wir nach **8.4 km** diesen hervorragenden Aussichtspunkt **(7)** auf Schloss Bürresheim erreicht, beginnt ein steiler Abstieg ins Nettetal. Serpentinenpfad und Waldwege bringen uns sicher hinab, weitere Ausblicke bescheren immer neue Perspektiven auf das dekorative Schloss.

Schließlich treffen wir im Nettetal ein und laufen etwa 150 m auf dem Gehweg neben der L 83 nach links zur nahen historischen Hammesmühle **(8)**, die nach **9.3 km** zur Einkehr lädt. Wer das sehenswerte Schloss Bürresheim besichtigen möchte, folgt dem Gehweg weiter zum nahen Schlossparkplatz. Zur Fortsetzung der Tour biegen wir nach der Hammesmühle links über die Nette ab und laufen auf einem Waldweg bergan.

Sehenswertes

▶ Etwa zur Hälfte der Strecke bietet sich ein Besuch von Schloss Bürresheim an. Das einzigartige Ensemble gibt Einblick in das Leben des Adels zwischen dem 15. und dem 20. Jahrhundert. Die Burg wurde nie zerstört und präsentiert die verschiedenen Bauphasen vom Wehrturm bis zum Schloss im Originalzustand. Interessant ist auch der Unterschied der Kölner Burg aus dem 14. Jahrhundert im Vergleich zu der mehr schlossartigen Ostburg, deren Ausbau im 15. und 17. Jahrhundert erfolgte.

Bald geht es rechts auf einen Pfad, der uns in weitem Bogen um das Schloss führt. Wir erreichen das Nitzbachtal und wenden uns weg vom Schloss, nach links. Nach **10.9 km** dürfen wir in einer Kurve den Abzweig nach links nicht verpassen. Unser Traumpfad verläuft hier steil bergan auf dem Kamm des kleinen Bergrückens und bringt uns auf den eine Etage höher verlaufenden Waldweg.

Wir wandern nach rechts, erreichen nach 350 m einen Taleinschnitt und wenden uns scharf nach links. Stetig gewinnen wir an Höhe, während wir an einzelnen Felsklippen vorbei durch den üppigen Wald laufen. Nach **14 km** offenbart sich nach rechts ein toller Blick auf das Nitzbachtal **(9)**.

Als Nächstes steht die Umrundung des Schafskopfs an, wo eine Bank zur Rast lockt. Durch lichten Eichenkrüppelwald gelangen wir an den Abzweig eines steilen Serpentinenpfads. Beim Aufstieg nach links bewegen wir uns genau zwischen Laub- und Nadelwald. Der Bergpfad führt uns zu einem Querweg, der uns rechts zum Waldrand führt. Hier laufen wir links am Feldrand entlang, biegen nach **15.2 km** rechts ab und steigen durch die Wiesen zum Scheidkopf auf. Beim Aufstieg zum Gipfelwäldchen genießen wir die phänomenal schönen Aussichten auf die Eifel **(10)**! Nach dem Überschreiten des Scheidkopfs dürfen wir bei grandioser Sicht abwärts durch die wogenden Wiesen und Felder wandern. Nach **16 km** erreichen wir den Waldrand, wo uns ein kurzer Serpentinenweg zurück zum Startportal **(2)** bringt. Über den bereits bekannten Zuweg kehren wir zurück zum Parkplatz **(1)**, wo diese spektakuläre Tour nach **16.9 km** endet.

Zwischen Scheidkopf und Kürrenberg.

Förstersteig

April–Sep.: 9–18 Uhr, Okt.–Nov., Jan.–März: 9–17 Uhr, Dez. geschlossen. Besichtigung nur mit Führung 02651/76440.

Schloss Bürresheim.

▶ **Strecke:**
Parkplatz Leichenweg – Eiterbachtal – Luisenplatzhütte – Fünfkantstein – Nitzbachtal

▶ **An-/Abreise:**
A 48 Abfahrt Mayen/Mendig – B 258 Richtung Nürburgring – hinter der General-Delius-Kaserne in Richtung Kürrenberg nach 700 m rechts auf den an der B 258 liegenden Parkplatz (Schild: Eifel Adventure Forest). Über einen Zuweg gelangt man nach etwa 700 m zum Waldportal.

▶ **Parken:**
Am Leichenweg   N50° 19' 56.5'' • E7° 10' 13.2''

▶ **ÖPNV:**
Zielhaltestelle: Kürrenberg Kriegerdenkmal
Linien: 343 (Mo.–Sa.) Mayen Ost Bf. – Boos – Kelberg
         344 (Mo.–Sa.) Mayen Ost Bf. – Adenau

▶ **TAXI:**
Josef Schäfer ✆ 02651/43115

▶ **Einkehr:**
- Historische Hammesmühle im Nettetal ✆ 02651/76464
  ⊙ Mo., Di. Ruhetag.
- Gasthaus Weber, Hubertusstraße, 56727 Mayen-Kürrenberg
  ✆ 02651/6316 ⊙ Di. und Mi. Ruhetag.
- Weitere Einkehr- und Übernachtungstipps unter ⊕ www.mayenzeit.de

▶ **Übernachten:**
- Reit- & Ferienhof Zum Hochscheid, Hauptstr. 86,
  56727 Mayen-Kürrenberg ✆ 02651/76109
- Hotel & Restaurant Wasserspiel, Im Weiherhölzchen 7–9,
  56727 Mayen-Kürrenberg ✆ 02651/3081

▶ **Strecken- und Aussichtspunkte:**

P1	Parkplatz „Am Leichenweg" (B 254)	*Ost 369772 Nord 5577198*
P2	Waldportal Oberes Ruppental	*Ost 369768 Nord 5577788*
P3	Eiterbachweiher	*Ost 371266 Nord 5577278*
P4	Luisenplatzhütte	*Ost 372092 Nord 5577755*
P5	Altener Tempelchen	*Ost 372489 Nord 5577954*
P6	Fünfkantstein	*Ost 370726 Nord 5577813*
P7	Nettetalblick	*Ost 370431 Nord 5578769*
P8	Hammesmühle	*Ost 370688 Nord 5579051*
P9	Aussicht Nitztal	*Ost 368951 Nord 5578726*
P10	Scheidkopf	*Ost 369442 Nord 5578076*

Tour 26   Auf einen Blick

Nitzbachbrücke an der Hammesmühle.

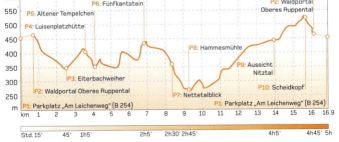

Streckenprofil

▶ Im Winter sind einige der teils steilen Pfade witterungsbedingt schwer oder gar nicht zu begehen. Die schönsten Waldeindrücke bekommt man im Frühling und Herbst.
▶ Mit knapp 17 km und über 500 Höhenmetern ist der Förstersteig etwas für trainierte und erfahrene Wanderer mit sehr guter Kondition.

Strecke: Parkplatz am Tumulus Nickenich – Hermannshütte – Waldsee – Laacher See

- **Länge:** 16.3 km
- **Gesamt:** 5 Std.
- **Höchster Punkt:** 419 m
- **Steigung/Gefälle:** 486 m
- **Anspruch:** ★★★ ⭒
- **Kalorien:** ♀ 1183 ♂ 1388

- **Tour-Download:** T2X5TX4
  www.wander-touren.com

- **Tourist-Info:**
  VGV Pellenz
  Breite Straße 40
  56626 Andernach
  ☏ 02632/299444
  🌐 www.pellenz.de
  🌐 www.traumpfade.info

scan to go
QR-Code mit dem internetfähigen Smartphone einscannen und Startpunkt direkt anzeigen lassen.

Tour 27

Aschewand.   Mofetten im Laacher See.   Tumulus Nickenich.

Kühle Füße, heiße Geschichte

Pause am Uferweg des Laacher Sees.

Pellenzer Seepfad

Wasser, Wiesen und Wälder – und dazu wunderbare Weitblicke: Der Pellenzer Seepfad führt zu beeindruckenden Vulkanaufschlüssen, zum „Krufter Ofen", zur Teufelskanzel und zur Einkehr am Laacher See. Wer die Badehose im Rucksack hat, kann sich unterwegs im Krufter Waldsee abkühlen.

Unmittelbar am Wanderparkplatz in Nickenich (1) geht es gleich geschichtsträchtig los: Ein römischer Grabtumulus erregt unsere Aufmerksamkeit. Nach der kurzen Stippvisite bei den Römern widmen wir uns dem eigentlichen Ziel des Tages: Nur 100 m vom Parkplatz entfernt, befindet sich an der Zufahrt zur Schießanlage der Einstieg zum Pellenzer Seepfad (2).

Während wir den schilfgesäumten Biotopsee der „Sauren Wiese" links liegen lassen, folgen wir den markanten orangen Traumpfad-Logos auf dem Waldpfad geradewegs leicht bergan. Nach nur wenigen Schritten öffnet sich links ein kleines Tal. Wir wandern bis zur Weggabelung am Waldrand und orientieren uns dort erneut nach links. Der breite Forstweg führt uns an der Wiese vorbei und durch lichten Baumbestand, bis wir nach **500 m** auf einen Querweg stoßen. Der Wegweiser nennt unser nächstes Zwischenziel – den Eppelsberg. Wir schwenken nach rechts und erreichen über den breiten Weg schon wenig später die nächste Kreuzung. Diesmal schicken uns Logos und Wegweiser nach links. Am Waldrand treffen wir auf die ersten vulkanischen Spuren der Tour: Im kleinen Aufschluss zeigen sich deutlich die grau gefärbten Bimsfragmente, die der Laacher Seevulkan vor zuletzt

Sehenswertes

▶ Untergebracht im ehemaligen Karthäuserhof im Herzen von Nickenich, stellt das Pellenz-Museum archäologische Funde der Umgebung zur Schau. Es gibt interessante Exponate aus Grabfunden aus der Jungsteinzeit bis zur Römerzeit zu bestaunen. Infos: Pellenz-Museum, Zehntstraße 7, 56645 Nickenich ☎ 02632/958952 🌐 www.pellenz-museum.de 🕐 Di.–Fr. 9–12 Uhr und 14–17 Uhr, Sa., So. & feiertags: 14–17 Uhr, im Winter geschlossen.

Aussicht vom Krufter Ofen.

13 000 Jahren ausgespuckt hat. An der nächsten Weggabelung wenden wir uns nach links und lassen uns von der einladenden Bank nicht aufhalten …

Ein kurzes Waldstück ist schnell durchwandert, denn auf dem breiten Weg kommen wir gut voran. Wir überschreiten eine Kuppe und genießen den ersten Ausblick auf Nickenich – und einen noch tieferen Einblick in die Eifel-Geologie: Rechts erhebt sich eine eindrucksvolle mächtige Wand aus unterschiedlich gefärbten Ascheschichten (3), die ebenfalls von der feurigen Vergangenheit der Region erzählen.

Hin- und hergerissen zwischen Aussicht und Geologie marschieren wir weiter und erobern dabei einige Höhenmeter. Der kurvige Weg führt uns etwas tiefer in den aufstrebenden Jungwald. Einige Abzweigungen ignorieren wir und bleiben stets dem Traumpfad treu. Nach **1.6 km** wird es Zeit für einen kurzen Abstecher: Eigentlich biegt der Traumpfad gleich nach der Wegverzweigung auf einen Pfad nach links ab. Doch wir wählen den obersten Wirtschaftsweg und werden nach nur 100 Metern an der Hermann-Hütte mit einem grandiosen Blick belohnt (4):

Pellenzer Seepfad

Informative Rast am Wegesrand.

Schier grenzenlos breitet sich – abhängig von der Wetterlage – die Aussicht über die Pellenz vor uns aus. Ganz nebenbei bietet die Hütte auch eine gute Gelegenheit zur Pause. Einziger Wehmutstropfen ist der Verkehrslärm, der von der relativ nahen A 61 heraufschallt. Anschließend kehren wir zum Pfadeinstieg zurück und gelangen nach kurzer Passage auf einen weiteren breiten Wirtschaftsweg, dem wir nun nach rechts abwärts folgen. Der Abstieg währt nur kurz, denn schon nach **2.1 km** treffen wir an der großen Kreuzung an der „Barbara Bank" ein. Hier laufen wir fast geradeaus weiter. Links klafft, von den hohen Fichten nur halb verdeckt, ein großes Loch in der Erde: Wir haben den aktiven Tagebau am Eppelsberg erreicht. Kurz bevor wir an der nächsten Abzweigung geradeaus Richtung Waldsee Kruft weiterwandern, bietet eine Aussichtsplattform (5) Gelegenheit, einen Blick in den eindrucksvollen Steinbruch zu werfen: In geschwungener Linie verlaufen, scharf abgegrenzt, die Ascheschichten, die heute wertvolle Rohstoffe für die Bauindustrie liefern. Wer mehr über die Geheimnisse des Eppelsbergs erfahren möchte, sollte auch den geologischen Lehrpfad besuchen.

Kraterwall am Laacher See.

Sehenswertes

▶ Vulkanismus aus nächster Nähe bietet der Steinbruch am Eppelsberg etwas südlich von Nickenich. Imposant erhebt sich die ehemalige Vulkanwand, und Schicht für Schicht sind Asche und Bimsablagerungen zu erkennen. Auf dem kurzen Lehrpfad erklären Tafeln, auch für Laien verständlich, Wissenswertes rund um den Eifelvulkanismus. Der Lehrpfad ist Bestandteil des Traumpfads.

Doch zunächst ist wieder Wandern angesagt, denn der Pellenzer Seepfad führt uns nun, leicht ansteigend, durch eine herrliche Baumallee mitten im Wald. Auch nach dem nächsten Schwenk nach links begleiten uns weiterhin die himmelhohen, schlanken Bäume. Aufmerksamen Wanderern entgehen auf dem Abschnitt zwischen dem Eppelsberg und dem Waldsee sicherlich nicht die insgesamt neun Holzskulpturen, die für einen Hauch von Kunstausstellung mitten im Wald sorgen.

Weitere Richtungswechsel, die uns stets auf breite, gut begehbare Forstwege bringen, überstehen wir problemlos und können dabei die Vielfalt des Waldes genießen: Denn nicht nur unterschiedliche Laubbäume haben hier ihr Revier – Fichten, Kiefern und Lärchen setzen weitere Farbakzente. Schließlich senkt sich der Weg etwas ab, und wir passieren ein Steinkreuz, das fünf Meter links vom Weg steht. Birken begleiten uns die letzten Meter hinab zu einer großen Waldlichtung nebst Rastplatz **(6)**. Hier trifft nach **3.8 km** von links der Zugangsweg vom Parkplatz Waldsee auf unseren Traumpfad. Nach kurzer Rast setzen wir die Tour fort und biegen zum nahen Waldsee ab. Während der Sommermonate ist das umzäunte Areal geöffnet, der Waldsee lockt dann zum kühlenden Badespaß.

Doch für den Moment lässt uns diese Aussicht kalt, und wir laufen links auf weichem Waldweg außen am Zaun entlang. Durch die dichten Bäume erhaschen wir nur ab und an einen Blick auf die glitzernde Seeoberfläche. Dann schickt uns der Traumpfad unvermittelt weg vom See nach links, um bei erster Gelegenheit wieder nach rechts abzuknicken. Durch dichten Jungwald wandern wir gemütlich weiter. Bald öffnet sich eine Wiese, die uns einen ersten Blick zum nächsten Etappenziel beschert: Hoch ragt vor uns der „Krufter Ofen" auf.

Uns schwant, dass dieser Anstieg kräftezehrend werden könnte, doch noch verläuft der Traumpfad nur leicht bergan. Das bleibt vorerst auch nach der nächsten Weggabelung so, was uns Gelegenheit gibt, die gegenüberliegende Aschewand genau in Augenschein zu nehmen. Dann widmen wir uns ganz dem herrlichen Waldweg, der durch aufstrebenden jungen Mischwald führt.

Pellenzer Seepfad

Vulkanaufschluss am Eppelsberg.

Doch nach **4.7 km** ist es dann so weit: Wir biegen links ab, und auf weichem Weg geht es nun spürbar aufwärts. Eine letzte Gnadenfrist gibt es nach dem Abzweig auf einen breiten Forstweg, der uns endgültig in hohen Buchenhallenwald bringt.

Nur etwa 150 Meter später dürfen wir die Spitzkehre nach links nicht verpassen. Der Waldweg steigt deutlich an und bringt uns immer näher an die eindrucksvoll aufragenden Felsen. Richtig anstrengend wird es unmittelbar am Fuß des steinigen Brockens: Ab hier erklimmt der Traumpfad auf engem und sehr steilem Pfad die Teufelskanzel. Trittsicher und einigermaßen schwindelfrei sollte man hier schon sein, und auch Wanderstöcke sind hilfreich. Wer es beschaulicher angehen möchte, wählt hier die ausgeschilderte Alternativroute, die weniger steil verläuft. Schließlich stehen wir unmittelbar vor dem Fels, fühlen den rauen Vulkanstein mit eigenen Händen. Hier biegen wir nach links ab, überschreiten eine kleine Schwelle und finden uns vor einer Felsnische wieder. Nach kurzer Verschnaufpause setzen wir den noch immer sehr steilen Aufstieg fort. Bei **Kilometer 5.2** haben wir es dann geschafft und können von der exponierten Teufelskanzel eine grandiose Aussicht (7) auf den Waldsee, Kruft – und bei gutem Wetter auch bis weit ins Neuwieder Becken genießen. So belohnt, kommen wir auf den Bänken an der Aussicht rasch wieder zu Atem.

Den Aufstieg bis zum Gipfel des „Krufter Ofen" erspart uns der Pellenzer Seepfad und führt uns stattdessen auf fast ebenem Höhenweg nach links. Wir passieren eine weitere herrliche Aussicht auf Kruft und Umgebung und gelangen schließlich zu einem Pfadabzweig: Rechts führt uns der schmale Weg zur etwas oberhalb gelegenen Schutzhütte „Am Krufter Ofen" (8). Die Rastgelegenheit nehmen wir gerne wahr.

Anschließend geht es gemütlich weiter. Unter dem schattigen Blätterdach der hohen Buchen laufen wir, bis wir eine Spitzkehre erreichen und dort links auf einen absteigenden Weg kommen. In der nächsten Kurve präsentiert sich ein weiterer Panoramablick – mit solchen Premiumaussichten ist der Pellenzer Seepfad wirklich reich gesegnet. Mit lockerem Auf und Ab wandern wir in den majestätischen Hochwald, dessen mächtige Buchen uns im-

Sehenswertes

▶ Der Vulkanpark umfasst das gesamte, ehemals von vulkanischer Aktivität betroffene Gebiet zwischen Rheintal und Vordereifel. Vor rund 13 000 Jahren ergossen sich letztmals glutheiße Lavaströme über das Land. Einen ersten Einblick erhalten Besucher im Vulkanpark Infozentrum in Plaidt/Saffig. Der Vulkanpark ist weitläufig und vielfältig – neben den Naturschauspielen geben vor allem der Lava-Dome und die Lavakeller in Mendig tiefe Einblicke in die Welt des Vulkanismus (▶ S. 138). Spannend

mer wieder zum Staunen bringen. Nach **6.9 km** treffen wir mitten im Hochwald auf einen asphaltierten Forstweg und biegen nach links ab. Wir verlieren an Höhe, und bald wandelt sich der Asphalt zum befestigten Forstweg. Schließlich ist es dann so weit: Bei **Kilometer 8** erreichen wir freies Feld und erhaschen nach wenigen Metern den ersten Blick **(9)** auf die imposante Silhouette des Klosters Maria Laach.

Uferweg mit Klosterblick.

Die Szenerie um uns präsentiert sich vollkommen verwandelt, unser Blick schweift über offene Felder und wird magisch angezogen von der glitzernden Oberfläche des Sees. Wir erreichen eine Wegkreuzung und wenden uns nach rechts. Ein asphaltierter Wirtschaftsweg führt uns nun schnurstracks zum nahen Waldrand und Richtung See. Am Wald angelangt, stößt von links die Georoute L zu uns. Kaum haben wir die ersten Schritte unter dem Laubdach des lockeren Uferwaldes absolviert, stehen wir auch schon an einer der Informationstafeln dieses geologischen Wanderwegs.

Doch wir wollen nun zum sagenumwobenen See, der, aus Feuer geboren, noch heute Zeichen der vulkanischen Tätigkeit offenbart. Zwar verläuft der Traumpfad auf dem breiten Seerundweg etwas oberhalb des Ufers, doch nach **9.2 km** bietet sich für trittsichere Wanderer als Alternative der Wechsel auf den unterhalb parallel und ufernah verlaufenden Seepfad an. Nutzt man diese alternative Strecke, dann hat man die Chance, am Rand des Schilffeldes etwas blubbern zu sehen, manchmal hört man sogar ein leises Zischen. Was steckt bloß dahinter? Die Ursache für die ungewöhnlichen Vorgänge liegt in der Magmenkammer

Pellenzer Seepfad

und informativ sind gut ausgeschilderte sowie anregend gestaltete Vulkanwanderwege. ⊙ März–Nov.: Di.–Fr. 9 bis 17 Uhr, Sa., So. und an gesetzlichen Feiertagen von 11 bis 18 Uhr; Nov.–März Di. bis So. von 11 bis 16 Uhr. Vulkanpark GmbH Infozentrum Rauschermühle, Rauschermühle 6, 56637 Plaidt ☏ 02632/9875-0 ⊙ www.vulkanpark.com, Info-Hotline: ☏ 0180/1885526

Panoramablick bei Ascheaufschluss Nickenich.

unter dem Laacher Seegebiet. Aus dieser Kammer treten mal mehr, mal weniger Gase aus, die dann in Form von Bläschen an der Seeoberfläche zu beobachten sind. Bei dem Gas handelt es sich um CO_2, das am Ostufer an mehreren Stellen an die Oberfläche gelangt. Genau erklärt wird dieses Phänomen nach **9.8 km** an einer weiteren Tafel **(10)** der Georoute L. Diese Tafel ist übrigens auch für die Wanderer leicht zugänglich, die bisher auf der eigentlichen Traumpfadroute gewandert sind und an dieser Stelle bequem auf den Pfad wechseln können.

Wir setzen die Tour oberhalb des Ufers fort und erfreuen uns am Schlagen der Wellen. Über den See hinweg erhaschen wir auch immer wieder einen Blick hinüber zum erhaben wirkenden Kloster Maria Laach, das unbedingt einen Besuch wert ist.

Nach **10.5 km** endet unser Spaziergang am Laacher See, denn wir folgen der Markierung rechts auf einen engen Pfad. Ein Blick den Hang empor verrät uns, dass es nun wieder richtig anstrengend wird! Schon wenig später erobern wir unter dem schatti-

Mystische Stimmung am Laacher See.

gen Blätterdach des Hochwalds den steilen Berg. Ein querender Forstweg verhilft nur zu einer minimalen Atempause, denn sogleich setzt sich der Anstieg unvermindert fort. Erst als wir die Kreuzung am Höhenrundweg erreichen, haben wir es geschafft und können uns an der Schutzhütte erholen.

Gestärkt folgen wir anschließend dem breiten Forstweg mit leichter Linkskurve durch Jungwald abwärts. Auch die nächsten Abzweigungen bewältigen wir problemlos, denn die Markierung ist vorbildlich. So bleibt auch ein kleiner Rastplatz rechts liegen, und wir queren nach **11.5 km** vorsichtig die L 116. Auf der anderen Seite wenden wir uns im lichten Hochwald nach links und wandern auf dem Pfad in einer weiten Kurve bergan, bis wir auf einen breiten Wirtschaftsweg stoßen. Der Weg kommt von links und bindet den Parkplatz Keller Kreuz an den Pellenzer Seepfad an. Übrigens: Nur 100 Meter entfernt von diesem Parkplatz entsteht ein „Keltischer Baumkreis", der – ganz im Sinne der keltischen Druiden – Raum zur Entschleunigung gibt und uns dem Rhythmus der Natur näher bringen soll.

Pellenzer Seepfad

Waldpfad am Keller Kreuz.

Am Tumulus Nickenich.

Steg am Biotop „Saure Wiese".

Der Pellenzer Seepfad setzt sich am Abzweig des Zuweges rechts fort, und bald tauschen wir den Wald gegen lockere Hecken ein, die den Weg anfangs noch begleiten. Dann weichen auch sie zurück und geben einen fantastischen Blick frei. Vor allem nach Passieren der Ruine der ehemaligen „Heimschule" bietet sich bei gutem Wetter ein großartiges Panorama bis zum Siebengebirge (11).

Nachdem wir die freie Sicht über die offenen Felder gebührend genossen haben, biegen wir am Waldrand zunächst links ab, bevor es mit einem Rechtsschwenk wieder in den Wald hineingeht. Doch nun umgeben uns Birken, Kiefern und Niederwald, was an warmen Tagen stark an Heidewald erinnert. Eine kleine Schutzhütte lädt nach **12.6 km** in idyllischer Umgebung zur Rast ein. Wir setzen die Wanderung fort, biegen nach rechts ab und halten uns auch an der folgenden Kreuzung rechts. Eine Weihnachtsbaumpflanzung bleibt rechts liegen, und wir dürfen nun durch ein Spalier schlanker Lärchen laufen. Links sorgt im Frühsommer ein Ginsterfeld für leuchtende Farben.

Am Krufter Ofen.

Wir nähern uns nun der Nordflanke des „Hummerich", und nach einem kleinen Anstieg breitet sich links die freie Fläche einer Halde aus. Über das Lockermaterial ergibt sich ein toller Ausblick, der wieder bis zum Drachenfels im Rheintal reicht.

Doch wer glaubt, damit sei das Repertoire an Ausblicken erschöpft, der irrt: Nach einer weiteren ruhigen Waldpassage auf breitem Weg weichen die Bäume rechts zurück, und vor uns liegt der „Pellenzblick" (12). Tatsächlich breitet sich nun ein grandioses Panorama nach Süden und Osten aus, das von den Vulkankuppen um Kruft und Plaidt dominiert wird.

Offene Flur bei Heimschule.

Wir laufen am umzäunten Steinbruchareal abwärts, folgen dann dem Weg am Wald entlang nach rechts und treffen nach **14.8 km** am Ortsrand von Nickenich ein. An der kleinen Kapelle biegen wir aber rechts auf einen Feldweg und wandern am Neubaugebiet außen entlang wieder ins freie Feld hinaus. Noch einmal gewinnen wir etwas Höhe, bevor wir uns mitten im Feld links abwärts zum Wald wenden. Dort führt uns ein breiter Forstweg oberhalb des Hundeübungsplatzes langsam ins Tal zur L 116. Zunächst laufen wir dort links auf einem parallelen Fußweg, bis wir an einer Verkehrsinsel auf Höhe des Sportplatzes die Straße queren. Danach biegen wir rechts auf einen Pfad, der bald links auf einen Waldweg mündet. Ein letzter Anstieg bringt uns zum Schützenhaus, wo wir den weichen Waldboden gegen Asphalt eintauschen. Wir folgen der Zufahrtsstraße abwärts zum Startpunkt des Traumpfads (2) und weiter zum Parkplatz am Tumulus (1), wo diese an Aussichten reiche Tour nach **16.3 km** endet.

Pellenzer Seepfad

Pause im Grünen.

▶ Strecke:
Parkplatz am Tumulus Nickenich – Hermannshütte – Waldsee – Laacher See

▶ An-/Abreise:
A 61 bis Abfahrt Kruft, und dann auf der B 256 nach Kruft. Dort weiter auf die L 119 nach Nickenich.

▶ Parken:
- Am Tumulus, Nickenich   N50° 24′ 48.0″ • E7° 18′ 52.6″
- Am Waldsee, Kruft   N50° 25′ 31.6″ • E7° 17′ 26.1″
- Kellerkreuz L 116   N50° 23′ 38.1″ • E7° 18′ 39.1″

▶ ÖPNV:
Zielhaltestelle: Nickenich Oberdorf
Linien: 310 (täglich) Andernach Bf. – Maria Laach

▶ TAXI:
- Taxi Busch ☏ 02632/491111
- Taxi Bell ☏ 02652/935935

▶ Einkehr:
- Blockhaus Laacher See, Am Laacher See, 56653 Wassenach
  ☏ 02636/8080980 ⊕ www.blockhaus-laacher-see.de
- Weitere Einkehrmöglichkeiten: ⊕ www.pellenz.de

▶ Übernachten:
- Hotel Burgklause, Hauptstraße 78, 56645 Nickenich ☏ 02632/98330
  ⊕ www.hotel-burgklause.de (auch Restaurant)
- Hotel Restaurant Waldfrieden, Laacher-See-Str. 1, 56553 Wassenach
  ☏ 02636/80960 ⊕ www.amlaachersee.de ⊙ Mi. & Do. Ruhetage
- Seehotel Maria Laach, Am Laacher See, 56653 Maria Laach
  ☏ 02652/5840 ⊕ www.seehotel-maria-laach.de
- Weitere Übernachtungsmöglichkeiten: ⊕ www.pellenz.de

▶ Strecken- und Aussichtspunkte:
P1	Parkplatz am Tumulus	Ost 380256 Nord 5585947
P2	Beginn Traumpfad	Ost 370195 Nord 5586008
P3	Aschewand & Ausblick	Ost 380354 Nord 5585707
P4	Aussicht an Hermann-Hütte	Ost 380502 Nord 5585330
P5	Aussicht Eppelsberg	Ost 380457 Nord 5585132
P6	Rastplatz beim Waldsee	Ost 379700 Nord 5584083
P7	Ausblick Teufelskanzel	Ost 378875 Nord 5584559
P8	Hütte am „Krufter Ofen"	Ost 378755 Nord 5584451
P9	Klosterblick	Ost 377577 Nord 5584703
P10	Infotafel CO_2	Ost 378212 Nord 5585908
P11	Siebengebirgsblick	Ost 379131 Nord 5587263
P12	Pellenzblick	Ost 380530 Nord 5587130

Tour 27   Auf einen Blick

Rastplatz mit Premiumausblick.

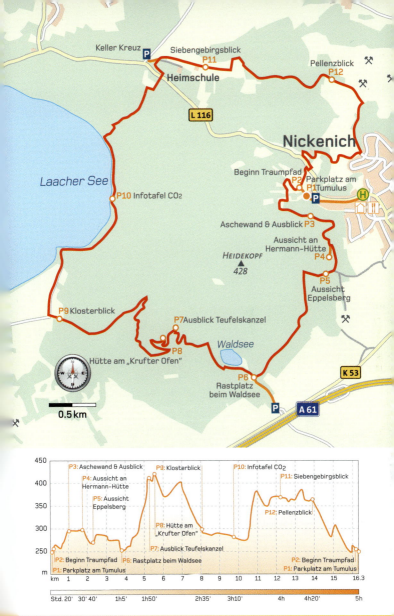

Streckenprofil

▶ Eine Winterbegehung ist nicht empfehlenswert, da dann einige der teils steilen Pfade schwer oder gar nicht zu begehen sind. Am schönsten im Frühling und Sommer.
▶ Der Pellenzer Seepfad fordert sehr gute Kondition und stellenweise sehr gute Trittsicherheit. Nur für Trainierte.

Faszinierend bei Tag und Sommernacht:
Kreative Komposition vom Traumpfade-Fan Wolfgang Voigt,
aufgenommen am Traumpfad Wolfdelle ▶ S. 32

Register

A

Abtei Sayn 62, 67, 68
Achterbachtal 220, 223, 226, 227
Adenau 190, 208, 226, 266
Ahrbach 37
Am Sauerbrunnen 236
Andernach 48, 54, 58, 164, 212, 246, 268, 280
Antoniuskapelle 84, 88, 91
Arft 169, 172, 184, 186, 187, 190, 191
Aspeler Tal 98
Augstmühle 244

B

Baar-Wanderath 226
Bellberg 156, 157, 158, 159, 164, 165
Bembermühle 24, 28, 29, 30, 31
Bergheidenweg 4, 146, 166, 169, 170, 172, 173, 185, 186, 189, 191, 295
Bergschluchtenpfad Ehrenburg 3, 72, 136
Bermel 210, 212, 216, 217, 218, 219
Bleidenberger Ausblicke 3, 72, 294
Boos 148, 149, 150, 151, 153, 154, 155, 266
Booser Doppelmaartour 4, 146, 155, 295
Booser Eifelturm 148, 150, 151, 153, 154, 155
Boppard 38, 42, 43, 44, 46, 110
Bopparder Hamm 22, 42
Brexbach 61, 65, 66
Brey 38, 40, 42, 43, 45, 46, 47
Brodenbach 134, 135, 136, 140, 141, 142, 143
Brückenmühle 78, 82, 83
Buchsbaumwanderweg 86
Burg Bischofstein 108, 110
Burgbrohl 54
Burg Eltz 84, 85, 88, 89, 90, 92, 93
Burgen 1, 80, 90, 94, 100, 102, 110, 115, 122, 126, 130, 142, 206, 242, 244, 245, 246, 247
Burg Olbrück 52
Burg Pyrmont 74, 75, 76, 77, 80, 81, 82, 83, 86
Burg Sayn 60, 61, 62, 63, 67, 68, 69
Büschberg 166, 169, 170, 172, 173

D

Dalfter Grillhütte 18, 20, 21
Dicke Buche 248, 258, 259
Drachenfels 279
Duftdidaktikum 17

E

Ehrbachklamm 140, 141
Ehrenburg 3, 72, 134, 136, 138, 139, 140, 141, 142, 143, 294
Eifelquerbahn 212
Eifel-Schiefer-Radweg 214
Eifelturm 148, 150, 151, 153, 154, 155
Eisenkunstgussmuseum 62
Eiterbachweiher 262, 266, 267
Eltzer Burgpanorama 3, 72, 93, 294
Elz 80, 84, 88, 240, 242, 244
Elzbachtal 74, 82, 83, 84, 85, 86, 87, 90, 92, 93, 217, 238, 246
Eppelsberg 270, 272, 273, 280, 281
Erlebnishof Arche 78
Erlebniswald Steinrausch 234
Erlenbrunnen 250, 251, 258, 259
Erlenmühle 248, 250, 257, 258, 259
Ettringen 156, 157, 158, 164, 165, 256
Ettringer Lay 159, 222

F

Falkleyblick 174, 179, 182, 183
Feisternachttal 28, 29, 30, 31
Fensterseifen 213, 218, 219
Florianshütte 181, 182, 183
Förstersteig 5, 147, 254, 267, 295
Freibad 28, 98
Freizeitbad Vallendar 28

G

Gänsehalshütte 233, 236, 237, 248, 258
Gänsehalsturm 228, 230, 231, 236, 237
Garten der Schmetterlinge 62
Genovevaburg 197, 263
Genovevahöhle 248, 250, 251, 256, 258, 259
Georoute L 275
Georoute U 54, 57
Geo-Spiel-Garten 170, 171
Gerlachsmühle 127, 132, 133
Gerolstein 212
Geysir 54
Goloring 125, 126, 127, 129, 132, 133
Grabtumulus 270
Grillhütte Kettig 12, 15, 20, 21
Grube Bernhard 56

H

Hamm 22, 42
Hammesmühle 264, 266, 267
Hartborn Brunnen 163, 164, 165
Hatzenport 82, 92, 104, 105, 106, 108, 110, 112, 113, 200
Hatzenporter Laysteig 3, 72, 105, 108, 110, 113, 294
Hausen 164, 192, 197, 198, 200
Heilquelle 174, 175, 176, 181, 182, 183
Heimatblick 53, 58, 59
Hermann-Hütte 271, 280, 281
Hermann-Löns-Pfad 54
Hillscheider Bach 24, 25, 26, 30
Hitzlay 94, 95, 99, 102, 103
Hochbermel 210, 212, 213, 216, 217, 218, 219, 243, 246, 247
Hochsimmerhalle 158, 163, 164, 165
Hochstein 254, 255, 256, 257, 258
Hohenleimbach 194

Bodensee LandGänge
Wandern mit Seegefühl

Im Frühjahr wurden die ersten Premiumwanderwege im gesamten Bodenseeraum eröffnet: die Bodensee LandGänge. Nähe zur Natur, Abwechslungsreichtum sowie eine nutzerfreundliche Markierung zeichnet sie aus. Es geht über Anhöhen und Felder, vorbei an Wiesen, durch abgelegene Weiler ebenso wie durch Weinberge, Obstwiesen und märchenhafte Wälder. Und Aussichtspunkte laden dazu ein, innezuhalten und sich an einmaligen Augenblicken zu erfreuen ...

Info: Ferienlandschaft Gehrenberg-Bodensee
Marktstr. 1 • 88677 Markdorf • Tel.: 07544/500290
info@gehrenberg-bodensee.de • www.bodensee-landgaenge.de

Register

Höhr-Grenzhausen 29, 30
Hölgertberg 154, 155
Hummerich 279

J

Jägerheim 48, 54, 57, 58, 59
Jodokus 221, 224, 225
Johannesbrücke 240
Juckelsberg 238, 243, 246, 247

K

Kalenborn 216
Kammpfad 159
Kapelle St. Jost 220, 225, 226, 227
Karden 82, 86, 92, 112
Karl-Heinrich-Tongrube 18
Kärlich 12, 14, 16, 18, 20, 21
Kärlicher Berg 12, 13, 15, 17, 18, 20
Katzenberg 196, 197, 198
Kell 2, 10, 52, 58, 294
Kellbachtal 257
Kellerkreuz 280
Keltischer Baumkreis 277
Kempenich 50, 58, 170, 172, 182, 190, 234, 235, 236
Kettig 12, 14, 15, 16, 20, 21
Kleinbermel 216
Klettersteig 44, 104, 105, 107, 110, 111, 112, 113, 120
Kletterwald 64, 262
Kloster 43, 44, 46, 47, 66, 158, 159, 276
Klosterblick 275, 280, 281
Kneippanlage 230
Kobern 94, 100, 102, 104, 114, 124, 126, 128, 130, 131, 132, 133, 134
Koberner Burgpfad 3, 72, 125, 130, 133, 294
Kolliger Höhe 77
Königsstuhl 32, 34, 35, 36, 38, 39
Kottenheimer Winfeld 157, 160, 161, 162, 164, 165
Krater-Rundweg 150
Krayerbach 50
Krayermühle 48, 50, 58
Kreuzlay 104, 107, 108, 112, 113
Krippenweg 54

Kronenhof 32, 37
Krufter Ofen 269, 271, 273, 274, 278, 280, 281
Krufter Waldsee 269
Kuckucksberg 27

L

Laacher See 58, 153, 158, 252, 256, 258, 268, 269, 272, 276, 280
Langenfeld 168, 171, 190, 226
Langscheid 168, 171, 172, 173, 180
Laternenführung 240
Lavabomben 150
Lava-Dome 163, 274
Lavakeller 163, 274
Layfelsen 250
Limes 24, 29, 30, 31, 198
Link-Eiche 118, 122, 123
Löwenburg 204, 218, 238, 239, 241, 244, 245, 246, 247
Luisenplatzhütte 260, 262, 266, 267

M

Maar 153
Magmenkammer 56, 275
Maifeld 74, 84, 192, 194, 196, 198, 233
Maifeldblick 228, 233, 236, 237
Maifeld-Radwanderweg 198
Maria Laach 58, 158, 159, 258, 275, 276, 280
Marksburg 34, 35, 43, 45, 46
Marxe Lay 248, 251, 258, 259
Matthiaskapelle 100, 124, 125, 126, 128, 130, 131, 132, 133
Mayen 92, 148, 154, 156, 159, 162, 164, 166, 172, 182, 184, 187, 190, 196, 197, 200, 202, 208, 210, 218, 220, 222, 226, 236, 238, 246, 258, 260, 261, 262, 263, 266
Mayener Katzenberg 196
Mayener Vorderwald 261
Meisenhof 60, 66, 68, 69
Mendig 163, 164, 174, 228, 248, 250, 252, 254, 258, 259, 266, 274
Menke Park 187
Mofetten 268

Mönch-Felix-Hütte 94, 100, 101, 102, 103
Monreal 154, 204, 214, 218, 219, 238, 239, 240, 241, 242, 243, 244, 245, 246, 247
Moselerlebnisroute 99, 116
Moselhöhenweg 88, 90, 106, 109, 129, 137
Moselkern 92
Moselschiefer 196, 197, 198, 200, 201
Müden 86
Mühlental 35, 37, 38, 39, 132
Mülheim-Kärlich 14, 16, 18, 20

N
Naturschutzgebiet 130, 186, 225, 256
Nepomukbrücke 241, 244
Nettehof 197
Nettetal 166, 170, 172, 173, 176, 180, 181, 182, 184, 185, 187, 188, 190, 192, 193, 194, 195, 196, 197, 198, 200, 235, 254, 264, 266
Neuhof 90, 91, 92
Neuwieder Becken 14, 18, 20, 21, 62, 66, 233, 252, 274
Nickenich 58, 268, 270, 271, 272, 276, 278, 279, 280
Niederburg 124, 128, 129, 131, 132, 133
Niederfell 94, 102
Nikolauskapelle 37
Nitzbach 152, 203, 204, 206, 224, 263
Nitztal 225, 266, 267
Noorkopf 174, 177, 180, 181, 182, 183
Nürburg 150, 154, 188, 189, 206, 225, 235

O
Oberburg 124, 130, 131, 132, 133
Oberes Ruppental 266, 267
Oberfell 114, 115, 116, 120, 121, 122, 123, 300
Oskarhöhe 60, 62, 68, 69

P
Panoramablick Hochsteinflanke 258, 259
Panoramablick Vulkaneifel 20, 21, 258
Pedelhütte 28, 30, 31
Pellenz 164, 194, 215, 246, 268, 270, 272
Pellenzblick 279, 280, 281
Pellenz-Eifel-Strecke 215
Pellenzer Seepfad 5, 50, 147, 269, 270, 273, 274, 277, 278, 281, 295
Pfostenschlitzmauer 121, 122, 123
Philippsburg 238, 243, 244, 245, 246, 247
Plaidt 162, 274, 275, 279
Pönterbach 50, 52
Pöntermühle 48, 50, 58, 59
Pyrmonter Felsensteig 3, 72, 75, 76, 83, 294
Pyrmonter Hof 78
Pyrmonter Mühle 76, 81, 82, 83

Q
Quellenweg 54
Quidoborn 130, 132, 133

R
Rabenlay 104, 107, 112, 113
Raßberg 189, 190
Rauhbuur 248, 250, 256, 258, 259
Rehbach 230
Rheinburgenweg 16, 18, 20, 21, 34, 35, 43, 130
Rheingoldbogen 2, 10, 41, 42, 47
Rheinsteig 62, 66, 67
Rheintal 14, 15, 18, 34, 43, 44, 46, 64, 66, 68, 262, 274, 279
Rhens 32, 34, 35, 36, 37, 38, 39, 40, 46
Rieden 5, 147, 182, 228, 230, 231, 232, 235, 236, 237
Riedener Mühlen 182, 232, 236
Riethelkreuz 174, 176, 177, 182, 183
Ringelsteiner Mühle 84, 89, 92, 93

Register

Roes 78, 82
Römerbergwerk Meurin 56, 163
Römerbrunnen 48, 58, 59
Römerquelle 56, 57
Römerturm 60, 61, 66, 68, 69
Römer-Warte 198
Ruine Virneburg 202, 208, 209

S

Saffig 162, 274
Sammetzkopf 74, 78, 82, 83
Sauerbrunnen 130, 132, 133, 180, 230, 236, 237
Saustallkopf 24, 29
Sayn 60, 61, 62, 63, 64, 66, 67, 68, 69, 206
Saynsteig 2, 10, 61, 62, 64, 65, 66, 67, 69, 294
Schafberg 137, 202, 205, 208, 209
Schälskopf 210, 214, 218, 219
Scheidkopf 260, 265, 266, 267
Schloss 27, 36, 37, 60, 62, 66, 68, 69, 261, 264, 265
Schloss Bürresheim 261, 264, 265
Schloss Sayn 60, 62, 66, 68, 69
Schmetterlingsgarten 63
Schmitzkopf 252
Schnürenhof 242, 246, 247
Schrumpftal 108, 112, 113
Schützenhaus 52, 53, 230, 236, 237, 279
Schutzhütte Teufelslay 137, 142, 143
Schutzhütte Udelsheck 235
Schwalberbachtal 97
Schwalberhof 94, 97, 102, 103
Schwalberstieg 3, 72, 96, 97, 103, 294
Schweppenburgblick 53, 58, 59
Selbach 188
Siebengebirge 49, 58, 278
Siebengebirgsblick 58, 59, 280, 281
Sportplatz Dalfter 20, 21
Steinbruch 80, 88, 118, 122, 123, 160, 188, 197, 212, 224, 226, 227, 272

St. Florian Hütte 250, 259
St. Johannes-Kirche 106
St. Michael 119, 121, 122, 123
Streuobstwiesen 19, 100
Stromberg 62, 64, 68, 69
Stumm-Orgel 67
Sulzbusch 233, 254

T

Teufelskammer 80, 82, 83
Teufelskanzel 269, 274, 280, 281
Thurant 114, 115, 118, 119, 120, 121, 122, 123
Thürelz 244
Thürelzbachtal 214
Tönisstein 50, 55, 57, 58
Trasshöhlen 49, 53, 54, 57, 58, 59
Trier 110, 112, 132
Trimbs 92, 192, 195, 198, 200, 201
Tuffsteinmuseum 186
Tumulus 268, 278, 279, 280, 281

U

Udelsheck 228, 235, 236, 237

V

Vallendar 24, 25, 28, 30, 68
Viadukt 48, 65, 198
Virneburg 202, 203, 204, 206, 207, 208, 209, 225, 226, 227
Virne-Burgweg 4, 146, 204, 207, 209, 295
Vordereifel 97, 99, 116, 138, 148, 156, 166, 184, 185, 194, 196, 202, 210, 214, 220, 238, 274
Vulkan 50, 54, 55, 163, 171, 211, 216, 258
Vulkanbad 252
Vulkan Brauhaus 258
Vulkaneifel 16, 20, 21, 66, 179, 180, 211, 214, 243, 252, 258
Vulkanismus 150, 157, 163, 272, 274
Vulkanpark 162, 164, 274, 275
Vulkanpfad 4, 146, 157, 159, 160, 165, 295

W

Wabelsberg 166, 168, 171, 172, 173
Waberner Brücke 178, 182
Waberner Heide 178
Waberner Wacholderhütte 179, 182, 183
Wacholderheide 168, 177, 205, 225
Wacholderhütte 166, 168, 171, 172, 173, 174, 179, 180, 182, 183
Wacholderweg 4, 146, 167, 170, 172, 173, 180, 186, 190, 191, 295
Waldschluchtenweg 2, 10, 25, 27, 28, 29, 31, 294
Waldsee 182, 228, 231, 232, 235, 236, 237, 268, 269, 272, 273, 274, 280, 281
Waldsee Rieden 231, 236, 237
Wanderather 4, 147, 227, 295
Wanderparkplatz Gänsehals 236, 258
Wanderparkplatz Hochstein 258
Wanderparkplatz Schweinsgraben 258
Wassenach 57, 58, 280
Wassenacher Tal 57
Wasserfall 56, 75, 76
Weibern 182, 186, 236
Wein-Wetter-Weg 106, 110
Weißenthurm 12, 20, 194, 300
Welschenbach 220, 222, 225, 226, 227
Westmaar 150, 153
Wetterstation 104, 106, 112, 113
Wetterwarte Barweiler 151
Wierschem 84, 86, 91, 92, 93
Winningen 98
Wintersportanlage 186, 187, 190, 191
Wolfsdelle 2, 10, 32, 33, 34, 37, 38, 39, 294
Wolken 130, 132, 133

Leuchten

Andreas Pacek

www.ideemediashop.de

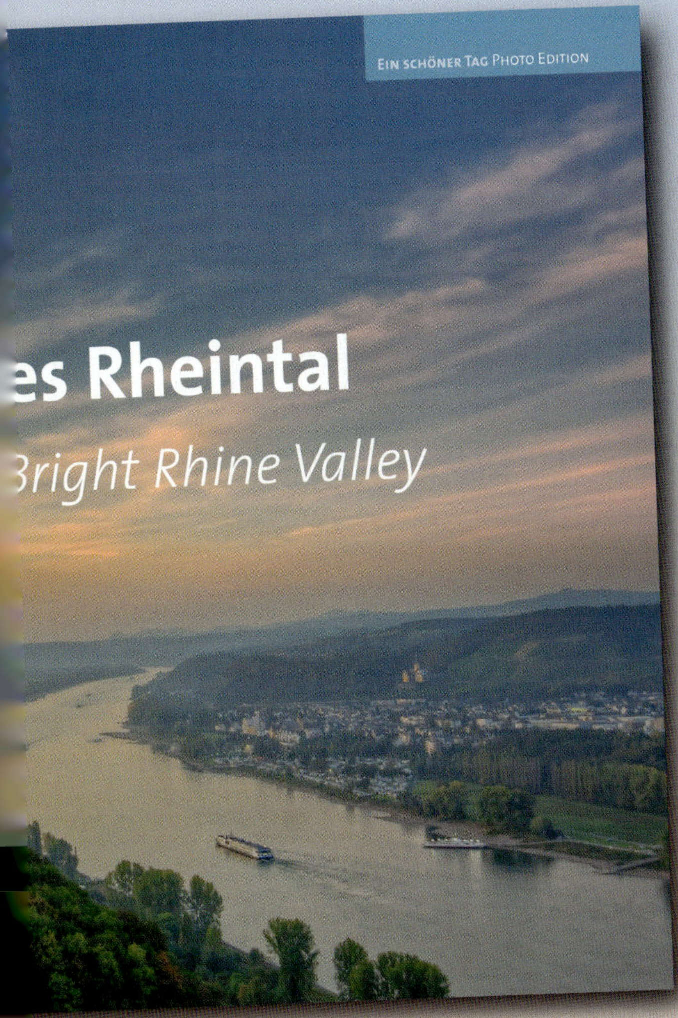

EIN SCHÖNER TAG PHOTO EDITION

es Rheintal

Bright Rhine Valley

DER BESONDERE BILDBAND

- **Mehr als 140 einzigartige Fotos**
- **Texte in Deutsch & Englisch**
- **Drei Titelvarianten zur Auswahl**

Reizvoll zu jeder Jahreszeit:
Traumpfade-Fan Bernd Przygoda ist fasziniert vom Elzer Burgpanorama ▶ S. 84

Übersicht

TRAUMPFADE
Rhein-Mosel-Eifel-Land

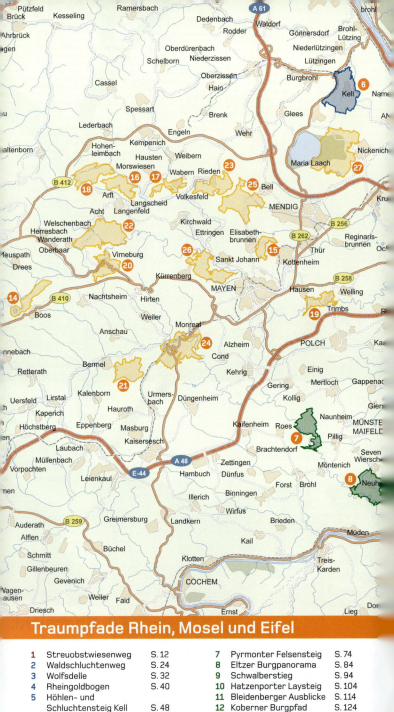

Traumpfade Rhein, Mosel und Eifel

1	Streuobstwiesenweg	S. 12
2	Waldschluchtenweg	S. 24
3	Wolfsdelle	S. 32
4	Rheingoldbogen	S. 40
5	Höhlen- und Schluchtensteig Kell	S. 48
6	Saynsteig	S. 60
7	Pyrmonter Felsensteig	S. 74
8	Eltzer Burgpanorama	S. 84
9	Schwalbersteig	S. 94
10	Hatzenporter Laysteig	S. 104
11	Bleidenberger Ausblicke	S. 114
12	Koberner Burgpfad	S. 124
13	Bergschluchtenpfad Ehrenburg	S. 134

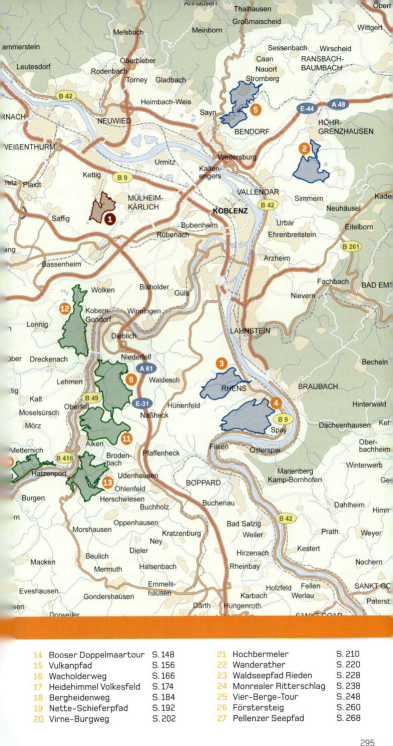

14 Booser Doppelmaartour	S. 148
15 Vulkanpfad	S. 156
16 Wacholderweg	S. 166
17 Heidehimmel Volkesfeld	S. 174
18 Bergheidenweg	S. 184
19 Nette-Schieferpfad	S. 192
20 Virne-Burgweg	S. 202
21 Hochbermeler	S. 210
22 Wanderather	S. 220
23 Waldseepfad Rieden	S. 228
24 Monrealer Ritterschlag	S. 238
25 Vier-Berge-Tour	S. 248
26 Förstersteig	S. 260
27 Pellenzer Seepfad	S. 268

GPS: Immer auf dem richtigen Weg

▶ EINFACH HIMMLISCH GEFÜHRT
Alle Routen zum Download für GPS, PC, Pocket PC und zum Einbinden in Google Earth©: Als Buchkäufer können Sie alle beschriebenen Touren als Navigationsdatei für moderne GPS-Empfänger und Pocket-Navigationsgeräte über unsere Internetseite www.wander-touren.com gratis herunterladen. Sie müssen sich dazu persönlich anmelden und mit einer prüfbaren Adressangabe legitimieren. Die Nutzung der urheberrechtlich geschützten Daten und Karten ist ausschließlich Buchbesitzern gestattet. Zur Legitimation werden bei der Erstanmeldung personenbezogene Daten erhoben. Diese Daten werden nicht ohne ausdrückliche Zustimmung an Dritte weitergegeben oder zu Werbezwecken genutzt. Sie dienen lediglich der Nachvollziehbarkeit der Download-Berechtigung. Auf Wunsch können Sie einen Newsletter bestellen, der über Neuigkeiten, Updates und Streckenänderungen informiert. Beachten Sie dazu bitte auch die Hinweise unter FAQ, bzw. GPS-Hilfe, auf der Internetseite sowie die Allgemeinen Geschäfts- und Nutzungsbedingungen der ideemedia GmbH, www.ideemediashop.de

▶ NEU
Download der Übersichtskarten als PDF-Datei zum Ausdrucken für unterwegs. Sie benötigen dazu Adobe Acrobat© auf Ihrem PC sowie eine Anmeldung wie beschrieben. Die Tour-Codes am Kapitelanfang führen auch zum Karten-Download.

▶ SCHRITT 1
Als Buchkäufer auf unserer Internetseite www.wander-touren.com registrieren. Sie erhalten Ihre Freischaltung per Mail, die Sie rückbestätigen müssen. Danach können Sie mit dem Download beginnen. Beachten Sie: Die Freischaltung ist nur bei Angabe einer vollständigen und nachvollziehbaren E-Mail-Adresse möglich. Sollten Sie keine E-Mail von uns erhalten, schauen Sie bitte in Ihrem Spam-Filter nach bzw. überprüfen Sie nochmals Ihre eingegebene E-Mail-Adresse auf Vollständigkeit.

▶ SCHRITT 2
Tour-Code eingeben. Die Tour-Codes finden Sie auf der Anfangsseite jeder Etappe. Sie haben die Wahl zwischen dem .ovl-Format (für die digitalen Karten der Landesämter) oder dem .gpx-Format (für gängige PC-Kartenprogramme und GPS-Empfänger, GPS-Handgeräte wie Garmin oder Pocket PC) sowie dem .kml-Format (für Google Earth©).

Beachten Sie die Bedienungsanleitung Ihres Gerätes bzw. von Google Earth©. Speichern Sie die Daten auf einer Festplatte zwischen.

▶ SCHRITT 3

Tour auf Ihr Navigationssystem/auf Ihr Kartenprogramm übertragen und los geht's. Beachten Sie zum Übertragen die Hinweise in der Gebrauchsanleitung Ihres GPS-Empfängers bzw. fragen Sie bei technischen Problemen die Hotline Ihres Gerätelieferanten.

www.earth.google.de

▶ AKTUELLE INFOS

Wichtige Informationen finden Sie auf unserer Internetseite www.wander-touren.com. Die Routen können mit der Zusatzsoftware GPS-Trans (wird mit PC-Karten wie Top 50 ausgeliefert) bzw. Easy-GPS (www.easygps.com) oder Routeconverter (www.routeconverter.de) auf viele verfügbare Empfänger geladen werden. Hinweis: Nicht alle GPS-Empfänger unterstützen die neuen Formate. Bitte fragen Sie in diesem Fall Ihren Hersteller, ob es Konvertierungsprogramme gibt. Alternativ können die Zielpunkte in viele Navigationsgeräte über die angegebenen Koordinaten eingegeben werden.

▶ ALLGEMEINE HINWEISE

Bei der ersten Anmeldung können Sie ein Passwort frei wählen. Bitte merken Sie sich exakt die Schreibweise (Groß- und Kleinschreibung sowie Leertasten beachten!). Ihr Passwort kann nach der Anmeldung nicht rekonstruiert werden. Bei einer Fehleingabe haben Sie keinen System-Zugang mehr. Sollten Sie Ihr Passwort vergessen haben, können Sie unter www.wander-touren.com selbst ein neues Passwort anfordern. Ihren **Benutzernamen** entnehmen Sie bitte der Rückmail, die zur Freischaltung führt.

Alle Daten wurden auf Fehlerfreiheit geprüft und werden bei Änderungen der Wegführung nach Verfügbarkeit aktualisiert. ideemedia übernimmt keine Haftung für mögliche Abweichungen, Vollständigkeit, Verfügbarkeit und Einsatz auf allen verfügbaren Navigations-Modellen. Sollte ein Gerät das Laden von Zusatzdaten nicht ermöglichen, wenden Sie sich auch in diesem Fall bitte an den Hersteller.

Beachten Sie bitte: Zur Anzeige der Routen benötigen Sie eine digitale Kartengrundlage, die mit Navigationsgeräten geliefert wird oder ggf. getrennt erworben werden muss.

GPS für Smartphones

GPS Daten auf ein Smartphone zu laden ist nicht ganz einfach. Aber mit Hilfe von Google Maps© App kann es so funktionieren:

▶ SCHRITT 1
Google Maps Konto erstellen und wenn noch nicht vorhanden die Google Maps© App auf dem Smartphone installieren. Das eingerichtete Google Konto muss auch auf dem Smartphone unter Einstellungen > Konten eingerichtet sein.

▶ SCHRITT 2
Tracks in Google Maps© am PC importieren. Nachdem man mit einem Konto angemeldet ist, kann man am PC unter http://maps.google.de > Meine Karten eine oder mehrere Karten erstellen. Die Karten dienen als Ordner für die darin enthaltenen GPS-Daten. Geben Sie dem ganzen einen Namen und achten darauf, dass die Inhalte, falls gewünscht, auf „nicht gelistet/nicht öffentlich" stehen.

▶ SCHRITT 3
Jetzt wählen Sie die erstellte Karte aus und gehen auf Bearbeiten > Importieren. Sie suchen auf dem PC nach den gewünschten Tracks oder auch Wegpunkten (.kml oder .gpx Format), beide Formate können Sie mit dem im Buch angegebenen Code herunterladen. Die gewählten GPS-Daten müssten nun gelistet und auf der Karte zu sehen sein. Ab sofort sind alle Tracks und Wegpunkte auch auf dem Smartphone über die Google Maps© App zu nutzen.

▶ SCHRITT 4
Falls Sie Tracks mit dem Smartphone nachfahren/nachlaufen wollen: Hierzu benötigen Sie GPS zur Standortabfrage sowie Mobilfunk/UMTS-Empfang zwecks Kartendownload.
(Achtung: Datenvolumen kann hohe Gebühren erzeugen!)

- ▶ Starten Sie Google Maps©.
- ▶ Ebenen-Symbol (oben, 2. von rechts) > Meine Karten > Karte auswählen
- ▶ Die GPS-Daten sollten jetzt auf der Karte zu sehen sein.

Noch einfacher ist es mit unseren QR-Codes zu den Etappen

scan&go

QR-Codes mit dem internetfähigen Smartphone einscannen und Startpunkt direkt anzeigen lassen. Dazu benötigen Sie eine entsprechende App, die auch kostenlos verfügbar ist.

* Alle Hinweise ohne Gewähr, dass es auf allen verfügbaren Smartphones funktioniert. Sollte es nicht klappen, kontaktieren Sie bitte den Hersteller Ihres Gerätes, ob ggf. spezielle Einstellungen nötig sind.

AhrSteig

Das Start-Set
Buch & Karte 1:25 000

232 Kilometer Wanderspaß

Sonderpreis 18,95 € ISBN 978-3-934342-64-4

AhrSteig

Das Start-Set
Buch & Karte 1:25 000

232 Kilometer Wanderspaß

NEU

Sonderpreis 18,95 € ISBN 978-3-934342-64-4

Impressum

Herausgeber: Uwe Schöllkopf (ideemedia GmbH)
Autoren: Ulrike Poller und Wolfgang Todt
Redaktion: Uwe Schöllkopf
Redaktionelle Mitarbeit: Anna Ley, Janina Kröner
Grafik/DTP/Produktion: Spiridon Giannakis
Verlag: idee media GmbH, Karbachstr. 22, D-56567 Neuwied
Telefon: 02631/9996-0 • Telefax: 02631/9996-55 • E-Mail: info@idee-media.de
Karten & Höhenprofile: KGS Kartografie Schlaich/ideemedia

www.ideemediashop.de • www.einschoenertag.com • www.wander-touren.com

Wir danken dem Projektbüro Traumpfade für die Unterstützung. Traumpfade ist eine Marke der Rhein-Mosel-Eifel-Touristik (REMET) Koblenz. **www.traumpfade.info**
Alle Angaben wurden nach bestem Wissen recherchiert und sorgfältig überprüft. Sollten sich dennoch Fehler eingeschlichen haben, bitten wir um Entschuldigung und Benachrichtigung. Für Fehler übernimmt der Verlag keine Haftung.

Aktuelle Änderungen, Downloads und Updates zum Buch finden Sie unter
www.wander-touren.com und **www.ideemediashop.de**

Erstausgabe 2013 © Die Idee, Büro für Kommunikation, Neuwied.

Das Werk ist einschließlich aller seiner Bestandteile urheberrechtlich geschützt. Jeder urheberrechtliche Verstoß ist rechtswidrig und strafbar. Jegliche Verwendung bedarf der Zustimmung des Verlags. Das gilt ebenfalls für Fotokopien, Übersetzungen, Nachahmungen, Mikroverfilmungen und Speicherung, Verarbeitung und Weitergabe in elektronischen Systemen. GPS-Daten und Kartenausdrucke stehen ausschließlich Buchkäufern zum kostenfreien Download und zur persönlichen Nutzung zur Verfügung. Dazu ist eine Anmeldung erforderlich.

Die Deutsche Bibliothek – CIP – Einheitsaufnahme: ISBN 978-3-942779-15-9

Titelbild: Rhein-Mosel-Eifel-Touristik/Klaus-Peter Kappest
Fotos: Rhein-Mosel-Eifel-Touristik: Klaus-Peter Kappest, Klaus Hurtienne, Ulrike Poller, Wolfgang Todt, Kai Schöllkopf/ideemedia, Hans-Toni Dickers/Goloring Förderverein e.V., Wolfgang Vogt, Bernd Przygoda, Spiridon Giannakis, VG Weißenthurm, Ortsgemeinde Oberfell

Autoren

Ulrike Poller studierte in ihrer Heimatstadt Würzburg Mineralogie und promovierte in der Schweiz über das Silvretta Massiv. 1995 kam sie als Wissenschaftlerin ans Max-Planck-Institut für Chemie in Mainz, wo sie zusammen mit Wolfgang Todt Altersbestimmungen durchführte.

Wolfgang Todt, aufgewachsen in Heidelberg, studierte Physik und Geologie. Von 1980 bis 2005 leitete er am Max-Planck-Institut für Chemie in Mainz die Arbeitsgruppe für Geochronologie.

Wolfgang Todt und Ulrike Poller sind verheiratet. Gemeinsam bemühen sie sich heute, die Qualität von Wanderwegen zu verbessern.
Infos unter: **www.schoeneres-wandern.de**

... noch mehr Rundwege

Die neuen Traumschleifen im Hunsrück, an der Mosel und am Rhein

Band 1–3

www.ideemediashop.de